Rechtsschutz gegen Kennzeichenmissbrauch
unter Berücksichtigung der
Internet-Domain-Name-Problematik

Deutsches und Europäisches Wirtschaftsrecht

Herausgegeben von Jürgen F. Baur

Band 2

PETER LANG
Frankfurt am Main · Berlin · Bern · Bruxelles · New York · Oxford · Wien

Nicole Hagemann

Rechtsschutz gegen Kennzeichenmissbrauch unter Berücksichtigung der Internet-Domain-Name-Problematik

PETER LANG
Europäischer Verlag der Wissenschaften

Die Deutsche Bibliothek - CIP-Einheitsaufnahme

Hagemann, Nicole:

Rechtsschutz gegen Kennzeichenmissbrauch unter Berücksichtigung der Internet-Domain-Name-Problematik / Nicole Hagemann. - Frankfurt am Main ; Berlin ; Bern ; Bruxelles ; New York ; Oxford ; Wien : Lang, 2001
(Deutsches und europäisches Wirtschaftsrecht ; Bd. 2)
Zugl.: Köln, Univ., Diss., 2001
ISBN 3-631-38055-0

D 38
ISSN 1617-352X
ISBN 3-631-38055-0

www.peterlang.de

Meinen Eltern

INHALTSVERZEICHNIS

Abkürzungsverzeichnis

a.A.	anderer Ansicht
Abl. EG	Amtsblatt der Europäischen Gemeinschaften
Abs.	Absatz
ACP's	Administrative Domain Name Challenge Panels
ADR	Administrative Dispute-Resolution-Procedure
ÄnderungsG	Änderungsgesetz
Amtl.	amtlich
Anh.	Anhang
Anm.	Anmerkung
Art.	Artikel
Aufl.	Auflage
BB	Betriebsberater
Bd.	Band
BGB	Bürgerliches Gesetzbuch
BGBl.	Bundesgesetzblatt
BGH	Bundesgerichtshof
BGHZ	Entscheidungen des Bundesgerichtshofs in Zivilsachen
Bl.	Blatt
BMJ	Bundesministerium der Justiz
BPatG	Bundespatentgericht
BPatGE	Entscheidungen des Bundespatentgerichts
BR-Drucks.	Bundesratsdrucksache
BT-Drucks.	Bundestagsdrucksache
BVerfG	Bundesverfassungsgericht
bzgl.	bezüglich
bzw.	beziehungsweise
ca.	circa
CORE	Council of Registrars
CR	Computer und Recht
DB	Der Betrieb
DE-NIC	Deutsches Network Information Center
ders.	derselbe
d.h.	das heißt
dies.	dieselbe
diesbzgl.	diesbezüglich
DIGI	Deutsche Interessen-Gemeinschaft Internet e.V.
DM	Deutsche Mark
DNS	Domain-Name-System
DPA	Deutsches Patentamt
DZWir	Deutsche Zeitschrift für Wirtschaftsrecht
EG	Europäische Gemeinschaft
EGBGB	Einführungsgesetz zum Bürgerlichen Gesetzbuch
EGV	Vertrag der Europäischen Gemeinschaften
Einf.	Einführung

Einl.	Einleitung
e-mail	electronic mail
ErStrG	Erstreckungsgesetz
etc.	et cetera
EU	Europäische Union
EuGH	Europäischer Gerichtshof
EuGH-Slg.	Sammlung der Entscheidungen des Europäischen Gerichtshofs
EuR	Europarecht
EWG	Europäische Wirtschaftsgemeinschaft
EWR	Europäischer Wirtschaftsraum
f., ff.	folgend, fortfolgend
FAZ	Frankfurter Allgemeine Zeitung
Fn.	Fußnote
FS	Festschrift
G	Gesetz
GG	Grundgesetz
ggf.	gegebenenfalls
GMVO	Gemeinschaftsmarkenverordnung
grds.	grundsätzlich
GRUR	Gewerblicher Rechtsschutz und Urheberrecht
GRUR Int.	Gewerblicher Rechtsschutz und Urheberrecht international
HB	Handelsblatt
h.M.	herrschende Meinung
HS	Halbsatz
IAHC	International Ad Hoc Committee
IANA	Internet Assigned Numbers Authority
ICANN	Internet Corporation for Assigned Names and Numbers
INTA	International Trademark Association
InterNIC	Internet Network Information Center
i.S.d.	im Sinne des
ISOC	Internet Society
IV-DENIC	Interessenverband Deutsches Network Information Center
i.V.m.	in Verbindung mit
JW	Juristische Wochenschrift
Kap.	Kapitel
KG	Kammergericht
KOM	Kommission
Kom.	Kommentar
LG	Landgericht
MA	Markenartikel
MarkenG	Markengesetz

MarkenV	Markenverordnung
MDR	Monatsschrift für Deutsches Recht
m.E.	meines Erachtens
Mitt.	Mitteilungen der deutschen Patentanwälte
MK	Münchener Kommentar
MMR	Multi-Media-Recht
MoU	Memorandum of Understanding
m.w.N.	mit weiteren Nachweisen
NJW	Neue Juristische Wochenschrift
NJW-CoR	Neue Juristische Wochenschrift Computerrecht
NJW-RR	Neue Juristische Wochenschrift Rechtsprechungs-report
Nr.	Nummer
NSI	Network Solutions Incorporation
OLG	Oberlandesgericht
PatGebG	Gesetz über die Gebühren des Patentamts und des Patentgerichts
PVÜ	Pariser Verbandsübereinkunft zum Schutz des gewerblichen Eigentums
Rdnr.	Randnummer
RG	Reichsgericht
RGBl.	Reichsgesetzblatt
RGZ	Entscheidungen des Reichsgerichts in Zivilsachen
RIPE-NCC	Reseaux IP European Network Coordination Center
Rspr.	Rechtsprechung
S.	Satz, Seite
ScheckG	Scheckgesetz
SchwMitt	Schweizer Mitteilungen
sog.	sogenannt
str.	streitig
st. Rspr.	ständige Rechtsprechung
u.a.	unter anderem
UrhG	Urhebergesetz
USA	United States of America
u.U.	unter Umständen
UWG	Gesetz gegen den unlauteren Wettbewerb
v.	vom
vgl.	vergleiche
VO	Verordnung
VorabG	Vorabgesetz
WechselG	Wechselgesetz
WIPO	Weltorganisation zum Schutz des geistigen Eigentums
WRP	Wettbewerb in Recht und Praxis
WWW	World Wide Web

WZÄndG	Warenzeichenänderungsgesetz
WZG	Warenzeichengesetz
z.B.	zum Beispiel
zit.	zitiert
ZPO	Zivilprozeßordnung
ZUM	Zeitschrift für Urheber- und Medienrecht

Einleitung

A. Problemstellung

Am 1. Januar 1995 trat das neue deutsche Markengesetz (MarkenG)[1] in Kraft. Damit wurde die Erste Richtlinie 89/104/EWG des Rates vom 22.12.1988 zur Angleichung der Rechtsvorschriften der Mitgliedsstaaten über die Marken[2] in Deutschland umgesetzt.[3]

Die Markenrechtsrichtlinie 89/104/EWG hat die Sicherung eines funktionierenden Binnenmarktes zum Ziel, in dem primär gleiche Bedingungen für den Erwerb und die Aufrechterhaltung einer eingetragenen Marke in sämtlichen Mitgliedstaaten der EU herbeigeführt werden sollten. Die bis dahin geltenden nationalen Markengesetze wiesen derartige Unterschiede auf, dass die Gefahr der Behinderung des freien Waren- und Dienstleistungsverkehrs[4] bestand und eine Verfälschung des Wettbewerbs auf dem gemeinsamen Markt zu erwarten gewesen wäre.[5]

Es bedurfte daher einer Grundkonzeption des europäischen Markenrechts, aufgrund der dynamischen wirtschaftlichen Entwicklungen weltweit. Insbesondere Marktsättigungen und geänderte Verbraucherpräferenzen erforderten eine Ausdifferenzierung des Warenangebots. Dieses sollte durch ein europäisches Markenrechtssystem erreicht werden.[6]

---

1 Gesetz über den Schutz von Marken und sonstigen Kennzeichen vom 5.10.1994, BGBl. I 1994, Nr. 57, 3082 ff (berichtigt BGBl. I 1995, 156 ff).

2 Richtlinie 89/104/EWG des Rates zur Angleichung der Rechtsvorschriften der Mitgliedstaaten über die Marken vom 21.12.1988, Abl. EG 1989 Nr. L 40, 1 ff (berichtigt in Abl. EG 1989 Nr. L 159, 60 ff).

3 Ursprünglich sollte die Richtlinie gemäß Art. 16 Abs. 1 der Harmonisierungsrichtlinie bis zum 28.12.1991 umgesetzt sein. Der Rat der Europäischen Gemeinschaften verlängerte die Umsetzungsfrist bis zum 31.12.1992, und machte damit von seinem Recht gemäß Art. 16 Abs. 2 der Richtlinie Gebrauch, vgl. Abl. EG 1992 Nr. L 6, 35. Allerdings konnte der deutsche Gesetzgeber auch diese verlängerte Frist aufgrund der Wiedervereinigung Deutschlands nicht einhalten. Außer Frankreich konnten nur drei weitere Staaten diesen Zeitplan einhalten: Dänemark, Griechenland und Italien, vgl. Meyer, GRUR Int. 1996, 592 (592). Das DPA neigte aber dazu Teile der EG-Markenrechtsrichtlinie, vornehmlich die Regelungen über die schutzfähigen Zeichenformen, in Anwendung zu bringen, wodurch das übergeordnete Bundesjustizministerium veranlaßt wurde, dieses ausdrücklich zu verbieten (Schreiben des BMJ an das DPA in MA 11/1993, 557), vgl. Meister, GRUR 1994, 167 (167 f).

4 Die Waren- und Dienstleistungsfreiheit wird durch die Art. 30 ff und 59 ff EG-Vertrag gewährleistet.

5 Dies geht aus der Einleitung zur Richtlinie hervor.

6 Kur, GRUR 1997, 241 (241); vgl. auch Kunz-Hallstein, GRUR Int. 1992, 81 ff.

Es fand demnach eine generelle Reformierung des bis dahin geltenden deutschen Warenzeichengesetzes (WZG) statt.[7] Das neue MarkenG löste nicht nur das alte WZG ab, auch das Gesetz gegen den unlauteren Wettbewerb (UWG) unterlag daraufhin einigen Änderungen.[8]

Die für diese Arbeit wichtigste und damit anlassgebende Neuerung, ist die vollständige *Abschaffung der Bindung der Marke an den Geschäftsbetrieb*. Danach können nunmehr gemäß § 7 MarkenG auch Privatpersonen Inhaber einer Marke sein, ohne dass bei der Anmeldung oder bei der Übertragung der Marke auf einen Dritten ein Geschäftbetrieb nachgewiesen werden muss. Es wurde damit die freie Markenübertragung eingeführt, die Anlass zu Diskussionen über den Zweck und tatsächlichen Inhalt der Liberalisierung von Markenanmeldungen gibt.

Eingegrenzt wird diese Selbständigkeit der Marke durch den sog. *Benutzungszwang*, normiert in § 26 MarkenG. Der Marke wird eine fünfjährige Benutzungsschonfrist gesetzt, nach deren Ablauf sie aus dem Markenregister gelöscht werden kann. Demnach spielt die wirtschaftliche Betätigung weiterhin eine wichtige Rolle im Hinblick auf die Aufrechterhaltung des Schutzes einer Marke. Es entsteht ein Wechselspiel zwischen dem Markenschutz durch Anmeldung einerseits und dem Benutzungszwang, nach dem sie ernsthaft benutzt werden muss andererseits.

Daraus ergeben sich folgende Problemkreise, die es im Rahmen dieser Arbeit zu diskutieren gilt:

1. Zunächst führte die Abschaffung der Akzessorietät der Marke vom Geschäftsbetrieb zu einer erhöhten Anzahl von Markenanmeldungen beim Deutschen Patentamt (DPA) in München.[9] Darunter finden sich auch Markenanmeldungen, deren primäres Interesse auf die Erzielung von Abstandszahlungen für die Übertragung einer Marke oder auf die Erteilung von Lizenzen gerichtet sind. Die Liberalisierung der Markenanmeldung führte dabei insbesondere zu einen Ansturm auf noch nicht registrierte Namen. Das Markenregister wurde von

---

7 Ob es sich bei dieser Modernisierung des Markenrechts um grundlegende Neuregelungen handelt, wird verschieden beurteilt. Als eine grundlegende Reformierung sieht es Meister, WRP 1995, 366 (366) und WRP 1995, 1005 (1007); Schricker, FS für Vieregge, 775 (775), bezeichnet das Markengesetz sogar als „Jahrhundertwerk“, das in die Rechtsgeschichte eingehen wird; a.A. Schmieder, NJW 1997, 2908 (2908), der im neuen Markenrecht keinen Umbruch oder grundlegenden Neuanfang im Kennzeichenrecht sieht. Im wesentlichen sei es seiner Ansicht nach nur eine Bereinigung und Konsolidierung des ehemaligen Warenzeichenrechtes.

8 Das deutsche Markenrecht übernimmt die Richtlinienvorgaben weitestgehend, geht aber über eine bloße Übersetzung der Richtlinie hinaus.

9 Nach der Jahresstatistik des DPA für 1997 stieg die Zahl der Markenanmeldungen in jenem Jahr auf 56.992, was eine Steigerung gegenüber dem Vorjahr von 10,3 % bedeutet. Dabei kamen 51.081 Markenanmeldungen aus dem Inland und 5.911 aus dem Ausland, vgl. GRUR Int. 1998, 443 (444). Im Jahr 1999 wurden mit 76434 fast 800 nationale Markenschutzanmeldungen mehr registriert als im Jahr 1998, FAZ v. 16.3.2000.

einzelnen Personen daraufhin überprüft, welche Marken bereits bekannt und benutzt, aber noch nicht registriert waren, um diese dann für sich zur Anmeldung zu bringen. Nur dadurch lässt sich erklären, dass Personen, die letztlich mit den von ihnen angemeldeten Namen bislang geschäftlich noch nichts zu tun hatten, zu Inhabern solcher Marken wurden. Es handelt sich dabei häufig um die Anmeldung bekannter Marken und bereits durch andere benutzte Marken.

Desweiteren ist auch die *markenrechtliche Aneignung berühmter Namen*[10] Thema dieser Arbeit. Als Beispiele für derartige Markenanmeldungen seien hier die bereits aus den Medien bekannten Marken „Lady Di", „Ballermann 6", „Fontane", „Luther" und „Euro" genannt. Diese Fälle haben alle gemeinsam, dass die Namen in der Öffentlichkeit bekannt und geläufig waren und von anderen bereits ohne Registrierung benutzt wurden. Einen direkten Bezug zwischen den Anmeldern und den Marken gab es bis zum Zeitpunkt der Eintragung nicht.

Anschaulich wurde der Hintergrund solcher Markenanmeldungen in einem Interview[11] mit dem Anmelder der Marken „Ballermann 6" und „Lady Di" dargestellt. Darin präsentierte der Markeninhaber zwar alkoholische Getränke, die er seit seiner Markenanmeldung unter dem Namen „Ballermann 6" vertreibt. Wirtschaftlich gesehen sind diese Artikel jedoch nicht annähernd so lukrativ, wie der finanzielle Gewinn aus seinen Lizenzerteilungen, die er mit der Marke erwirtschaftet, die ursprünglich nur von dem Inhaber des auf der spanischen Insel Mallorca befindlichen bekannten Strandlokals benutzt wurde. So erhielt der Markeninhaber allein für den gleichnamigen Film „Ballermann 6" eine Lizenzgebühr in Höhe von DM 70.000,-, die seiner Ansicht nach, gemessen an dem Erfolg des Filmes, noch zu gering bemessen war. Derselbe Markenanmelder sandte kurz nach der Bekanntgabe des Todes von Princess Diana per Telefax das Markenanmeldeformular für den Namen „Lady Di" an das DPA, um sich diesen Namen sichern zu lassen.[12]

Dagegen nahm der Markeninhaber des Namens „Fontane", der selbst ein Bürger der Stadt Neuruppin ist, seine Anmeldung zurück, nachdem die Stadt und die Bevölkerung von Neuruppin (Fontanes Geburtsort) sich derart darüber empörte und protestierte, dass ihm ein ruhiges Leben ohne die Rücknahme der Anmeldung nicht mehr gegönnt gewesen wäre.

10 Vgl. Michaelis, GRUR 1997, 441 (441).

11 Das Interview wurde vom Fernsehsender RTL im Rahmen der Sendung Stern-TV am 6.5.1998 ausgestrahlt.

12 Die Marke beabsichtigt er auch international zur Anmeldung zu bringen, allerdings nimmt er von einer Anmeldung in Großbritannien aufgrund der „hohen Empfindlichkeit" der Briten Abstand. Unter der Marke „Lady Di" beabsichtigt der Markeninhaber ein Parfum, Produkte der Schönheitspflege und ggf. Champagner herauszubringen, Westfälische Rundschau, Januar 1998.

Diese zielgerichteten Markenanmeldungen scheinen zunächst aufgrund der Vorschriften über die wirtschaftliche Verwertung vom Marken (§§ 27 bis 30 MarkenG) vom MarkenG gedeckt zu sein, da durch die Aufgabe der Bindung der Marke an den Geschäftbetrieb die Anmeldung einer Marke durch Privatpersonen, die Übertragbarkeit einer Marken und ihre wirtschaftliche Verwertung in Form der Lizenzerteilung ermöglicht wird. Eine genauere Einzelfallprüfung hinsichtlich der Missbräuchlichkeit derartiger Markenanmeldungen wird daher hier vorzunehmen sein.

2. Als ein anderer möglicher Fall des Missbrauchs im Bereich der Markenregistrierungen kommt die Markenanmeldung in Betracht, deren einziger Zweck es ist, andere daran zu hindern einen bestimmten Namen oder Kennzeichen zu benutzen. Es wird somit eine Sperrung der Marke beabsichtigt, die gerade nicht auf die Erteilung von Lizenzen oder einen finanziellen Vorteil durch Abstandzahlungen gerichtet ist. Der Grund einer solchen Markenanmeldung kann z.B. die zwischen Unternehmen herrschende Konkurrenz sein. Begrenzt wird eine solche Sperrung des Markenregisters allerdings durch den Benutzungszwang, der in § 26 MarkenG normiert ist. Die darin beinhaltete fünfjährige Benutzungsschonfrist, innerhalb derer spätestens eine ernsthafte Benutzung der Marke erfolgt sein muss, verhindert zumindest eine auf Dauer mögliche Behinderung der Benutzung der Marke durch Dritte. Jedoch bedeuten fünf Jahre einen langen Zeitraum, wenn jemand ein wirkliches Interesse an der Benutzung der gesperrten Marke hat.
3. Darüber hinaus wirkt auch die Eintragung von Internet-Domain-Names (Internet-Adressen) in das Markenrecht hinein. Im Zeitalter des „Cyberspace" können durchaus durch die Eintragung von Internet-Domain-Namen sowohl markenrechtliche als auch namensrechtliche und wettbewerbsrechtliche Konflike auftreten. Auch das Recht der Gleichnamigen gewinnt hierbei an Relevanz.

   Der Grund liegt darin, dass diese Adressen weltweit nur einmal vergeben werden können, d.h. derjenige, der zuerst einen Domain-Name anmeldet, erhält ohne weitere Prüfung die Internet-Registrierung. Demnach gilt grundsätzlich auch hier das Prioritätsprinzip. Auch auf diesem Gebiet meldeten Privatpersonen und Domain-Name-Agenturen Internet-Adressen in Form von Städtenamen, wie z.B. „Hürth.de", „Braunschweig.de", „Heidelberg.de" und „Celle.de", aber auch Namen bzw. Unternehmensbezeichnungen großer Unternehmen, wie z.B. „Epson.de", an. Es kann bei diesen Anmeldungen wiederum der Zweck von Abstandszahlungen der eigentlichen Markeninhaber an die Anmelder der Internet-Namen dahinter stehen. Es haben sich bereits Privatpersonen, Mitbewerber und Unternehmen darauf spezialisiert durch die Registrierung von Internet-Adressen wirtschaftliche Vorteile in Form von Abstandszahlungen zu erlangen.

B. Ziele und Umfang der Untersuchung

Die Darstellung, inwieweit die Liberalisierung der Markenanmeldung, die zu den oben genannten Erscheinungen führte, vom Gesetzgeber gewollt, und ob bei differenzierter Betrachtung solche Anmeldungen zulässig sind, ist Aufgabe dieser Arbeit. Es soll dabei herausgearbeitet werden, ob, und wenn wie, die Abschaffung der Akzessorietät der Marke an den Geschäftsbetrieb mit dem ursprünglich erklärten Ziel des Markenrechtes, der Gewährleistung des Schutzes der Herkunftsfunktion der Marke, einher gehen kann.

Daran schließt sich notwendig die Frage an, ob eine Markenanmeldung, die nur auf die Erlangung von Abstandszahlungen gerichtet ist, überhaupt unter den Schutz des neuen Markengesetzes fällt, oder ob es sich nicht vielmehr um den Fall eines Rechtsmissbrauchs handelt.

Dass solche Markenanmeldungen unter der Rechtsmissbrauchsfrage diskutiert werden, zeigte erstmals das „Classe E“ Urteil des OLG Frankfurt aus dem Jahre 1997[13], in dem entschieden wurde, dass Marken, die ausschließlich zu dem Zweck angemeldet werden, Dritte mit Unterlassungs- und Geldforderungen zu überziehen, rechtsmissbräuchlich sind. Es wird folglich untersucht werden müssen, ob das Urteil auch auf die oben beschriebenen Anmeldungsfälle angewendet und zur Orientierung herangezogen werden kann.

Darüber hinaus wird unter dem Aspekt des Benutzungszwanges zu diskutieren sein, wie die fünfjährige Benutzungsschonfrist des § 26 MarkenG mit Anmeldungen vereinbar ist, die u.a. den Hintergrund einer *Markensperrung* haben. Dabei werden auch Fragen der Beweiserhebung zur Sprache kommen.

Auch stellt sich die Frage, wie der *Internet-Problematik* rechtlich begegnet werden kann, insbesondere unter dem Gesichtspunkt der Anwendbarkeit des Namensrechtes, des MarkenG und des UWG.

---

13 OLG Frankfurt GRUR 1998, 704 ff = WRP 1997, 1208 ff.

1. Kapitel: Die registrierte Marke und ihre Missbrauchserscheinungen

Missbrauch bei Markenanmeldungen gab es bereits zu Zeiten des WZG, lediglich die Erscheinungsformen sind nach dem neuen MarkenG anders geworden. In welchen Fällen eine missbräuchliche Markenanmeldung nach dem neuen MarkenG vorliegt und welche rechtlichen Möglichkeiten es gibt ihr zu begegnen, soll im folgenden untersucht werden. Damit zusammenhängend muss die Frage geklärt werden, wie weit die formale Stellung des Markeninhabers gehen kann. Praxisorientierte Lösungen zur Verhinderung der Registrierung bzw. zur Löschung einer rechtsmissbräuchlich angemeldeten Marke sollen herausgearbeitet werden.

Zu Zeiten des WZG wurde die Frage der missbräuchlichen Markenanmeldung bereits kontrovers diskutiert. Daher werden nicht nur die unter dem neuen MarkenG entstandenen Missbrauchsformen im folgenden dargestellt und diskutiert, sondern zum Vergleich und zum Verständnis der heutigen Behandlung von rechtsmissbräuchlichen Markenanmeldungen, auch die problematischen Anmeldungen eines Zeichens unter dem WZG. Es tauchen teilweise dieselben Missbrauchsformen auf. Vorab kann bereits festgestellt werden, dass durch das neue MarkenG einerseits missbräuchliche Anmeldungen verschwanden, andererseits enstanden durch die völlige Aufgabe der Bindung der Marke an einen Geschäftsbetrieb im MarkenG neue Formen der rechtsmissbräuchlichen Ausübung von Markenrechten. Diese geben letztlich auch Anlass zu der aktuellen Diskussion über die missbräuchlichen Markenanmeldungen.

Zunächst muss bei dem Umgang mit den Missbrauchserscheinungen von Markenanmeldungen vor allem der wirtschaftliche Kontext gesehen werden. In diesem Zusammenhang wird deutlich, dass die Attraktivität einer Markenanmeldung durch das MarkenG erheblich gesteigert wurde, was zu den in hohem Maße zunehmenden Markenanmeldungen beim DPA führte.

A. Die Relevanz der Marke im wirtschaftlichen Verkehr

Durch das MarkenG erlangte die Marke eine wirtschaftliche Eigenständigkeit, die zu einer großen Attraktivität der Marken in ihrer wirtschaftlichen Bedeutung führte.[14] Der Markeninhaber sichert sich nunmehr durch die Anmeldung einer Marke das Exklusivrecht an der Marke. Um dem Problem des Markenmissbrauchs näher zu kommen, sind sowohl der Schutzumfang und die Rechtsnatur als auch die Funktionen der Marke neu zu bestimmen und darzustellen.

---

14 In jüngerer Zeit nimmt der Wert von Marken auch einen immer höheren Stellenwert in der Bewertung von Unternehmen ein, FAZ v. 30.6.1999.

I. Schutzumfang der Marke

Es bedarf zunächst der Klärung, welche Zeichen dem Markenschutz überhaupt zugänglich sind und welchen Umfang er hat. Insbesondere wird dargestellt, welche weitreichenden Rechte durch die Anmeldung einer Marke entstehen, durch die der Markeninhaber eine Art Monopolstellung erlangt, die wiederum die Gefahr von Missbrauch verstärkt.

1. Geschützte Marken und Kennzeichen

Der sachliche Geltungsbereich des neuen Markengesetzes wird in § 1 MarkenG bestimmt. Neben dem Schutz von Marken umfasst das Markengesetz nun auch den Schutz der geschäftlichen Bezeichnungen (§ 1 Nr. 2 MarkenG), worunter gemäß § 5 MarkenG Unternehmenskennzeichen[15] (z.B. Name, Firma, besondere Geschäfts- und Unternehmensbezeichnungen) und Werktitel[16] (z.B. Namen oder Bezeichnungen von Druckschriften[17], Filmwerken, Tonwerken, Bühnenwerken) und der Schutz geographischer Herkunftsangaben (§§ 1 Nr. 3, 126 ff MarkenG) fallen.

Welche Zeichen dem Markenschutz zugänglich sind wird in § 3 Abs. 1 MarkenG definiert. Danach können zunächst, wie zuvor nach dem WZG, Personennamen und Abbildungen Markenschutz erlangen. Es wurde bei den dem Markenrechtsschutz zugänglichen Zeichenformen jedoch eine weitreichende Liberalisierung vorgenommen.[18] Es können nun auch Zahlen, Buchstaben[19], dreidimensionale Zeichen und sog. Hörmarken[20] geschützt werden (§ 3 Abs. 1 MarkenG). Auch die für eine Marke typischen Farbkombinationen können nach dem Markengesetz schutzfähig sein[21], jedoch stellen sich bei reinen Farbmarken sowohl verfahrensrechtliche Eintragungsschwierigkeiten als auch materiell-rechtliche Probleme z.B. bzgl. der hinreichenden Bestimmbarkeit.[22] Dagegen sind sog. Duftmarken nach wie vor überhaupt nicht schutzfähig, da es Probleme bei der Beschreibung geben könnte und auch in Frage stehen würde, ob sie überhaupt unter den Begriff „Zeichen“ fallen können.[23]

---

15 Insbesondere zum Schutz bildlicher Unternehmenskennzeichen, die zunehmend an Bedeutung gewinnen, Schricker, GRUR 1998, 310 ff.

16 Über den Schutz von Werktiteln vertiefend, Schricker in: FS Vieregge, S. 775 ff.

17 Vgl. hierzu BGH GRUR 1997, 661 (662) - B.Z./Berliner Zeitung.

18 Vgl. Art. 2 der Markenrechtsrichtlinie.

19 Vgl. BGH GRUR 1997, 366 (368) - Quattro II; BGH GRUR 1995, 732 - Füllkörper; BPatG GRUR 1998, 572 (573 f) - Zahl 9000; Meister, GRUR 1994, 167 (172 f).

20 Zur Anmeldung von Hörmarken, vgl. BPatG GRUR 1997, 134 ff - Anmeldetag; BPatGE 36, 241 ff - Indikativ SWF 3; BPatG GRUR 1997, 60 ff - SWF 3 Nachrichten.

21 So z.B. gelb-rot bei Maggi oder weiß-blau bei Aral, siehe Berlit, Rdnr. 7.

22 Vgl. zu dieser Problematik: Anders/Hacker, GRUR 1997, 487 (499).

23 Meister, WRP 1995, 366 (366).

Damit lässt sich feststellen, dass die Bestimmung des sachlichen Geltungsbereichs und der Markenschutz durch das neue MarkenG erheblich ausgeweitet wurde, wodurch die neue Markenvielfältigkeit zum Ausdruck kommt.

2. Ansprüche des Markeninhabers

Mit Eintragung der Marke steht dem Markeninhaber gemäß § 14 Abs. 1 MarkenG das ausschließliche Nutzungsrecht zu, d.h. der Markeninhaber hat ein *Exklusivrecht* an der Marke.[24] Dadurch erhält die Marke einen umfassenden Schutz, der verschiedene Arten von Ansprüchen enthält (§§ 14-19 MarkenG). Dieser Markenschutz unterliegt wiederum den Schranken der §§ 20 ff MarkenG.

Im folgenden werden die grundlegenden Ansprüche des Markeninhabers gegenüber Dritten dargestellt. Damit soll verdeutlicht werden, in welche exklusive Position derjenige kommt, der eine Marke zur Anmeldung bringt. Die markenrechtlichen Ansprüche, die dem Markeninhaber durch die Registrierung seiner Marke entstehen, bestehen in Form eines Unterlassungsanspruchs (§ 14 Abs. 2 MarkenG), eines Schadensersatzanspruchs (§ 14 Abs. 6 und 7 MarkenG), eines Vernichtungsanspruchs (§ 18 MarkenG) und eines Auskunftsanspruchs (§ 19 MarkenG) gegenüber Dritten, die die Marke unerlaubterweise benutzen.

a. Unterlassungsanspruch

Das ausschließliche Nutzungsrecht beinhaltet gemäß § 14 Abs. 2 MarkenG zunächst einen *Unterlassungsanspruch*[25], wonach der Markeninhaber[26] Dritten[27] jede Benutzung eines mit seiner Marke kollidierenden Zeichens untersagen kann.[28] Es muss sich dabei um eine rechtswidrige, verschuldensunabhängige

---

24 Es erfolgte damit die Umsetzung des Art. 5 der Markenrichtlinie, die mit unwesentlichen Abweichungen in vollem Umfang, inklusive der fakultativen Regelung des Art. 5 Abs. 2 Markenrichtlinie, erfolgte.

25 Für den Inhaber einer geschäftlichen Bezeichnung gewährt § 15 Abs. 4 MarkenG einen Unterlassungsanspruch, wenn die Voraussetzungen des § 15 Abs. 2 oder 3 MarkenG vorliegen.

26 Bzgl. der Inhaberschaft an der Marke ist auf § 4 MarkenG zu verweisen. Zu beachten ist weiterhin, dass der nur zur Nutzung der Marke Ermächtigte, auch wenn es sich um einen ausschließlichen Lizenznehmer handelt, keinen eigenen Unterlassungsanspruch besitzt.

27 „Dritter" ist der Störer, d.h. wer die Verletzung begeht, veranlaßt hat, verhindern könnte, von ihr profitiert oder das Handeln rechtswidrig duldet, sei es als Täter, Mittäter, Anstifter oder Gehilfe, vgl. Althammer/Klaka/ Ströbele, § 14, Rdnr. 38.

28 Streitig ist diesbzgl., ob § 14 Abs. 2 MarkenG lediglich vor einer markenmäßigen Benutzung schützt oder auch bei nicht markenmäßiger Benutzung der Marke Schutz des Markeninhabers gegeben ist. Vertreter des lediglichen Schutzes gegen markenmäßige Benutzung argumentieren vom Wortlaut des § 14 Abs. 2, 3 und 5 MarkenG her, in dem von der Benutzung eines Zeichens gesprochen wird, vgl. v. Schultz, GRUR 1997, 408 (409); Piper, GRUR 1996, 429 (434); in der Rspr. bisher dahingehend entschieden

Benutzung entgegen den Bestimmungen des § 14 Abs. 2-4 MarkenG handeln.[29] Das Recht aus der Marke beschränkt sich jedoch auf deren Verwendung im geschäftlichen Verkehr und untersagt Dritten lediglich, ohne Zustimmung die dem Markeninhaber vorbehaltenen Zeichen im geschäftlichen Verkehr zu benutzen.[30] Dem Markeninhaber steht der Unterlassungsanspruch nicht nur im Falle der Benutzung eines identischen Zeichens für identische Waren oder Dienstleistungen durch den Verletzer zu, sondern auch wenn der Verletzer ein ähnliches Zeichen für identische oder ähnliche Waren oder Dienstleistungen benutzt und die angesprochenen Verkehrskreise der Gefahr von Verwechselungen ausgesetzt sind.

b. Schadensersatzanspruch

Darüber hinaus steht dem Markeninhaber ein *Schadensersatzanspruch* nach § 14 Abs. 6 und 7 MarkenG[31] zu, wenn eine Verletzungshandlung vorsätzlich oder fahrlässig (§ 276 BGB) begangen wurde.

Es handelt grundsätzlich vorsätzlich, wer den Markenschutz des benutzten Zeichens kennt und bewusst ohne Rechtfertigungsgrund mit seiner Kennzeichnung in das fremde Recht eingreift. Es reicht jedoch auch bedingter Vorsatz aus, der vorliegt, wenn die Verletzungshandlung begangen wird, obwohl die Möglichkeit einer Verletzung fremder Zeichenrechte bekannt war, dieses jedoch billigend in Kauf genommen wurde.[32] Im Rahmen der Fahrlässigkeit werden hohe Anforderungen an die Sorgfaltspflicht gestellt, da sie sich nach objektiven Grundsätzen und nicht nach persönlichen Gepflogenheiten richtet. Dabei ist maßgeblich von Relevanz der Lebens- und Tätigkeitsbereich, in dem sich die Verletzungshandlung ereignet hat.[33]

KG NJW-RR 1997, 937 (938) - Toll! Alles wird T-e-u-r-e-r; a.A. Berlit, Rdnr. 241, der sich auf die Begründung des Gesetzentwurfs der Bundesregierung vom 14.1.1994 zum MarkenG, BT-Drucks. 12/6581, 53 (153), bezieht; Starck, GRUR 1996, 688 (691); Fezer, GRUR 1996, 566 (568); Schmieder, NJW 1997, 2908 (2914).

29 Weitergehende Ausführungen dazu, vgl. Meister, WRP 1995, 366 (369).

30 Daher findet das Verbietungsrecht seine Grenzen, wenn die Verwendung der Marke nicht in Beziehung auf den geschäftlichen Verkehr stattfindet; BGH WRP 1998, 604 (605); nur die Veränderungen, die an Waren vorgenommen werden, die zur Weiterveräußerung im geschäftlichen Verkehr bestimmt sind, können daher Verbotsansprüche auslösen, vgl. BGHZ 100, 51 (58) - Handtuchspender; BGHZ 111, 182 (186) – Herstellerkennzeichen auf Unfallwagen.

31 Gemäß § 15 Abs. 5 MarkenG besteht für den Inhaber einer geschäftlichen Bezeichnung ebenfalls ein Schadensersatzanspruch unter den dort genannten Voraussetzungen.

32 Althammer/Klaka/Ströbele, § 14, Rdnr. 44.

33 BGH GRUR 1957, 342 (347) - Underberg.

Somit hat derjenige, der in seinem Geschäftverkehr mit Marken tätig ist, auch eine besondere Überwachungs- und Erkundungspflicht, was insbesondere für die Aufnahme eines eigenen neuen Kennzeichens gilt.[34]

Die Art der Schadensberechnung ist gesetzlich nicht geregelt. Die bislang geltende Rechtsprechung hinsichtlich der Berechnung des Schadens wird aufrecht erhalten.[35] So ist im Falle der Bejahung eines Schadensersatzanspruches, Ersatz für den kausal durch die Marktverletzung entstandenen Schaden zu leisten, unabhängig davon, ob der Schaden unmittelbar oder mittelbar verursacht wurde.[36]

c. *Vernichtungsanspruch*

Desweiteren steht grundsätzlich dem Inhaber einer Marke ein *Vernichtungsanspruch* gemäß § 18 Abs. 1, 1. HS MarkenG bei Verletzungshandlungen gegen das in § 14 MarkenG normierte Ausschließlichkeitsrecht zu.[37]

Der Vernichtungsanspruch richtet sich gegen den unmittelbaren oder mittelbaren Besitz sowie gegen das Eigentum an widerrechtlich gekennzeichneten Gegenständen.[38] Dabei ist zu beachten, dass grundsätzlich das ganze Produkt mit seiner Kennzeichnung zu vernichten ist. Dieser Grundsatz wird durchbrochen, wenn z.B. durch ledigliche Abtrennung des Zeichens oder die dauerhafte Unkenntlichmachung bereits erreicht werden kann, daß die Rechtsverletzung beseitigt wird, und damit die komplette Vernichtung des Produkts unverhältnismäßig wäre.[39] Gemäß § 18 Abs. 2 MarkenG kann der Inhaber einer Marke auch die Beseitigung der zur widerrechtlichen Kennzeichnung benutzten Vorrichtungen vom Verletzer verlangen.[40] Der Vernichtungsanspruch ist verschuldensunabhängig.

---

34 Wie diesen Pflichten nachgekommen werden kann ist vielfältig. Im Bereich der Arzneimittel geschieht dieses durch das Durchsehen der Roten Liste. Aber auch in anderen Gebieten können Kennzeichnungen z.B. durch Nachschauen im Internet oder anderen Nachschlagewerken überprüft werden, vgl. Althammer/Klaka/Ströbele, § 14, Rdnr. 45.

35 Begründung des Gesetzentwurfs der Bundesregierung zum MarkenG vom 14.1.1994, BT-Drucks. 12/6581, 53 (69); vgl. hinsichtlich des Verletzergewinns bei Verstößen gegen das MarkenG, insbesondere der Schadensberechnung, Beuthien/Wasmann, GRUR 1997, 255 ff.

36 BGHZ 41, 123 (127).

37 Zu dieser Regelung gibt es kein Pendant in der Markenrechtsrichtlinie, sie geht also über die obligatorischen Bestimmungen der Richtlinie hinaus. Der Vernichtungsanspruch wurde in Anlehnung an § 25 a WZG geschaffen, insbesondere zur Bekämpfung der Produktpiraterie, vgl. Althammer/Klaka/Ströbele, § 18, Rdnr. 1.

38 Vgl. LG München Mitt. 1996, 22 ff - Windsurfing Chiemsee.

39 Vgl. Köhler, GRUR 1996, 82 (87); Retzer in: FS Piper, S. 421 (423).

40 Im Gegensatz zu dem Vernichtungsanspruch nach § 18 Abs. 1 MarkenG, muss der Verletzer hier Eigentümer der Vorrichtung sein, d.h. Besitz reicht nicht aus; dieses wird als Schwachstelle des Gesetzes angesehen, vgl. Ernsthaler, GRUR 1992, 273 (277).

d. Auskunftsanspruch

Ein Auskunftanspruch nach § 19 MarkenG kann ebenfalls vom Markeninhaber bei Verletzung seines Markenrechtes geltend gemacht werden[41]. Es handelt sich wiederum um einen verschuldensunabhängigen Anspruch, der sich auf die Auskunft über die Herkunft und den Vertriebsweg von widerrechtlich gekennzeichneten Gegenständen (§ 19 Abs. 1 MarkenG) bezieht. Damit soll dem Verletzten ermöglicht werden, den Ursprung von Piraterie waren zu bekämpfen und den Weitervertrieb dieser Produkte zu verhindern.[42]

Der Umfang des Auskunftsanspruches wird in § 19 Abs. 2 MarkenG genau bestimmt, wonach der Verletzer den Namen und die Anschrift des Herstellers, des Lieferanten und gewerblichen Abnehmers bzw. Auftragnehmers zu nennen hat. Darüber hinaus muss er auch Auskunft über die Menge der hergestellten, der ausgelieferten, der erhaltenen und der bestellten Artikel geben.

II. Rechtsnatur der Marke

Die Rechtsnatur der Marke muss nach den Änderungen des Markenrechts neu bestimmt werden, da nur dadurch überhaupt erst der Sinn des Rechtsinstituts „Marke" erfasst werden kann.[43]

1. Die Marke als Vermögensgegenstand

Eine Marke ist grundsätzlich jedes Kennzeichen, das dazu dient oder dienen kann, Waren oder Dienstleistungen im wirtschaftlichen Verkehr von gleichartigen Waren abzuheben.[44] Die Marke wird somit immer mit einer bestimmten Ware oder Dienstleistung in Verbindung gebracht. Desweiteren ist sie ein subjektives Recht[45], welches zunächst beinhaltet, dass der Markeninhaber das Exklusivrecht an der Marke innehat. Infolgedessen kann der Markeninhaber frei wirtschaftlich tätig werden und Verletzungen seines Markenrechts abwehren. Diese Rechtsposition wird durch die Verfassung (Art. 14 Abs. 1, S. 1 GG) gewährleistet.

---

41 Der Auskunftsanspruch basiert auf dem Grundsatz von Treu und Glauben gemäß § 242 BGB und wurde von der Rechtsprechung daraus entwickelt. Im Hinblick auf das Gesetz zur Produktpiraterie wurde auch in das MarkenG ein entsprechender Auskunftsanspruch eingeführt, Berlit, Rdnr. 269.

42 Berlit, Rdnr. 270.

43 Vgl. Spoendlin, S. 10, der dieses als zentrale Frage des Markenrechts ansieht, bei deren Beantwortung seiner Ansicht nach, man nicht ohne die Zuhilfenahme der abstrakten Begriffe „Individualrecht", „Immaterialgut" oder „Wirtschaftsgut" auskommt, um die Marke juristisch erfassen zu können.

44 Troller in: FS Möhring, 291 (301).

45 Vgl. Fezer in: FS für Gaedertz, 153 (158).

Verfassungsgegenstand der Marke ist ein immaterielles Gut.[46] Demnach ist die Marke eine der tragenden Säulen im europäischen System des geistigen Eigentums.[47]

Nach dem WZG handelte es sich bei einem eingetragenen Zeichen noch um ein Recht, das an einem im Verkehr verselbständigten geistigen Symbol bestand, welches auf die Herkunft der Ware oder Dienstleistung aus einem bestimmten Unternehmen hinwies.[48] Diese Annahme gründete auf der Zuordnung des Warenzeichens zu einem Geschäftsbetrieb, woraus folgte, dass es sich bei dem Zeichen um gebundenes Vermögensrecht handelte.[49]

Nach der vollständigen Abschaffung der Akzessorietät der Marke vom Geschäftsbetrieb durch das neue MarkenG (§ 7 MarkenG), ist die Marke jedoch nunmehr ein eigenständiges Vermögensobjekt.[50]

2. Konsequenzen der Eigenständigkeit der Marke

Da die Marke nach dem neuen Markenrecht eigenständiger Gegenstand des Vermögens ist, kann sie ohne einen dazugehörigen Geschäftsbetrieb übertragen werden (§ 27 Abs. 1 MarkenG). Auch können vom Markeninhaber Lizenzen an Dritte für die Markenbenutzung erteilt werden (§ 30 Abs. 1 MarkenG). Sie kann als dingliches Recht verpfändet werden (§ 29 Abs. 1 Nr. 1 MarkenG) und Gegenstand der Zwangsvollstreckung sein (§ 29 Abs. 1 Nr. 2 MarkenG). Darüber hinaus wird die Eigenständigkeit der Marke als Vermögensgegenstand dadurch bestätigt, dass das Recht an der Marke als Kreditsicherheit gegeben[51] und auch im Rahmen des Franchising verwendet werden[52] kann. Hier interessiert, insbesondere im Hinblick auf die Spekulations-/ Hinterhaltsmarke, die Übertragung der Marke und die Lizenzerteilung an Dritte.

a. Übertragbarkeit der Marke

Dem Fortfall der Bindung der Marke an den Geschäftsbetrieb wurde in § 27 Abs. 1 MarkenG mit der Normierung der isolierten Übertragbarkeit der Marke

---

46 BVerfG GRUR 1979, 773 (778).

47 Fezer in: FS Gaedertz, 153 (155).

48 BGHZ 8, 203 (206); 52, 337 (344); vgl. auch Ulmer, NJW 1969, 11 (12); Beier/Krieger, GRUR Int. 1976, 125 (125 f); Troller in: FS Möhring, 291 (305 f); a.A. Oppenhoff, GRUR Int. 1973, 433 (433). Zur Rechtsnatur des Warenzeichens nach dem WZG, siehe Henning-Bodewig/Kur, Marke und Verbraucher, Bd. I, 215 ff.

49 BGHZ 32, 103 (113) - Vogeler.

50 Schmieder, NJW 1994, 1241 (1243).

51 Vgl. Rohnke NJW 1993, 561 ff.

52 Vgl. Ullmann, NJW 1994, 1255 ff.

entsprochen.[53] § 27 Abs. 2 MarkenG enthält in Bezug auf die Übertragung einer Marke jedoch im Zweifelsfall eine Vermutung dahingehend, dass bei Übergang eines Geschäftsbetriebes die zu diesem gehörige Marke mitübertragen wird. Dadurch wird die Marke im Zweifelsfall indirekt wieder an den Geschäftbetrieb gekoppelt. Die Art der Übertragung[54] kann erfolgen:

- durch den Übergang von Todes wegen, entweder in Gesamtrechtsnachfolge der Erben durch gesetzliche oder testamentarisch bestimmte Erfolge oder durch Einzelrechtsnachfolge in Form des Vermächtnisses einer Marke,
- durch den Rechtsübergang unter Lebenden, im Normalfall durch Vertrag, für den keine Formvorschriften eingehalten werden müssen.[55]

Grenzen werden der Übertragbarkeit der Marke in zweierlei Hinsicht gesetzt: zum einen unter dem Gesichtspunkt der Vermeidung von Irreführungen im Sinne des § 3 UWG, wenn die Marke aus mehreren Bestandteilen besteht und insbesondere über die eigentlich kennzeichnenden Bestandteile hinaus beschreibende Angaben der verschiedensten Art enthält; zum anderen besteht eine Grenze, wenn eine Marke einen persönlichen Namen enthält, und diese Marke im Konkursfall veräußert werden soll.[56]

b. Möglichkeit der Lizenzerteilung

Von der Übertragung des Markenrechts ist die Einräumung einer Gebrauchsüberlassung zu unterscheiden. Die Möglichkeit der Gebrauchsüberlassung in Form der Lizenzerteilung wird erstmals im neuen MarkenG in § 30 genannt.[57] Danach ist neben der schuldrechtlichen Lizenz nunmehr auch die dingliche Lizenz gestattet (§ 30 Abs. 1 MarkenG).[58] Es gibt unterschiedliche Arten der Lizenzerteilungen. Allgemein ist die Lizenz eine vom Rechtsinhaber gewährte Erlaubnis an einen

53 In der Markenrichtlinie ist keine Regelung zur Übertragung der Marke enthalten. Allerdings ist auch in allen anderen nationalen Markengesetzen der EU-Mitgliedsstaaten die freie Übertragbarkeit der Marke statuiert worden, vgl. Althammer/Klaka/Ströbele, § 27, Rdnr. 2.

54 Nunmehr kann - im Gegensatz zum alten Warenzeichenrecht - auch eine Teilübertragung der Marke für nur bestimmte Waren oder Dienstleistungen nach dem Wortlaut des § 27 Abs. 1 MarkenG erfolgen.

55 Vgl. Althammer/Klaka/Ströbele, § 27, Rdnr. 5.

56 Vgl. Starck, WRP 1994, 698 (700).

57 Die Einführung der Lizenzen erfolgte aufgrund des Art. 8 der Markenrichtlinie. Das WZG ging noch vor der Abschaffung der Akzessorietät des Warenzeichens vom Geschäftsbetrieb im Jahre 1992 davon aus, dass der Zeicheninhaber sein Zeichen grundsätzlich allein benutzt. Dennoch war man sich auch bereits zum damaligen Zeitpunkt der zunehmenden Wichtigkeit von Lizenzen bewusst; ausführlich dazu Völp, GRUR 1985, 843 ff.

58 Vgl. Meyer, GRUR Int. 1996, 592 (604).

Dritten, das Markenrecht in einem bestimmten Umfang zu nutzen.[59]

Inhaltlich kann der Markeninhaber nunmehr gemäß § 30 Abs. 1 MarkenG über sein Markenrecht an einen Dritten eine Lizenz in folgenden Formen erteilen:

- als ausschließliche oder nicht ausschließliche,
- für das gesamte Gebiet der Bundesrepublik Deutschland oder lediglich für Teilgebiete,
- für alle oder nur einen Teil der eingetragenen Waren oder Dienstleistungen .

III. Wirtschaftliche Funktionen der Marke

Um die Position der Marke im wirtschaftlichen Verkehr weiterhin bestimmen zu können, werden ihre Wirkungen als Funktionen zusammengefasst.[60] Es werden damit zugleich die der Marke immanenten Eigenschaften festgelegt. Es spielen dabei die markenrechtlich geschützten Interessen bei der Bestimmung der schutzwürdigen Funktionen der Marke eine große Rolle.[61]

Durch das neue Markenrecht stellt sich die Frage nach den rechtlich geschützten Funktionen der Marke neu.[62] Es herrscht jedoch Uneinigkeit in der Literatur hinsichtlich der Anzahl der Markenfunktionen.[63] Grundsätzlich sind als wirtschaftliche Funktionen der Marke die *Herkunfts-, Unterscheidungs-, Garantie- und Werbefunktion* zu nennen. Dabei ist zu beachten, dass die Marke nicht auf eine Funktion festgelegt werden kann[64] und darüber hinaus auch nicht jede Funktion vom Markenrecht geschützt ist.[65] Durch die im folgenden dargestellten Funktionen sollen Anhaltspunkte zur Bestimmung des Zweckes der Marke geliefert werden.

---

59 Althammer/Klaka/Ströbele, § 30, Rdnr. 1.

60 Baumbach/Hefermehl, WZG-Kom., Einl. Rdnr. 9.

61 Beier, GRUR Int. 1968, 8 (13 f).

62 Ob eine Abkehr vom bisherigen Verständnis des Markenschutzes durch das neue MarkenG erforderlich ist, wird teilweise in der Literatur abgelehnt; zuletzt vgl. v. Gamm, WRP 1993, 793 (795) und GRUR 1994, 775 (777).

63 Vanzetti, in GRUR Int. 1965, 128 ff und 185 ff, reduziert die Funktionen der Marke auf zwei Grundfunktionen: die Unterscheidungs- und Suggestivfunktion. In ähnlicher Art und Weise unterscheidet Lehmann, GRUR 1984, 313 (315 f), zwischen einer genuinen und einer derivativen Funktion der Marke.

64 Loewenheim, GRUR Int. 1971, 260 (264).

65 Meyer, GRUR Int. 1996, 592 (599), behauptet sogar, dass einer gemeinschaftsrechtlichen Funktionslehre nach dem Inkrafttreten der Markenrechtsrichtlinie die Grundlage fehlt. Dabei beruft er sich auf seine Folgerungen, die er aus dem Primär- und Sekundärgemeinschaftsrecht hergeleitet hat. Danach sollen die Vorschriften der Markenrichtlinie und der GMVO keine Basis für eine Funktionslehre des Markenrechts abgeben.

1. Unterscheidungsfunktion

Die Grundfunktion der Marke ist die Unterscheidungsfunktion, die ihre Wurzeln in der Kennzeichnung der Ware findet. Durch die Kennzeichnung der Ware mit der Marke, kann der Markeninhaber seine Ware individualisieren[66], und damit die wettbewerbspolitisch erwünschte Markentransparenz als grundlegende Voraussetzung des Wettbewerbs herbeiführen.[67] Infolgedessen gehört die Unterscheidungsfunktion zum Wesen der Marke.[68] Allerdings bedarf es für die Bestimmung der Marke weiterer Funktionen, da es sich hierbei nur um eine Grundfunktion handelt.[69]

2. Herkunftsfunktion

Desweiteren ist die zentrale *Herkunftsfunktion* zu nennen. Unter der Herkunftsfunktion ist ursprünglich zu verstehen, dass die Marke auf einen bestimmten Geschäftsbetrieb hinweist, aus dem die mit der Marke bezeichnete Ware und Dienstleistung stammt.[70]

In dem bis zum neuen MarkenG geltenden WZG war gemäß den §§ 8 Abs. 1, S. 2 und 11 Abs. 1 Nr. 2 das Warenzeichen bis zur Änderung im Jahre 1992 durch das Erstreckungsgesetz[71], gänzlich an einen Geschäftsbetrieb gebunden. Die Hauptfunktion war bis dahin folglich die Herkunftsfunktion[72], die die gesetzliche Zweckbestimmung der Marke beinhaltete.[73] Auch nach der Änderung des WZG durch das ErstreckungsG wurde in § 1 WZG bestimmt, dass das Warenzeichen der Unterscheidung der Waren in dem Geschäftsbetrieb des Zeicheninhabers von fremden Waren diente. Daraus folgte, dass unter der Geltung des WZG, das Warenzeichen die Ware als vom Zeicheninhaber stammend kennzeichnete, und demnach die Herkunft der Ware mit einem bestimmten Geschäftsbetrieb verbunden wurde.

Nunmehr stellt sich aufgrund der Abschaffung der Akzessorietät der Marke vom Geschäftsbetrieb die Frage, inwieweit die Herkunftsfunktion überhaupt noch gelten kann. Die Marke kann ohne die Übertragung eines Geschäftsbetriebes veräußert werden (§ 27 Abs. 1 MarkenG), wodurch die Herkunft der mit der

---

66 Waldmann, S. 221.

67 Beier/Krieger, GRUR Int. 1976, 125 (125).

68 Baumbach/Hefermehl, WZG, Einl., Rdnr. 10.

69 Fezer, S. 76.

70 BVerfG NJW 1980, 383 (385) - Schutz von Lagenamen bei Weinen; Oppenhoff, GRUR Int. 1973, 433 (433).

71 § 47 ErStrG vom 23.4.1992, BGBl. I Nr. 22, 938 (947).

72 Vgl. Beier/Krieger, GRUR Int. 1976, 125 (126 f); Loewenheim, GRUR Int. 1971, 260 (264); Ossing, S. 31.

73 BGH GRUR 1979, 551 (552) - lamod; BGH GRUR 1985, 46 (47) - IDEE-Kaffee; BGH GRUR 1986, 538 (539) - Ola.

Marke versehenen Ware aus einem bestimmten Geschäftsbetrieb nicht mehr gewährleistet wird. Daher wird von einer wesentlichen Abwertung der Bedeutung der Herkunftsfunktion gesprochen.[74]

Bereits die Möglichkeit von Lizenzerteilungen nach dem alten WZG stellte die Herkunftsfunktion in Frage.[75] Es wurde schon damals bezweifelt, dass der Herkunftsfunktion noch eine wesentliche Bedeutung zugemessen werden kann, da aufgrund der Möglichkeit einer Lizenzerteilung an einen Dritten von einer „Verbürgung der Gleichmäßigkeit der Herkunftstätte" nicht mehr die Rede sein könne. Daher sei die Herkunftsfunktion gänzlich aufzugeben.[76]

Befürworter der gleichbleibenden Relevanz der Herkunftsfunktion argumentierten jedoch dahingehend dagegen, dass der gleichzeitige Gebrauch der Marke von verschiedenen Unternehmen nicht die Regel sei und deswegen das Markenrecht auch nicht grundlegend geändert würde. Die Sicherung der Herkunft sei somit weiterhin garantiert.[77] Dabei ging diese Ansicht allerdings von einer Herkunftsfunktion im weiteren Sinne aus, wonach angenommen wurde, dass die Marke auch auf die Herkunft der Waren aus einer Gruppe von Unternehmen hinweisen konnte, die sich durch die Lizenzerteilung zu gemeinschaftlicher Markenbenutzung verbunden hatten.[78]

Auch im neuen Markenrecht wird einerseits vertreten, dass keine Verminderung der Bedeutung der Herkunftsfunktion durch den Wegfall der Akzessorität zu erwarten ist. Argumentiert wird, dass die Hinweisfunktion auf den durch die alleinige Übertragung der Marke neuen Geschäftsbetrieb nicht aufgehoben würde.[79] Darüber hinaus wird vertreten, dass die Herkunftsfunktion in einem System der freien Übertragbarkeit durch eine Pflicht, das Publikum von der Übertragung einer Marke zu informieren, weiter Bestand haben wird. Diese sog. Informationspflicht wird aus dem Bruch von Kontinuität hergeleitet, der durch die Übertragung der Marke ohne den Geschäftsbetrieb entsteht.[80]

Der EuGH versteht die Herkunftsfunktion dagegen als *Produktverantwortung*, nach der dem Verbraucher die Ursprungsidentität des gekennzeichneten Erzeugnisses garantiert werden soll.[81] Desweiteren betont der EuGH den Zusammenhang zwischen Marke und Wettbewerb. Das Recht an der Marke soll danach ein wesentlicher Bestandteil des Systems eines unverfälschten Wettbewerbs sein.[82] Es wird folglich nicht an der traditionellen Herkunftsfunktion festgehalten,

---

74 Vgl. Fezer in: FS Gaedertz, 153 (167); Klaka in: FS Traub, 173 (188).
75 So auch Deichsel, FAZ vom 14.12.1998, Nr. 290, S. 27.
76 Vgl. Oppenhoff, GRUR Int. 1973, 433 (434); Kunz-Hallstein, GRUR Int. 1992, 81 (90).
77 Beier/Krieger, GRUR Int. 1976, 125 (126 f).
78 So Beier/Krieger GRUR Int. 1976, 125 (127).
79 v. Gamm, GRUR 1994, 775 (777); Meister, WRP 1995, 1005 (1007).
80 Vanzetti, GRUR Int. 1999, 205 (210).
81 EuGH, Slg. 1978, 1823 (1840 f) - American Home Products.
82 EuGH GRUR Int. 1990, 960 (961) - HAG II.

sondern es wird auf die Identifikationmöglichkeit durch die Marke und den damit zusammenhängenden Qualitätsnachweis abgestellt.[83]

Es wird auch in der jüngeren Literatur immer stärker vertreten, dass die Herkunftsfunktion ihre Vorrangstellung im neuen Markenrecht eingebüßt habe und eine Ergänzung durch andere Funktionen erfolgt sei.[84] Es solle sich nun eher um eine *Herkunftsunterscheidungsfunktion* handeln, die von der Marke verkörpert wird.[85] Die zunächst betriebsbezogene Firmen- und Hausmarke wechsele damit ihren Status zur produktbezogenen Sortenmarke.[86] Somit kennzeichne die Marke nunmehr einzelne Waren zur Unterscheidung von den Waren der Konkurrenz (Unterscheidungsfunktion), und darüber hinaus von eigenen Waren, die unter einer anderen Marke vertrieben werden (Identifikation). Die Ware werde nicht mehr einem genau bezeichneten Betrieb zugeordnet, vielmehr reiche die Zuordnung zu irgendeinem Unternehmen, z.B. zu dem des Lizenznehmers, aus.[87] Es gehe daher primär auch nicht mehr um die betriebliche Herkunft der Ware, als vielmehr um die Eigenschaften der Ware (Qualitätsfunktion).[88]

Demnach ist auch die herrschende Meinung in der Literatur[89] der Ansicht, dass die Herkunftsfunktion nicht mehr die alleinige geschützte Funktion der Marke ist, sondern durch die Qualitäts- und die grundlegende Unterscheidungsfunktion ergänzt wird.[90]

3. Qualitäts-/Garantiefunktion

Die *Qualitäts- bzw. Garantiefunktion* trägt dazu bei, die Erwartungen, die der Verbraucher an der gleichbleibenden Güte und Beschaffenheit der Marke hat,

---

83 Vgl. Schmieder, NJW 1997, 2908 (2914); Deichsel, GRUR 1998, 335 (335). Dieses wurde auch in einem weiteren Urteil vom EuGH, GRUR 1998, 922 (924) - Canon – bestätigt.

84 Vgl. Lehmann/Schönfeld, GRUR 1994, 481 (487); Fezer in: FS Gaedertz, 153 (167); Klaka in: FS Traub, 173 (188).

85 Michalsky, S. 41.

86 Heydt in: FS Hefermehl, 59 (68); Ossing, S. 31.

87 Vgl. Michalsky, S. 41.

88 Vgl. Amtl. Begründung des Entwurfs eines Markenrechtsreformgesetzes vom 5.11.1993, BR-Drucks. 795/93, 88 (116, 117, 131).

89 So eindeutig: Lehmann/Schönfeld, GRUR 1994, 481 (487); Michalsky, S. 39; Fezer in: FS Gaedertz, 153 (167); Klaka in: FS Traub, 173 (188); Oppenhoff, GRUR Int. 1973, 433 (434); Mertens de Wilmars, GRUR Int. 1976, 93 (97).

90 In Anbetracht dieses Wandels der Funktionen der Marke, der nicht einheitlich beurteilt wird, stellt sich zwangsläufig die Frage, inwieweit überhaupt noch an der traditionellen Funktionslehre festgehalten werden kann. Im Mittelpunkt der Überlegungen steht dabei die Marke als funktionales Marktinstrument, durch das der Wettbewerb stimuliert wird, vgl. Lehmann/Schönfeld, GRUR 1994, 481 (488).

zu erfüllen.[91] Bereits unter der Geltung des WZG wurde unter der Qualitätsfunktion eine Gewähr auf zumindest gleichbleibende Produktqualität verstanden, der jedoch kein rechtlicher Schutz zu Gute kommen sollte, mangels einer Verpflichtung des Markeninhabers zur Beibehaltung der Qualität.[92] Auch die Möglichkeit der Durchsetzung der Qualitätsfunktion durch den Verbraucher wurde abgelehnt.[93] Begründet wurde diese Ansicht mit dem Hauptargument, dass der Schutz des Verbrauchers gegen Qualitätstäuschungen keine primäre Aufgabe des Markenrechts sei, sondern in den Anwendungsbereich des Gesetzes des unlauteren Wettbewerbs (UWG) falle.[94] Gesetzlich wird dem Markeninhaber nunmehr ausdrücklich durch § 30 Abs. 2 Nr. 5 MarkenG bei Abschluss eines Lizenzvertrages ermöglicht, Qualitätsansprüche gegen den Lizenznehmer im Falle eines Verstoßes gegen vertragliche Bestim-mungen geltend zu machen. Daraus soll sich folgern lassen, dass durch die neuen Marktstrukturen auch der Qualitäts-/Garantiefunktion markenrechtlicher Schutz zukommen soll. [95]

4. Werbefunktion

Letztlich ist noch die *Werbefunktion* zu nennen, durch die die Marke, unabhängig von der Ware, aufgrund ihrer Eigenart und Bekanntheit im Verkehr, eine selbständige Anziehungskraft auf die Verbraucher ausübt.[96] Damit stellt sie nunmehr einen wirtschaftlich wichtigen Faktor für den Markeninhaber dar, von dem auch der Ruf der Marke abhängt. Demnach dient die Marke auch durch ihre Werbefunktion der Gewinnung, Erhaltung und Erweiterung des Kundenkreises.[97]

Zur Zeit der Geltung des WZG wurde die Werbefunktion nicht als begriffsnotwendig für das Warenzeichen angesehen.[98] In dem neuen MarkenG tritt aber gerade diese Funktion immer mehr in den Vordergrund[99], so dass sie neben der

---

91 Baumbach/Hefermehl, WZG, Einl., Rdnr. 12; Henning-Bodewig, GRUR Int. 1985, 445 (445); Eisenmann, Rdnr. 229; Hubmann, § 4, S. 42; Beier/Krieger, GRUR Int. 1976, 125 (127); Waldmann, S. 223

92 BGH GRUR 1973, 468 (471 f) - Cinzano.

93 Vanzetti, GRUR Int. 1965, 128 (143); Sack, GRUR 1972, 445 (446); Beier/Krieger, GRUR Int. 1976, 125 (127); a.A. Loewenheim, GRUR Int. 1971, 260 (264); die einschlägigen Entscheidungen der Rechtsprechung zur Qualitätsfunktion, siehe Henning-Bodewig/Kur, Marke und Verbraucher, Bd. II, 146 ff.

94 Beier/Krieger, GRUR Int. 1976, 125 (127).

95 Michalsky, S. 45; Harte-Bavendamm, GRUR 1998, 335 (335); Lehmann/Schönfeld, GRUR 1994, 481 (487); vgl. auch die Amtl. Begründung des Entwurfs eines Markenrechtsreformgesetzes vom 5.11.1993, BR-Drucks. 795/93, 88 (139).

96 Kartte in: FS Quack, 609 (620).

97 Beier/Krieger, GRUR Int. 1976, 125 (128).

98 Ossing, S. 33 m.w.N.

99 Die zunehmende Relevanz der Werbefunktion in der Europäischen Union bei der Benutzung der Marke in der Werbung, stellt Kur, GRUR Int. 1990, 442 ff, am Beispiel der

Herkunftsfunktion, die wiederum mittlerweile durch die Qualitäts- und Unterscheidungsfunktion einen anderen Inhalt erhalten hat, sich zu einer der Hauptfunktionen der Marke entwickelt hat.[100]

5. Fazit

Es besteht bislang keine Einigkeit über den Schutz von wirtschaftlichen Funktionen im neuen Markenrecht. Es sollte hier ein Überblick über die derzeit vertretenen Ansichten erstellt werden, ohne abschließend eine Bewertung vorzunehmen. Tatsache ist jedoch, dass die traditionell vorrangig geschützte Herkunftsfunktion ihre Stellung durch die Abschaffung der Bindung der Marke an den Geschäftsbetrieb stark eingebüßt hat. Nunmehr wird sie von anderen Funktionen ergänzt, die den Änderungen durch das neue MarkenG Rechnung tragen. Dieses wurde auch vom EuGH bestätigt, wonach die Identifikationsmöglichkeit der Marke mit dem damit zusammenhängenden Qualitätsnachweis immer mehr in den Vordergrund tritt.

IV. Zusammenfassung

Zusammenfassend kann festgestellt werden, dass durch das neue Markenrecht dem Markeninhaber eine bislang noch nicht dagewesene Freiheit in seiner wirtschaftlichen Betätigung im Hinblick auf seine Marke ermöglicht wird.

Zunächst ist eine Ausweitung des sachlichen Geltungsbereiches des Markenschutzes erfolgt, so dass neben der Zeichenanmeldung in Form einer Marke auch Unternehmenskennzeichen, Werktitel und geographische Herkunftsangaben vom MarkenG geschützt werden. Auch sind mehr Zeichen dem Markenschutz zugänglich. Folglich wurde der Markenschutz so ausgeweitet, dass durch seine Vielfältigkeit mehr Marken zur Anmeldung gebracht werden können, die wiederum wirtschaftlich genutzt werden können.

Darüber hinaus hat der Markeninhaber durch sein Exklusivrecht an der Marke, das er durch die Eintragung erhält, zahlreiche Ansprüche, die ihm einen umfassenden Markenschutz ermöglichen.

Auch die Änderung der Rechtsnatur einer Marke, die sich nunmehr in der Marke als selbständiger Vermögensgegenstand äußert, eröffnet dem Markeninhaber neue Möglichkeiten der wirtschaftlichen Betätigung in Bezug auf die Marke. Die freie Übertragbarkeit ohne die Bindung an einen Geschäftsbetrieb und die

---

Camel-Adventures-Entscheidung des schwedischen Markengerichts zur Benutzung bekannter Zigarettenmarken für andere Produkte dar. Inwieweit die Marke aber auch durch Werbung geschädigt werden kann, stellt Deichsel in FAZ vom 14.12.1998, Nr. 290, S. 27 und in GRUR 1998, 336 (340) dar.

100 Vgl. Michalsky, S. 46; Heydt, GRUR Int. 1976, 339 (341 f), hält die Werbefunktion sogar nun für die Hauptfunktion der Marke.

Möglichkeit der Lizenzierung stellen außerdem eine Erhöhung der Attraktivität einer Markenanmeldung in wirtschaftlicher Hinsicht, d.h. in ihrer Ausbeutung, dar.

Letztlich ändert sich auch die wirtschaftliche Funktion der Marke durch Aufgabe der Bindung an den Geschäftsbetrieb, da die traditionelle Herkunftsfunktion eines Zeichens immer mehr in den Hintergrund rückt.

Unter Berücksichtigung dieses wirtschaftlichen Kontextes, kann abschließend festgestellt werden, dass die Marke als Wirtschaftsgut an erheblicher Relevanz gewonnen hat. Damit einhergehend kommt es, wie bei allen wichtigen Wirtschäftsgütern, zu einem verstärkten Missbrauch der neu geschaffenen Möglichkeiten der wirtschaftlichen Verwertung einer Marke.

B. Erscheinungsformen des Zeichen-/ Markenmissbrauchs

Der Zeichen- bzw. Markenmissbrauch ist kein neues Problem, das erst nach dem neuen MarkenG entstanden ist. Vielmehr war schon unter den gesetzlichen Bestimmungen des WZG die Nichtbenutzung angemeldeter Warenzeichen ein primäres Problem, bei denen damals schon der Verdacht einer rechtsmissbräuchlichen Zeichenanmeldung bestand. Das Problem der missbräuchlichen Ausübung von Markenrechten wurde jedoch durch das neue Markenrecht auch nicht gänzlich abgeschafft, wie bereits einleitend dargestellt wurde.

I. Zeichenmissbrauch nach dem Warenzeichengesetz (WZG)[101]

Es tauchten unbenutzte Warenzeichen grundsätzlich in zwei Formen auf: das *Vorratszeichen* und das *Defensivzeichen.*[102] Es kam aber auch zu den sog. *wettbewerbsbehindernden Warenzeichenanmeldungen,* die in behindernder Absicht gegenüber Dritten angemeldet wurden.

Wie diese Warenzeichenanmeldungen von der Rechtsprechung und Literatur behandelt wurden, wird im folgenden zusammenfassend dargestellt. Diese Darstellung muß stets im Zusammenhang mit der Bindung der Marke an einen Geschäftsbetrieb gesehen werden, ohne die eine Zeichenanmeldung - im Gegensatz zum heutigen Markenrecht - bereits im vorhinein nicht möglich gewesen wäre. Nach dem Warenzeichengesetz in der Fassung von 1968 war die freie Übertragung von Markenrechten nicht zulässig. Diese grundsätzliche Bindung des Warenzeichens an einen Geschäftsbetrieb und die daraus folgende Unwirksamkeit einer Leerübertragung, gehörten zu den wesentlichen Grundsätzen des deutschen

---

101 Das Warenzeichengesetz vom 5.5.1936 galt in seinen Grundzügen bis zum Inkrafttreten des neuen Markengesetzes am 1.1.1995.

102 Vgl. Hefermehl, GRUR 1968, 486 (486).

Warenzeichenrechts und somit zur deutschen ordre public (Art. 6 EGBGB)[103] im Sinne des Art. $6^{quinquies}$ B Nr. 3 PVÜ.[104]

In § 8 Abs. 1 WZG a.F. war vorgesehen, dass Warenzeichen nur gemeinsam mit dem Geschäftsbetrieb übertragen werden konnten. Der Begriff des Geschäftsbetriebes wurde in Anlehnung an das UWG bestimmt, wonach „der Geschäftsbetrieb als eine auf gewisse Dauer im Wirtschaftsleben, insbesondere in Handel und Verkehr angelegte Tätigkeit, die sich durch Austausch von Leistungen und Gegenleistungen im freien Wettbewerb mit anderen Betrieben vollzieht"[105], definiert wurde.[106] Danach konnte nur derjenige Inhaber eines Warenzeichens sein, der einen auf die Herstellung, Bearbeitung oder den Vertrieb von Waren gerichteten Geschäftsbetrieb inne hatte, sei es im Handel, Industrie, Bergbau, Landwirtschaft, etc.[107] Geschäftsbetrieb und Warenverzeichnis mussten folglich übereinstimmen.[108] Es war jedoch nicht unbedingt erforderlich, dass der Geschäftsbetrieb bereits bei der Anmeldung oder im Zeitpunkt der Eintragung des Warenzeichens bestand. Voraussetzung der Eintragung war lediglich, dass die Eröffnung eines solchen Geschäftsbetriebes ernstlich beabsichtigt war. Rechtsbeständig war deswegen die Eintragung auch nur, wenn die Betriebseröffnung in einer angemessenen Zeit erfolgte.[109] Durch das Erstreckungsgesetz[110] wurde das Erfordernis des Geschäftsbetriebes mit Wirkung vom 1.5.1992 abgeschwächt, wobei insbesondere der Löschungsgrund des fehlenden Geschäftsbetriebes beseitigt wurde sowie auch die Akzessorietät der Übertragung des Warenzeichens von der Mitübertragung des Geschäftsbetriebes.[111]

Jedoch konnte man noch keine vollständige Aufgabe der Bindung des Warenzeichens an einen Geschäftsbetrieb erkennen, da nur für der Fall der Übertragung des Warenzeichens gemäß § 8 WZG, die Bindung zwischen Geschäftsbetrieb und

---

103 Bis dahin st. Rspr., vgl. BGH GRUR 1989, 422 (423) - Flash; BGH GRUR 1987, 525 (526) - Litaflex.

104 Der Ursprung des internationalen Markenschutzes geht ins 19. Jahrhundert zurück. Mit der Pariser Verbandsübereinkunft zum Schutz des gewerblichen Eigentums *(PVÜ vom 20.3.1883, BGBl. II 1970, Nr. 26, 391 ff; geändert am 3.6.1984, BGBl. II 1984, Nr. 28, 799 f)*, die am 1.7.1884 in den damaligen Mitgiedsstaaten in Kraft trat, wurde der Grundstein für ein internationales Markenschutzsystem gelegt. Es ist bis heute das zentrale Abkommen des gewerblichen Rechtschutzes und damit ein sog. Dachabkommen.

105 BGHSt 2, 396 (403) - Sub-Post-Ingenieur; BGHSt 10, 358 (366) - Beschaffungsstelle.

106 Neumann, § 1, S. 22.

107 Althammer, WZG-Kom., § 1, Rdnr. 3.

108 BGH GRUR 1965, 86 (90) - Schwarzer Kater; BGH GRUR 1975, 487 (488) - WMF-Mondmännchen.

109 BPatGE 4, 182 (186) m.w.N.

110 § 47 ErstrG vom 23.4.1992, BGBl. I Nr. 22, 938 (947).

111 Begründung des Gesetzentwurfs der Bundesregierung vom 14.1.1994, BT-Drucksache 12/6581, 53 (56, 69).

Warenzeichen ausdrücklich gestrichen wurde[112]. § 1 WZG blieb dagegen unverändert, wonach weiterhin nur derjenige ein Warenzeichen anmelden konnte, der „sich in seinem Geschäftsbetrieb zur Unterscheidung seiner Waren von den Waren anderer eines Warenzeichens bedienen will". Aufgrund dieses Wortlautes, blieben weiterhin Zweifel an der freien Übertragbarkeit von Warenzeichen und die Änderung wurde unterschiedlich beurteilt.

Die h.M. ging davon aus, dass durch diese Gesetzesänderung die Bindung des Warenzeichens an den Geschäftsbetrieb noch nicht in letzter Konsequenz durch den Gesetzgeber aufgegeben worden war.[113]

1. Vorratszeichen

Das Vorratszeichen war nach dem Verständnis des WZG ein Warenzeichen, das zwar nicht gegenwärtig, aber künftig benutzt werden sollte.[114] Daher handelte es sich bei dem Vorratszeichen um ein Zeichen, das in absehbarer Zeit im Rahmen des bereits bei der Anmeldung bestehenden Geschäftsbetriebes einmal benutzt werden sollte. Die Anmeldung eines Vorratszeichens wurde durch das Bedürfnis der Gewerbetreibenden gedeckt, ein Warenzeichen im Falle neuer Erzeugnisse sofort zur Verfügung zu haben. Darüber hinaus sollte der Gewerbetreibende die

---

112 § 4 ErStrG vom 23.4.1992, BGBl. I Nr. 22, 938 (940).

113 Es wurde aus dieser unveränderten Fassung des § 1 WZG zunächst geschlossen, dass die durch das Erstreckungsgesetz eingeführte Änderung des § 8 Abs. 1 WZG, die grundsätzliche Bindung des Warenzeichens an den Geschäftsbetrieb hinsichtlich ihrer Übertragbarkeit zwar beseitigt, jedoch zumindest bei der Anmeldung des Warenzeichens ein Geschäftbetrieb beim Anmelder vorliegen musste, wenn auch die spätere Übertragung ohne diesen Geschäftsbetrieb erfolgen konnte, Ingerl/Rohnke, NJW 1994, 1241 (1248). Auch wurde mit dem Zweck des Schutzes eines Warenzeichens argumentiert, d.h. primär vom Schutz der Herkunftsfunktion aus. Aus ihm wurde gefolgert, dass mit der Aufgabe der Bindung des Warenzeichens an den Geschäftbetrieb in § 8 WZG nicht beabsichtigt sein sollte, die Herkunftsfunktion eines Warenzeichens fallen zu lassen, Baumbach/Hefermehl, WZG-Kom., Einl. Rdnr. 16.

Man konnte sich damals noch nicht mit dem Gedanken anfreunden, dass die Herkunft eines Warenzeichens nun gleichgültig sein sollte, nachdem doch die wirtschaftliche Verbindung zwischen dem Inhaber des Warenzeichens und dem unter dem Zeichen auf den Markt kommenden Produkt, im deutschen Warenzeichenrecht ein grundlegendes Prinzip zur Verhinderung eines missbräuchlichen Handelns mit Warenzeichen war. Daraus wurde geschlossen, dass zwar aus praktischen Gründen ein Formalerfordernis aufgegeben wurde, aber der Verbraucherschutz durch den Schutz der Herkunftsfunktion bestehen bleiben sollte, Füllkrug, MA 1993, 9 (12).

Meister, MA 1993, 214 (214), war der Ansicht, dass in der Begründung zum Erstreckungsgesetz zwar Bemühungen angestellt worden seien dem deutschen Patentamt in Richtung auf die Eintragung von Warenzeichen ein „drückt beide Augen zu" zu signalisieren.

114 Baumbach/Hefermehl, WZG-Kom., § 1, Rdnr. 33.

Möglichkeit zur Verfügung haben, sich im vorhinein die Priorität für den Zeichenschutz im Ausland sichern lassen.[115]

Nach dem zunächst geltenden Warenzeichenrecht war weder die Entstehung des Zeichenrechts noch ihr Fortbestand von einer Benutzung abhängig. Gemäß § 15 Abs. 1 WZG entstand das Recht am Warenzeichen grundsätzlich durch die Eintragung in die Warenzeichenrolle. Folglich wurden auch nicht benutzte Zeichen grundsätzlich geschützt.[116] Die Eintragung des Warenzeichens war damit ein rechtsgestaltender Verwaltungsakt.[117]

Demnach wurde insbesondere die Anmeldung eines Vorratszeichens durch den den Umstand begünstigt, dass nach dem damaligen WZG kein Benutzungszwang bestand, so dass die Benutzung des Zeichens auch erst nach einer längeren, unbestimmten Zeit stattfinden konnte.[118] Aufgrunddessen wurde auch beim Vorratszeichen der nach § 1 WZG notwendige Benutzungswille[119], der bei der Anmeldung des Zeichens vorliegen musste, als vorhanden angesehen. Deswegen bejahte die Rechtsprechung und Literatur die Zulässigkeit von Vorratszeichen grundsätzlich immer.[120]

Damit war bereits nach der damaligen Gesetzeslage Voraussetzung, dass zumindest bei der Anmeldung eine Benutzungsabsicht des Anmelders in Bezug auf das Warenzeichen grundsätzlich vorliegen musste. Da die Nachprüfung des Vorliegens des Benutzungswillens nur schwer durchzuführen war, wurde er bereits vermutet, wenn bei Anmeldung des Warenzeichens ein Geschäftsbetrieb beim Anmelder vorhanden war.[121]

---

115 Hefermehl, GRUR 1968, 486 (487).

116 Vgl. RGZ 111, 192 (195) - Goldina; BGHZ 10, 211 (213) - Nordona; BGH GRUR 1965, 672 (672) - Agyn.

117 v. Gamm, WZG-Kom. 1968, § 1, Anm. 18.

118 Vgl. v. Gamm, WZG-Kom. 1967, § 1, S. 97, Nr. 3a.

119 Die Voraussetzung des Benutzungswillens war dem Wortlaut des § 1 Abs. 1 WZG zu entnehmen, in dem ausdrücklich bestimmt war, dass derjenige, der sich in seinem Geschäftsbetrieb zur Unterscheidung seiner Waren von den Waren anderer eines Warenzeichens bedienen wollte, ein solches dann auch zur Eintragung in die Zeichenrolle anmelden konnte.

120 RGZ 97, 90 (93) - Pecose; RGZ 111, 192 (195) - Goldina; RG GRUR 1927, 236 (239) - Tula/Tuma; BGHZ 10, 211 (213) - Nordona; BGHZ 32, 133 (139) - Drei Tannen; BGH GRUR 1957, 125 (126) - Troika; BGH GRUR 1957, 224 (224) - Odorex; BGH GRUR 1957, 228 (230) - Astrawolle; BGH GRUR 1957, 499 (500) - Wipp; BGH GRUR 1962, 522 (524) - Ribana; BGH GRUR 1963, 263 (267) - Formfit; BGH GRUR 1963, 533 (534) - Windboy; KG GRUR 1951, 414 (415) - Cabballero; LG Berlin GRUR 1952, 252 (253) - Bellaform; LG Düsseldorf GRUR 1953, 179 (180) - Kalkphoskali; Kreisler, GRUR 1953, 181 ff; Kreisler/Rupprecht, GRUR 1954, 434 ff; Breme, GRUR 1950, 17 ff; Spieß, DB 1949, 417 ff; Thiele, GRUR 1949, 268 ff.

121 Trüstedt, BB 1967, 1148 (1148); v. Gamm, WZG-Kom., 1968, § 1, Anm. 450; BGH GRUR 1957, 224 (225) - Odorex.

Aufgrunddessen stellte die fehlende Benutzungsabsicht weder ein absolutes Eintragungshindernis gemäß § 4 WZG dar, noch war sie ein Löschungsgrund im Sinne der §§ 10, 11 WZG.[122] Auch wurde sie lediglich als Korrektiv von der Rechtssprechung eingesetzt in Fällen einer langen unterbliebenen Zeichenbenutzung von Seiten des Inhabers. Das Vorhandensein des Benutzungswillens hatte im wesentlichen nur für die Frage Bedeutung, ob der Warenzeicheninhaber beim Unterbleiben der Zeichenbenutzung, gleichwohl noch ein schutzwürdiges Interesse an der Aufrechterhaltung eines Zeichens geltend machen konnte.[123] Damit stellte die tatsächliche Benutzung des Zeichens keine Voraussetzung für den Schutz dar, solange die Benutzungsabsicht nicht widerlegt war.[124] Unter diesen Voraussetzungen kam es in einigen Fällen zu rechtsmissbräuchlichen Anmeldungen unter dem Vorwand, es handele sich um ein Vorratszeichen.

Daher genoss das Vorratszeichen vor Einführung des Benutzungszwanges durch das Vorabgesetz im Jahre 1967[125], aufgrund der Annahme seiner zukünftigen Benutzung, grundsätzlich den gleichen Schutz wie das benutzte Zeichen.[126] Es bestand ein anerkanntes Bedürfnis des Verkehrs für die Eintragung von Vorratszeichen.[127] Einschränkungen wurden von den Umständen des Einzelfalles dahingehend abhängig gemacht, ob ein schutzwürdiges Interesse für ein Vorratszeichen bestand, und ob keine übermäßige Beeinträchtigung des freien Wettbewerbs durch das nicht gebrauchte Zeichen stattfand.[128] Es wurde in erster Linie gefordert, dass sich die Anmeldung nach den Bedürfnissen des Verkehrs als eine nur vorsorgliche erweist. Vor allem musste schon bei der Anmeldung die Absicht vorliegen, den bezeichneten Geschäftsbetrieb zu eröffnen und die für das Warenzeichen eingetragenen Waren tatsächlich in absehbarer Zeit zu führen.[129]

In zeitlicher Hinsicht wurde vor der Einführung der fünfjährigen Benutzungsschonfrist jeweils im Einzelfall entschieden, wann das Vorratszeichen seine Schützwürdigkeit verlor.[130]

---

122 Krieger, GRUR 1972, 311 (311).

123 v. Gamm, GRUR 1977, 517 (518).

124 St. Rspr., vgl. z. B. RGZ 111, 192 (195); BGH GRUR 1957, 499 (500) - Wipp.

125 Gesetz zur Änderung des Patentgesetzes, des Warenzeichengesetzes und weiterer Gesetze vom 4.9.1967, BGBl I Nr. 56, 953 (958 f).

126 Damalige st. Rspr., vgl. RGZ 97, 90 (94 f); RGZ 111, 192 (195); BGHZ 10, 211 (213) - Nordona.

127 BGHZ 10, 211 (213) - Nordona.

128 BGH GRUR 1957, 228 (230) - Astrawolle; BGH GRUR 1957, 499 (500) - Wipp; BGH GRUR 1965, 665 (666) - Liquiderma.

129 RGZ 111, 193 (195); BGH GRUR 1957, 224 (224) - Odorex.

130 Vgl. LG Düsseldorf GRUR 1966, 379 (381) - Rembrandt; in diesem Urteil wurde auf die 43jährige Nichtbenutzung eines Warenzeichens eingegangen.

In Bezug auf die Anzahl der Vorratszeichen, war im Einzelfall entscheidend, ob die Anzahl von Vorratszeichen dem notwendigen Bedürfnis des Anmelders entsprach. Prüfungskriterium war dabei die Art und Größe des Betriebes.[131] Es wurde darüber hinaus entschieden, dass schärfere Anforderungen an die Schutzwürdigkeit eines Vorratszeichen nicht mit der wachsenden Überfüllung der beim DPA geführten Warenzeichenrolle gerechtfertigt werden konnten.[132]

Nach der Einführung des Benutzungszwanges in den §§ 5 Abs. 7 S. 1 und 11 Abs. 1 Nr. 4 WZG, wurde für alle angemeldeten Warenzeichen eine fünfjährige Benutzungsschonfrist festgelegt, innerhalb derer das Zeichen in Benutzung genommen werden musste. Es wurde weder die vorherige Benutzung des Warenzeichens bei seinem Erwerb vorausgesetzt noch musste das eingetragene Warenzeichen nach der Einführung des Benutzungszwanges sofort benutzt werden.[133] Der Markeninhaber sollte nunmehr dazu verpflichtet sein, in einer gesetzlich nicht ausdrücklich bestimmten Zeit seine Marke im Rahmen seines Geschäftsbetriebs zu benutzen.

Ziel dieser Neuerung war einerseits die Entlastung des Patentamtes und des Patentgerichtes und andererseits die Verbesserung der Möglichkeit der Eintragung neuer Warenzeichen. Bis zu diesem Zeitpunkt war es fast unmöglich geworden in manchen Warenklassen noch Marken zu finden, die nicht den Schutzbereich einer schon eingetragenen Marke berührten.[134] Es sollte durch die Einführung des Benutzungszwanges die unbeschränkte Ansammlung nicht benutzter Warenzeichen zum Nachteil anderer Wettbewerber unterbunden werden, die zu einer überfüllten Zeichenrolle geführt hatte.[135]

Desweiteren sollten im Interesse der Anmelder die ansteigende Zahl schwebender Anmeldungen wieder auf ein normales Maß gebracht werden.[136] Darüber hinaus sollte der Benutzungszwang u.a. die Eintragung von Vorratszeichen in zeitlicher Hinsicht begrenzen.[137] Daraus folgte, dass im patentrechtlichen Widerspruchsverfahren ein Widerspruch auf ein fünf Jahre lang nicht benutztes Vorratszeichen nach § 5 Abs. 7 WZG nicht mehr gestützt werden konnte, wenn der Neuanmelder die Benutzung bestritten hatte. Außerdem konnte ein Dritter nun das Warenzeichen grundsätzlich gemäß § 11 Abs. 1 Nr. 4 WZG zur Löschung bringen, wenn innerhalb der Fünf-Jahres-Frist keine Benutzung erfolgte.

131 RGZ 97, 90 (95) - Pecho.
132 BGH GRUR 1963, 533 (534 f) - Windboy.
133 Baumbach/Hefermehl, WZG-Kom., § 1, Rdnr. 42.
134 Jackermeier, S.69/70;.
135 Baumbach/Hefermehl, WZG-Kom., § 1, Rdnr. 42.
136 v. Gamm, WZÄndG, Einf., Rdnr. 2.
137 Fezer, S. 16.

Allerdings wurde in demselben Löschungstatbestand bestimmt, dass von dieser Frist in Ausnahmefällen abgewichen werden konnte.[138]

Auch nach dieser Änderung des WZG wurde weiterhin bei jeder ordnungsgemäßen Warenzeichenanmeldung die Benutzungsabsicht vermutet.[139] Es wurde davon ausgegangen, dass der angemessene Zeitraum zur tatsächlichen Benutzungsaufnahme grundsätzlich fünf Jahre betrug. Erst nach Überschreitung dieser Frist war der Warenzeicheninhaber bei seiner Benutzungsabsicht darlegungs- und beweispflichtig.[140] Damit bestand eine feste Zeitgrenze von fünf Jahren, auf die die Schutzwürdigkeit des bloßen Vertrauensinteresses begrenzt war, es sei denn, dem Warenzeicheninhaber war es nicht zumutbar innerhalb dieser Zeit das Zeichen zu benutzen.[141] Folglich ging man davon aus, dass während des maßgeblichen Fünfjahreszeitraumes es im allgemeinen keinen Anlass dafür geben würde, einem Vorratszeichen aus wettbewerblichen Gründen die Schutzwürdigkeit abzusprechen.[142] Demnach war es auch nach der letzten Fassung des WZG keine Schwierigkeit, Zeichen anzumelden, die letztlich überhaupt nicht benutzt werden sollten. Dies hatte zur Folge, dass zumindest über den Zeitraum von fünf Jahren, andere Interessenten von der Benutzung des Warenzeichens abgehalten werden konnten.

2. *Defensivzeichen*

Als zweites unbenutztes Zeichen, das den Verdacht der Rechtsmissbräuchlichkeit gegen sich stehen hatte, war das sog. *Defensivzeichen.*[143]
Defensivzeichen sind solche Warenzeichen, die nicht benutzt werden sollten, sondern nur dazu bestimmt waren, ein wirklich geführtes Hauptzeichen vor

---

138 Der BGH hat im Slip-Urteil, GRUR 1969, 604 ff, die 15jährige Nichtbenutzung eines Vorratszeichens als angemessen ertrachtet, um die Vermutung der Gebrauchsabsicht des Zeicheninhabers zu entkräften. Es hat weiterhin festgestellt, dass das Vorabgesetz weitaus strengere Anforderungen stellt und einen Zeitraum von fünf Jahren vorsieht, der nur in Ausnahmefällen nicht in Betracht kommt, d.h. wenn der Zeicheninhaber in der Lage ist, den Beweis für die Unzumutbarkeit der Benutzungsaufnahme während der ersten fünf Jahre nach der Eintragung zu führen. Besonders in der chemisch-pharmazeutischen oder kosmetischen Industrie bestand ein Bedürfnis, für die im Labor neu entwickelten Mittel ein je nach Zweck des Mittels geeignetes Zeichen gleich zur Hand zu haben, vgl. Busse/Starck, § 1, Rdnr. 41.

139 BGH GRUR 1957, 224 (224) – Odorex; BGHZ 32, 133 (138 f); BGH GRUR 1971, 251 (252) – Oldtimer, in dem Urteil wird sich ausdrücklich auf die frühere Rspr. berufen.

140 BGH GRUR 1971, 409 (410 f) - Stallmeister.

141 Kraft, GRUR 1968, 123 (127).

142 Hefermehl, GRUR 1968, 486 (488).

143 Das Defensivzeichen wird auch Abwehrzeichen genannt.

ähnlichen Gegenzeichen zu schützen.[144] Es sollte durch die Eintragung eines Defensivzeichens, das benutzte Hauptzeichen vor Nachahmungen geschützt werden. Da bei einem Defensivzeichen somit nie ein Benutzungswille vorlag, der jedoch bei der Anmeldung von § 1 WZG vorausgesetzt wurde, nahm die h.M. in der Literatur an, dass diese Art von Zeichenanmeldungen nicht zulässig waren.[145]

Dagegen gewährte die Rechtsprechung den Defensivzeichen zunächst den vollen Rechtschutz[146], der im Laufe der Jahre jedoch immer mehr eingeschränkt wurde.[147] Die Zulassung von Defensivzeichen basierte ursprünglich auf der weiten Auslegung des Begriffes der Verwechselungsgefahr bei Warenzeichen, woraus eine größere Schutzbedürftigkeit von Zeichen resultierte.

Aufgrund des immer enger ausgelegten Begriffes der Verwechselungsgefahr, musste auch die Schutzbedürftigkeit des Defensivzeichens begrenzt werden.[148] Es wurde der Schutz des Defensivzeichens nur noch dann gewährt, wenn eine zumindest entfernte Verwechselungsmöglichkeit zwischen dem Hauptzeichen und dem Gegenzeichen bestand.[149]

Im weiteren wurde die Schutzfähigkeit eines Defensivzeichens auf das Vorliegen einer Verwechselbarkeit des Gegenzeichens mit dem Hauptzeichen begrenzt. Ein erweiterter Ähnlichkeitsbereich wurde nur beim Hauptzeichen zugelassen, wenn es noch jung war und es sich daher noch in der Entwicklung befand.[150] Eine letzte wesentliche Einschränkung widerfuhr dem Defensivzeichen dahingehend, dass Rechte aus einem Defensivzeichen nur noch in der Einführungszeit des Hauptzeichens geltend gemacht werden konnten.

Darüber hinaus wurde zur Prüfung gestellt, ob ein Rechtsmissbrauch von Seiten des Zeicheninhabers bei der Geltendmachung seiner Rechte gegen Dritte aus einem Defensivzeichen vorlag, z.B. wegen Fehlens des Benutzungswillens.[151]

---

144 Baumbach/Hefermehl, Wettbewerbs- und Warenzeichenkommentar, § 1 WZG, Rdnr. 37; Fezer, S. 153.

145 So Baumbach/Hefermehl, WZG-Kom, § 1 Rdnr. 43; v. Gamm, WZG, 1965, § 1, Rdnr. 16; Busse/Starck, § 1, Rdnr. 39; Tetzner, § 1, Rdnrn. 37, 39; Becher, GRUR 1958, 324 ff; Fezer, S. 153; Troller in: FS Möhring, 291 (325); Spoendlin, S. 31; Schricker, GRUR Int. 1979, 341 (343).

146 RGZ 69, 376 (380) - Roter Streifen; RGZ 104, 312 (315) - Sinalco.

147 Vgl. BGHZ 32, 133 ff - Dreitannen; BGH GRUR 1964, 456 ff - Palmolive; BGH GRUR 1970, 27 ff - Ein-Tannen-Zeichen.

148 v. Gamm, WZG-Kom., 1965, § 1, Rdnr. 16.

149 RGZ 114, 360 (362) - Grammofox.

150 BGHZ 32, 133 (139 ff) - Dreitannen.

151 BGH GRUR 1970, 27 (28) - Ein-Tannen-Zeichen. Eine solche Prüfungsvorgehensweise wurde auch im Urteil des High Court of Justice, Chancery Devision, vom 20.12. 1979, abgedruckt in GRUR Int. 1980, 759 f, vorgenommen. Auch im britischen Recht bedarf es einer redlichen zeichenrechtlichen Benutzungsabsicht, die bei der Eintragung des Zeichens vorliegen mußte. Ansonsten wurde das Zeichen zur Löschung gebracht, da ein

Obwohl die von der Rechtsprechung gemachten Einschränkungen hinsichtlich des Schutzbereiches des Defensivzeichens eher wettbewerblicher Natur waren, wurden sie dennoch unter das Zeichenrecht subsumiert. Verfahrensrechtlich konnte der Inhaber des Defensivzeichens Widerspruch gegen die Eintragung eines mit seinem Zeichen übereinstimmenden Zeichens erheben, ohne Rücksicht darauf, dass das Defensivzeichen benutzt wurde. Dagegen konnte von Seiten des Neuanmelders auch nicht der Einwand der Nichtbenutzung des Zeichens vorgetragen werden. Somit war der Neuanmelder auf die Erhebung der Eintragungsbewilligungsklage angewiesen, wenn er vortragen konnte, dass dem bereits eingetragenen Zeichen keine Schutzfunktion zukam und der Widerspruch daher als rechtsmissbräuchlich zu erachten war.[152] Da eine Löschung eines Zeichens wegen Nichtbenutzung im WZG bis dahin noch nicht vorgesehen war, konnte eine Behinderung eines Mitbewerbers nur in der außerzeichenrechtlichen Löschungsklage nach § 1 UWG geltend gemacht werden oder als Rechtsmissbrauchseinwand in einer gegen einen Dritten aus dem Defensivzeichen erhobenen Verletzungsklage.[153] Nach der Einführung des Benutzungszwanges und der dazugehörigen Benutzungsschonfrist von fünf Jahren durch das Vorabgesetz 1967, stellte sich jedoch die Frage, ob dem Defensivzeichen der volle Rechtschutz eines benutzten Zeichens während der fünf Jahre zukommen sollte oder ob es weiterhin den Beschränkungen der bisherigen Rechtsprechung unterliegen sollte.

Der Großteil der Literatur nahm an, dass an der bislang geltenden Rechtsprechung nichts durch das Vorabgesetz geändert wurde. Dieses wurde damit begründet, dass das Zeichen nach der bisherigen Rechtsprechung des BGH nicht als gesetzeswidrig anzusehen war, so dass es vor Ablauf der neuen Fünf-Jahres-Frist auch nach dem Vorabgesetz nicht darauf ankomme, ob das Zeichen in der Zeit benutzt wurde oder nicht.

Auch die Rechtsprechung änderte nichts und nannte dieses Vorgehen „Entwicklungshilfe“ für das noch junge eingetragene Hauptzeichen, die lediglich durch die Einführung der fünfjährigen Benutzungsschonfrist auf maximal fünf Jahre begrenzt war.[154] Daher bestand auch beim Defensivzeichen nur die Möglichkeit der Löschung wegen Nichtbenutzung nach fünf Jahren. Ansonsten konnte ein Dritter weiterhin nach dem WZG die Eintragungsbewilligungsklage oder die Verletzungsklage gegen das Defensivzeichen erheben.

Folglich wurden auch Zeichen, die letztlich nie benutzt werden sollten, durch das WZG geschützt, indem man ihnen einen Schutzbereich zusprach, der aufgrund der Verwechselungsgefahr des Hauptzeichens mit anderen Zeichen

---

Schutzbereich geschaffen werden sollte, innerhalb dessen verwechselungsfähige Warenzeichen der Konkurrenz abgewehrt werden sollten.

152 BGHZ 45, 173 (174) - Epigran.

153 v. Gamm, WZG-Kom., 1965, § 1, Rdnr. 17.

154 Spoendlin, S. 31 f; Hefermehl, GRUR 1968, 486 (487); Nastalski, MA 1968, 319 (321 ff); Kraft, GRUR 1968, 123 (128); Fezer, S. 154.

gewährt wurde. An der grundsätzlichen Gewährung des Rechtschutzes bei einem Defensivzeichen änderte jedoch das Vorabgesetz nichts.

3. Wettbewerbsbehindernde Warenzeichen

Das sog. *wettbewerbsbehindernde Warenzeichen* ist ein Zeichen, das in der Absicht angemeldet wurde, Dritte an der Benutzung des Zeichens aus Wettbewerbsgründen zu hindern.

Ein bekanntes Beispiel für eine solche Warenzeichenanmeldung war in den sechziger Jahren der Fall „Modess"[155]. Der BGH hatte darin über die Anmeldung eines Warenzeichens in Deutschland zu entscheiden, das mit einer bislang im Inland zeichenrechtlich nicht geschützen ausländischen Marke verwechselbar war, die im Inland zwar noch nicht benutzt wurde, im Ausland aber schon eine überragende Verkehrsgeltung genoss. Die Missbräuchlichkeit dieser Warenzeichenanmeldung wurde anhand des § 1 UWG überprüft. Es wurde darin entschieden, dass eine derartige Warenzeichenanmeldung jedenfalls dann gegen die guten kaufmännischen Sitten verstößt, wenn der Anmelder damit das Ziel verfolgt, mit Hilfe des erstrebten Zeichenrechts die bevorstehende Benutzung dieser Marke im Inland zu verhindern, ohne dass ihm ein schutzwürdiger sonstiger Grund für die Anmeldung zur Seite steht. Der BGH war der Ansicht, dass die Behinderung einer Marke mit Weltgeltung wettbewerbsrechtlich anders zu beurteilen sei, als die bei einer neuen Marke. Ersteres begründe einen wettbewerbsrechtlichen Besitzstand, der nicht mehr an die Grenzen eines Staates gebunden sei, so dass die Marke auch in einem Gebiet schutzwürdig ist, in dem die mit der Marke versehenen Produkte noch nicht vertrieben wurden.[156] Somit wird durch die Sperrung des Gebrauchs einer Weltmarke in einem bestimmten Gebiet auch zwangsläufig der Vertrieb der damit gekennzeichneten Ware in diesem Gebiet behindert.[157] Daraus wurde gefolgert, dass die Geltendmachung der Rechte aus der Eintragung eines solchen Zeichens rechtsmissbräuchlich sein kann. Dieses sollte jedoch nicht bei bloßer Kenntnis des Anmelders im Inland von der Vorbenutzung der Kennzeichnung im Ausland gelten, auch dann nicht, wenn das angemeldete Zeichen bis dahin noch nicht verwendet worden war.[158] Es musste zur Bejahung der Missbräuchlichkeit vielmehr das Bewußtsein des Anmelders gegeben sein, dass der Vorbenutzer sich durch die Benutzung des Zeichens im Ausland einen wertvollen Besitzstand verschafft hat.[159] Erst dann, wenn kein weiterer hinreichender Grund

155 BGH GRUR 1967, 298 ff - Modess - mit Anmerkung Hefermehl.

156 BGH GRUR 1967, 298 (301).

157 BGH GRUR 1967, 298 (302).

158 BGH GRUR 1967, 298 (301); ebenfalls so entschieden BGH GRUR 1967, 304 (306) - Siroset.

159 BGH GRUR 1967, 298 (301), wobei sich in dieser Entscheidung wiederum auf BGH GRUR 1961, 413 (416) - Dolex - berufen wurde.

zur Anmeldung im Inland vorlag, konnte eine zweckfremde und damit rechtsmissbräuchliche Ausübung der Formalstellung des Anmelders angenommen werden.[160]

In zwei weiteren Fällen[161] hatte sich der BGH jeweils zu der in beiden Fällen im wesentlichen gleichen Frage der unlauteren Behinderung des Wettbewerbs zu äußern in Bezug auf einen deutschen Importeur von japanischen Feuerzeugen, der eine Vielzahl von Marken japanischer Feuerzeughersteller als eigenes Warenzeichen in Deutschland eintragen ließ und unter Berufung auf diese Eintragungen versuchte, andere Importeure von der Benutzung dieser Zeichen für japanische Feuerzeuge auszuschließen.

In beiden Entscheidungen wurde die Anmeldung dieser Vielzahl von japanischen Feuerzeugmarken, und die damit verbundene Geltendmachung der sich aus der Registrierung ergebenden Formalrechte, als rechtsmissbräuchlich erachtet. Die Anmeldung war nach Ansicht des BGH aber nicht schon aufgrunddessen unlauter, weil bereits andere Feuerzeugimporteure, die bislang die unangemeldeten Feuerzeugmarken in Deutschland benutzt hatten, an der Benutzung gehindert wurden. Vielmehr führte nach den Urteilsgründen der besondere Umstand des Zieles der Anmeldungen, d.h. die Verdrängung der anderen Importeure vom Markt, zu dem dargestellten Ergebnis.[162]

Diese zuletzt dargestellte Form der missbräuchlichen Ausübung von Warenzeichen-Formalrechten unterscheidet sich von den beiden anderen Zeichenanmeldungen dahingehend, dass es dabei nicht um die Problematik der Nichtbenutzung des angemeldeten Zeichens ging, sondern es sich hier um Warenzeichenanmeldungen handelte, die aus primär wettbewerbsrechtlichen Gründen vorgenommen wurden. Daher wurde die Beurteilung dieser Zeichen auch immer im Rahmen des § 1 UWG gesehen. Eine Löschung nach dem WZG konnte in diesen Fällen, mangels warenzeichenrechtlichem Löschungstatbestand, nicht erfolgen.

4. Fazit

Das Problem der Missbräuche der dem Inhaber zustehenden Markenrechte, ist demnach kein neues. Es kommt bei der Behandlung von missbräuchlichen

---

160 BGH GRUR 1967, 298 (301), der sich auf die Entscheidung BGH GRUR 1967, 490 ff - Pudelzeichen - beruft. An dieser Rechtsprechung wurde auch in der Folgezeit festgehalten, vgl. BGH GRUR 1984, 210 (211) - Arostar; BGH GRUR 1986, 74 (76 f) - Shamrock III. An diesen Kriterien orientiert sich auch das Urteil des BGH GRUR Int. 1987, 702 (703) - Klint.

161 BGH GRUR Int. 1980, 173 ff - Martin; BGH GRUR 1980, 110 ff - Torch.

162 BGH GRUR Int. 1980, 173 (174); BGH GRUR 1980, 110 (111). Diese Rechtsprechung wurde auch durch eines der letzten Urteile zum alten Warenzeichenrecht bestätigt, vgl. BGH GRUR 1995, 117 (120 f) - Neutrex.

Zeichenanmeldungen hauptsächlich auf den Hintergrund, d.h. die Intention der Anmeldung an. Durch die Einführung des Benutzungszwanges änderte sich zumindest die Dauer der Aufrechterhaltung solcher Anmeldungen, so dass ein darüber hinausgehender zeitlicher Schutz nicht mehr möglich war.

Inwieweit diese Arten von Markenanmeldungen nach dem heutigen MarkenG noch möglich sind bzw. überhaupt noch in Erscheinung treten, und wie ihnen rechtlich begegnet werden kann, ist im weiteren zu klären.

II. Missbrauchsformen nach dem MarkenG

Bei den nach dem MarkenG auftretenen Markenmissbrauchsformen handelt es sich insbesondere um die *Spekulations-/Hinterhaltsmarke* und die *Sperrmarke*. Diese Markenanmeldungen stehen unter dem Verdacht der missbräuchlichen Ausübung der aus der Eintragung der Marke resultierenden Rechte, begünstigt durch den Wegfall der Akzessorität der Marke zum Geschäftsbetrieb.

Gemeinsam ist allen missbräuchlichen Markenanmeldungen, dass sie allein darauf gerichtet sind, die durch die Eintragung der Marke erworbene Formalposition für missbräuchliche Ziele auszunutzen. Ausgangspunkt ist nunmehr die durch § 7 Nr. 1 MarkenG geschaffene Möglichkeit der Markenanmeldung durch Privatpersonen ohne Geschäftsbetrieb. Dadurch wurde der Zugang zum Markenregister erleichtert, der zur Verschärfung der Probleme von missbräuchlichen Markenanmeldungen führte.

1. Spekulations-/Hinterhaltsmarke

Unter den Begriff der Spekulations-/Hinterhaltsmarke fällt zunächst die Markenanmeldung, die hauptsächlich zum Ziel hat, aus der durch die Registrierung der Marke erworbenen Formalposition einen rein finanziellen Nutzen zu Lasten anderer zu ziehen. Demnach handelt es sich um eine Marke, die ausschließlich zu dem Zweck angemeldet wird, Dritte mit Unterlassungs- und Geldforderungen zu überziehen.[163]

Fälle von Spekulationmarkenanmeldungen können möglicherweise auch bei den Markenanmeldungen, wie z.B. „Ballermann 6" und „Euro", sowie bei der markenrechtlichen Aneigung berühmter Namen, wie z.B. in jüngster Zeit die Anmeldungen von „Lady Di", „Luther" und „Fontane", vorliegen. Alle diese Namen wurden vorher bereits durch andere benutzt, die es aber unterlassen hatten, diese als Marke anzumelden. So ist den meisten bekannt, dass der Name „Ballermann 6" ein Inbegriff für eine Strandbar auf Mallorca ist und bereits vor der Markenanmeldung dafür auch seit Jahren von einem anderen als dem jetzigen Markeninhaber benutzt wurde. Auch war den Anmeldern der Namen „Luther" und „Fontane" bekannt, dass die Städte Worms (Geburtsort Luthers) und Neuruppin

163 Baumbach/Hefermehl, WZG-Kom., § 1, Rdnr. 51.

(Geburtsort Fontanes) unter diesen Namen u.a. Souvenirs für Touristen vertrieben und damit ein einträgliches Geschäft machten. Inbesondere in den Fällen, wie z.B. der Anmeldung von „Lady Di“ kann m.E. unterstellt werden, dass die Registrierung nur aufgrund des häufigen Gebrauchs dieses Namens und den damit auch der steigenden Geldeinnahmen erfolgte.

Demnach ist der Hintergrund solcher Markenanmeldung zum einen, Geldforderungen in Form von Lizenzerteilungen an diejenigen Dritten zu stellen, die bereits vorher unter der nunmehr angemeldeten Marke etwas produzierten oder vertrieben. Es ist häufig auch das Ziel dieser Art von Markenanmeldung, die Marke selbst zum Verkauf anzubieten, um dadurch Abstandszahlungen zu erzielen. Infolgedessen entsteht ein regelrechter Markenhandel.

Somit soll einerseits ein schon für andere Waren oder Dienstleistungen benutzter Name, insoweit finanziell ausgeschlachtet werden, dass der Markeninhaber allein durch die Lizenzgebühren oder die Abstandszahlung aus dem Verkauf der Marke an dem bereits durch andere aufgebauten Status der Marke, ohne weitere Eigenleistung, teilhaben kann.

Zum anderen gibt es Markenanmelder, die Marken für eine Vielzahl von unterschiedlichen Waren und Dienstleistungen anmelden, um sie Dritten, verbunden mit Geldforderungen, entgegenzuhalten, nachdem diese die Benutzung identischer oder verwechselungsfähiger Bezeichnungen aufgenommen haben. Die Markenanmelder lassen dabei also gutgläubige Dritte in einen sog. Hinterhalt laufen, damit sie mit Lizenz- und Übertragungsangeboten an diese herantreten können. Ein solcher Fall war in der neuen Rechtsprechung vom OLG Frankfurt in dem „Classe E“-Urteil[164] zu entscheiden. Auf diesen Fall wird im folgenden noch ausführlich eingegangen. In der Regel ist die Absicht des Vertriebs eigener Produkte oder Dienstleistungen unter diesem Namen zweitrangig, wenn überhaupt existent. Es geht primär um die Kapitalisierung der durch die Registrierung erhaltenen formellen Rechtsposition. Der spekulative Charakter tritt sowohl bei der Spekulations- als auch bei der Hinterhaltsmarke in den Vordergrund, so dass die Begriffe auch synonym gebraucht werden können.

2. Sperrmarken

Desweiteren werden seit der Aufgabe der Bindung der Marke an den Geschäftsbetrieb vermehrt auch Marken zur Anmeldung gebracht, deren einziger Zweck es ist, die Markenrolle für andere zu blockieren, um diese an der Benutzung bestimmter Bezeichnungen zu hindern. Eine derartige Markenanmeldung kann unter den Oberbegriff der sog. *Sperrmarke* gefaßt werden. Im Gegensatz zur Spekulationsmarke handelt es sich hierbei um eine Markenanmeldung, die zum Ziel hat, Dritte allgemein von der Benutzung einer Marke abzuhalten.

---

164 OLG Frankfurt GRUR 1998, 704 ff = WRP 1997, 1208 ff.

Die Gründe, die hinter einer solchen Markenanmeldung stehen können, sind verschieden. Zum einen kann die Sperrmarke als Mittel des Wettbewerbs eingesetzt werden, indem der Markenanmelder sie zu dem Zweck der Erlangung einer Monopolstellung zur Anmeldung bringt. Dahinter steht also nicht die Absicht aus Lizenzerteilungen Geld zu erlangen, sondern eigene geschäftliche Erwägungen hinsichtlich des Ausschlusses von Konkurrenten auf dem Markt. Zum anderen tritt eine solche Markenanmeldung in der Form auf, dass der Markeninhaber die Benutzung der Marke von vornherein ausschließt, um Dritte von der Aufnahme oder Fortsetzung einer Kennzeichnung auszuschließen. Insbesondere ist das der Fall, wenn Dritte einen wertvollen, wenn auch nicht durch Registrierung begründeten, Besitzstand, im In- oder Ausland erworben haben.

Wie diesen Markenmissbrauchsformen begegnet werden kann, ist Thema der nachfolgenden Untersuchung.

2. Kapitel: Löschungsmöglichkeiten missbräuchlicher Markeneintragungen

Es geht nunmehr darum herauszuarbeiten, ob die oben dargestellten Markenanmeldungen der Löschung nach dem MarkenG unterliegen. Dieses beinhaltet insbesondere die Frage, ob die Registrierung einer Spekulations-/Hinterhaltsmarke bzw. Sperrmarke mit der Zweckrichtung des Markenrechts zu vereinbaren ist. Es ist zwischen den durch die Abschaffung der Akzessorität der Marke vom Geschäftsbetrieb begünstigten Markenanmeldungen und dem Sinn und Zweck des neuen Markenrechts abzuwägen.

Im neuen Markenrecht sind eine Vielzahl von Löschungstatbeständen normiert, die es nun auf ihre Einschlägigkeit im Hinblick auf die Spekulations-/ Hinterhaltsmarke und die Sperrmarke zu überprüfen gilt. Insbesondere kommt dabei eine Löschung nach den in den §§ 49 Abs. 1, 50 Abs. 1 und 51 Abs. 1 MarkenG aufgeführten Gründen in Betracht.

A. Löschung wegen Verfalls - § 49 MarkenG

Der erste Löschungsgrund, der zur Überprüfung ansteht, ist der des *Verfalls*, der in § 49 MarkenG[165] normiert ist.[166] Dabei kommt nur der Tatbestand des § 49 Abs. 1 MarkenG hinsichtlich der hier behandelten Markenanmeldungen in Betracht. Die verfahrensrechtlichen Vorschriften der Löschung wegen Verfalls befinden sich in den §§ 53, 55 MarkenG.

I. Voraussetzungen des Verfalls

Gemäß § 49 Abs. 1 S. 1 MarkenG wird die Marke auf Antrag wegen Verfalls gelöscht, wenn sie nach dem Tag der Eintragung innerhalb eines ununterbrochenen Zeitraums von fünf Jahren nicht gemäß § 26 MarkenG benutzt worden ist. Damit wird dem Rechtsmissbrauch von Marken insoweit eine Grenze gezogen, als dass durch die Nichtbenutzung der Marke sich der Verfallstatbestand einstellt, der zur Löschung der Marke führen kann.[167]

---

165 § 49 MarkenG entspricht dem Art. 50 GMVO.

166 Damit ist der deutsche Gesetzgeber seiner Umsetzungspflicht des obligatorischen Art. 12 der Markenrichtlinie nachgekommen.

167 In dem Urteil des OLG Frankfurt, GRUR 1992, 445 (447) - Wiederholungszeichen, musste u.a. darüber entschieden werden, ob die Anmeldung eines Wiederholungszeichens, d.h. eines Zeichens, das nach Ablauf der fünfjährigen Benutzungsschonfrist von demselben Markenanmelder ein zweites Mal zur Registrierung gebracht wurde, eine Umgehung des Benutzungszwanges sei. Dieses wurde verneint mit der Begründung, dass eine tatsächliche Verlängerung nur dann gegeben ist, wenn mit dem Wiederholungszeichen die Priorität des Altzeichens erhalten bleiben würde, was aber bei einem Wiederholungszeichen nicht der Fall ist.

Folglich ist der Tatbestand der *mangelnden Benutzung* gemäß § 26 MarkenG mithin die wichtigste Schranke im Hinblick auf mögliche Missbräuche bei Markenanmeldungen.[168] Bei Nichtvorliegen folgender Voraussetzungen, kann der Löschungsgrund des Verfalls gemäß § 49 Abs. 1 MarkenG geltend gemacht werden.

1. Benutzungshandlung

Der genaue Inhalt des Begriffs „Benutzung", wird nicht allgemeinverbindlich definiert. Es wird lediglich von einer *ernsthaften Benutzung* gesprochen, was als Abgrenzung zu den sog. Scheinhandlungen zu sehen ist, deren Sinn und Zweck es ist, nur die Formalkriterien für die Aufrechterhaltung von Rechten aus der Marke zu erfüllen.[169] Für die Beurteilung, wann eine Benutzungshandlung im Sinne des neuen Markenrechtes vorliegt, gelten nach wie vor die Kriterien, die schon zur Zeit des WZG verwendet wurden.

Nunmehr sind jedoch bei der Auslegung die Bedürfnisse des europäischen Rechts zu berücksichtigen.[170] Somit bleibt der *objektive Maßstab* des jeweils Verkehrsüblichen und wirtschaftlich Angebrachten bei der Beurteilung der Benutzungshandlung entscheidend.[171] Dieses wurde bereits durch die Rechtsprechung des BGH zum neuen Markenrecht bestätigt, indem weiterhin bei der Beurteilung der rechtserhaltenden Benutzungshandlung auf das Verkehrsverständnis abgestellt wird. Es ist immer noch „eine Frage des Einzelfalls, ob der Verkehr aufgrund der ihm objektiv entgegentretenden Umstände die fragliche Kennzeichnung als einen zeichenmäßigen Hinweis auf die Herkunft der so bezeichneten Ware oder Dienstleistung aus einem bestimmten Unternehmen ansieht".[172]

---

168 Das neue Markengesetz enthält an mehreren Stellen Regelungen über die Benutzung einer Marke. § 26 MarkenG ist als Grundtatbestand der Benutzungstatbestände zu sehen, der die Umsetzung des Art. 10 der Markenrichtlinie darstellt. § 25 MarkenG basiert auf der fakultativen Vorschrift des Art. 11 Abs. 3 der Markenrichtlinie. Weitere Regelungen, die in Zusammenhang mit dem Benutzungszwang stehen sind die §§ 43 Abs. 1, 49 Abs. 1, 51 Abs. 4 Nr. 1, 55 Abs. 3, 100 Abs. 2 MarkenG.

169 Dieses galt bereits im Warenzeichenrecht, vgl. Amtl. Begründung zu Änderungsgesetz 1967, BGBl. 1967, 244 (265 f).

170 Siehe Begründung des Gesetzentwurfs der Bundesregierung zum MarkenG vom 14.1.1994, BT-Drucks. 12/6581, 53 (77).

171 Entscheidungen nach dem WZG: BGH GRUR 1978, 294 (295) - Orbicin; BGH GRUR 1985, 926 (927) - topfitz/topfit; BGH GRUR 1986, 168 (169) - Darcy; nunmehr entschied auch die neuere Rspr. zum MarkenG dahingehend, vgl. BGH GRUR 1995, 347 (349) - Tetrasil.

172 BGH WRP 1995, 706 (708) - Montana.

Es kann demnach festgehalten werden, dass eine Benutzungshandlung im Sinne des neuen Markenrechtes grundsätzlich vorliegt, wenn[173]

- die Marke funktionsmäßig gebraucht wird[174],
- die Marke in der eingetragenen Form benutzt wird gemäß § 26 Abs. 3 MarkenG[175],
- die Marke für die Waren oder Dienstleistungen, für die sie geschützt ist, benutzt wird[176],
- die Marke im Inland benutzt wird, wobei die im Inland erfolgte Anbringung der Marke auf Exportwaren als ausreichend angesehen wird gemäß § 26 Abs. 4 MarkenG,

---

173 Vgl. Berlit, Rdnr. 335; vgl. auch Bökel/Fritze, GRUR Int. 1988, 45 ff.

174 BGH GRUR 1978, 294 (296) - Orbicin; BGH GRUR 1979, 551 (552) - lamod; BGH GRUR 1979, 707 (708) - Haller; BGH GRUR 1980, 52 (53) - Contiflex; BGH GRUR 1984, 813 (814 f) - Ski-Delial; BGH GRUR 1985, 41 (43) - Rehab; BGH GRUR 1996, 267 (268) - Aqua; demnach liegt keine funktionsgemäße, und damit auch keine rechtserhaltende Benutzung vor, wenn die Marke lediglich in Preis-listen wiedergegeben wird, so BPatG GRUR 1996, 981 (982); vgl. auch Begründung des Gesetzentwurfs der Bundesregierung zum MarkenG vom 14.1.1994, 12/6581, 53 (77). Unter Umständen soll auch die Verwendung der Warenmarke in Geschäftspapieren oder in der Werbung eine funktionsgerechte (rechtserhaltende) Benutzung darstellen, so Lückenbach, GRUR 2000, 7 (12).
Zur Frage der rechtserhaltenden Benutzung von Zweit- bzw. Drittmarken auf Geschenkverpackungen, vgl. BPatG 1993, 559 ff - Ninon.
Es ist jedoch nach dem neuen Markenrecht noch nicht abschließend geklärt, ob die ledigliche Verwendung der Marke in der Werbung als Benutzung im Sinne des § 26 MarkenG anzusehen ist. Dazu wird vertreten, dass eine großzügigere Betrachtungsweise angemessen sei, so dass auf jeden Fall die sog. Hinweiswerbung, d.h. die Werbung, die kurz vor dem Erscheinen eines Produktes auf dem Markt gestartet wird, bereits als Benutzung anerkannt sein soll. Allein die Kosten von Werbung sollen schon Indizwirkung für eine ernsthafte Benutzungsabsicht haben, so Althammer/ Klaka/ Ströbele, § 26, Rdnr. 16 mit Verweis auf die Begründung des Gesetzentwurfs der Bundesregierung vom 14.1.1994 zum MarkenG, 53 (77).

175 In § 26 Abs. 3 MarkenG wurde nun ausdrücklich bestimmt, dass auch eine abweichende Benutzung als Benutzungshandlung anzusehen ist, soweit der Charakter der Marke nicht verändert wird; Entscheidungen zu dieser Problematik: BGH GRUR 1999, 54 ff - Holtkamp; BPatG GRUR 1997, 301 (302) - Lords/Lord.

176 Es können jedoch auch weitere Waren oder Dienstleistungen berücksichtigt werden, die zum gleichen Bereich gehören. Der Bereich wird nach der Verkehrsauffassung bestimmt, so dass Waren oder Dienstleistungen nur dann gleich sind, wenn sie in ihren Eigenschaften und Zweckbestimmungen übereinstimmen. Zusammenfassend dazu BGH GRUR 1990, 39 ff mit Anmerkung Heil, sowie BGH GRUR 1994, 512 (515) - Simmenthal; dagegen reicht eine Benutzung für ähnliche Waren oder Dienstleistungen nicht aus, OLG Hamburg GRUR 1997, 843 (844) - Matador.

- die Marke ernsthaft benutzt wird, so dass „Scheinbenutzungshandlungen" nicht ausreichen[177] und
- die Marke vom Markeninhaber oder mit seiner Zustimmung, z. B. durch einen Lizenznehmer eingesetzt wurde[178].

2. Benutzungsschonfrist

Die in § 25 Abs. 1 MarkenG statuierte fünfjährige Benutzungsschonfrist beinhaltet, dass innerhalb der ersten fünf Jahre nach der Eintragung der Marke keine Benutzungshandlung erfolgen muss.

Der Bestand der Marke ist demnach innerhalb dieser Zeit nicht von der Benutzung der Marke abhängig. Allerdings kann die Marke nach Ablauf der Benutzungsschonfrist gelöscht werden, wenn sie spätestens fünf Jahre nach dem Tag ihrer Eintragung nicht in einer der beschriebenden Weise benutzt wurde. Der für die Benutzung maßgebliche Zeitraum ändert sich jedoch, wenn die Marke innerhalb der fünfjährigen Frist ernsthaft benutzt wurde, die Benutzung aber wieder aufgegeben wurde. In diesem Fall beginnt der zur Löschungsreife führende fünfjährige Zeitraum erst mit Einstellung der rechtserhaltenden Benutzung.[179]

3. Rechtfertigung der Nichtbenutzung

In § 26 Abs. 1 MarkenG wird, wie auch zuvor im WZG, bestimmt, dass bei Vorliegen berechtigter Gründe eine Nichtbenutzung der Marke über die Fünfjahresfrist hinaus gerechtfertigt sein kann.[180]

---

177 Scheinbenutzungen sind Handlungen, die nur darauf gerichtet sind, den Bestand der Marke zu erhalten und unter keinem anderen Gesichtspunkt mehr als wirtschaftlich sinnvoll beurteilt werden können. Ob eine ernsthafte Benutzung der Marke vorliegt, muss u.a. unter Berücksichtigung der Art, des Umfangs und der Dauer des Markengebrauchs beurteilt werden, BPatG GRUR 1995, 812 (813) - Dall'Opera; eine Scheinbenutzung liegt z.B. bei der lediglichen Verwendung der Marke in Katalogen vor, siehe Ströbele, GRUR 1997, 355 (358).

178 Aufgrund des Erfordernisses der vorheriger Zustimmung des Markeninhabers, wird diesem die Benutzung der Marke durch einen Dritten erst ab dem Zeitpunkt seiner Zustimmung zugerechnet, vgl. BGH GRUR 1985, 385 (385) - Fluosol; BPatGE 36, 1 (6) - Charrier; Schricker, GRUR Int. 1969, 14 (24); v. Gamm, GRUR 1977, 517 (526); Fezer, S. 47 ff. Dabei ist für das tatsächliche Vorliegen der Zustimmung des Markeninhabers nicht unbedingt ein Lizenzvertrag nötig, vielmehr reicht eine wirtschaftliche Verbindung von Markeninhaber und Benutzer aus, bei der dann bereits eine mündliche Gebrauchsüberlassung hinreichend ist, vgl. BPatGE 30, 101 (104) - Wekroma; BPatGE 36, 1 (6) - Charrier.

179 Ingerl/Rohnke, § 49, Rdnr. 7 und 8.

180 Es handelt sich dabei um die Umsetzung des Art. 10 Abs. 1 der Markenrichtlinie unter Berücksichtigung des Art. 5 C Abs. 1 PVÜ.

Welche Gründe als Rechtfertigung dienen können ist weiterhin nach den durch die Rechtsprechung zum Warenzeichenrecht aufgestellten Kriterien zu begutachten. Als Rechtfertigungsgründe für die Nichtbenutzung wurden diejenigen Gründe anerkannt, die nicht im Einflussbereich des Markeninhabers liegen. Darunter fallen vor allem Fälle der höheren Gewalt, wie z.B. Naturkatastrophen, Kriege, Im- und Exportverbote, etc.[181] Darüber hinaus wird im Bereich der Arzneien die Nichtbenutzung einer Marke mit der Länge des arzneimittelrechtlichen Registrierungsverfahren gerechtfertigt, bevor das Medikament auf den Markt kommt.[182]

Dagegen können vorhersehbare Probleme, die zum normalen unternehmerischen Risiko gehören, wie z.B. Marktsättigungen, Rohstoff-Lieferprobleme oder betriebsinterne Probleme, nicht rechtfertigend wirken.[183] Außerdem liegt keine Rechtfertigung der Nichtbenutzung der Marke vor, wenn zwischen dem Markeninhaber und einem Dritten eine Vereinbarung besteht, nach der es dem Markeninhaber nicht möglich ist seine Marke zu nutzen.[184]

4. Konsequenzen für den Tatbestand des Verfalls

Es muss demnach für den Tatbestand des Verfalls eine Benutzungshandlung gemäß § 26 Abs. 1 MarkenG innerhalb der Benutzungsschonfrist des § 25 Abs. 1 MarkenG ohne Rechtfertigung nicht erfolgt sein, um eine Löschung der Marke nach § 49 Abs. 1 MarkenG vornehmen zu können.

Der Begriff des Verfalls wurde durch das neue Markenrecht eingeführt, allerdings waren die dahinter stehenden Gründe bereits im früheren Warenzeichenrecht bekannt. Im wesentlichen entspricht dieser Tatbestand dem früheren Löschungstatbestand des § 11 Abs. 1 Nr. 4 WZG.[185]

---

181 Althammer/Klaka/Ströbele, § 26, Rdnr. 34 m.w.N.

182 Vgl. BGH WRP 1998, 497 ff, worin ausdrücklich bestätigt wird, dass auch nach Änderung des Arzneimittelrechts durch das AMG 1976, an der Orbicin-Rspr, abgedruckt in WRP 1978, 294 ff, weiterhin festzuhalten ist.

183 Vgl. Benelux-Gerichtshof GRUR Int. 1981, 640 (641) - Whiston/Winston; BGH GRUR 1974, 276 - King.

184 BGH NJW 1997, 3317 (3317 f) - Cirkulin.

185 Gemäß § 11 Abs. 1 Nr. 4 WZG konnte ein Warenzeichen, das fünf Jahre lang nicht benutzt worden war, auf Antrag eines Dritten zur Löschung gebracht werden. Es handelte sich hier um die Schaffung eines sog. *modifizierten Benutzungszwanges*. Danach führte die Nichtbenutzung nicht zu einer Löschung des Zeichens von Amts wegen, sondern es wurde auf die Initiative des Neuanmelders abgestellt, Kraft, GRUR 1968, 123 (123). Daher führte eine fünfjährige Nichtbenutzung des Warenzeichens nicht automatisch zur Vernichtung des Zeichens. Vielmehr musste eine Klage auf Einwilligung des Zeicheninhabers in die Löschung erhoben werden, § 11 Abs. 2 WZG. Es konnte erst durch das mit einer Löschungsklage erstrittene Urteil, die Löschung des Zeichens erreicht werden. Aufgrund dieses Antragserfordernisses, konnte der Warenzeicheninhaber jederzeit die

Im Hinblick auf die Frage, ob eine rechtserhaltende Benutzung des Markeninhabers auch noch nach dem Ablauf eines ununterbrochenen Zeitraumes von fünf Jahren aufgenommen werden kann, wird zunächst in § 49 Abs. 1 S. 2 MarkenG die Möglichkeit der Heilung der Verfallsreife aufgeführt. Danach kann durch Wiederaufnahme der Benutzung auch nach fünf Jahren, die Verfallsreife der Marke grundsätzlich mit Wirkung ex-tunc geheilt werden, wenn nicht vorher ein Löschungsantrag gestellt oder Klage[186] erhoben wurde. Desweiteren ist in § 49 Abs. 1 S. 3 MarkenG[187] eine dreimonatige Sperrfrist vorgesehen, nach der die Benutzung der Marke mit heilender Wirkung nicht mehr nach den fünf Jahren aufgenommen werden kann, wenn der Markeninhaber Kenntnis davon erhalten hat, dass ein Dritter einen Antrag auf Löschung demnächst stellen wird. Folglich kann sich der Inhaber eines löschungsreifen Zeichens nicht auf eine Heilung berufen, wenn er sein Zeichen erst nach Kenntniserlangung von einem jüngeren verwechselungsfähigen Zeichen in Gebrauch nimmt.[188] Das folgt daraus, dass durch den Ablauf der Benutzungsschonfrist von fünf Jahren sich lediglich eine Löschungsreife und keine automatische Unwirksamkeit einstellt.

Wird der Antrag auf Löschung beim DPA gestellt, so berechnet sich die in Satz 3 angegebene Frist gemäß § 49 Abs. 1 S. 4 MarkenG bei einem Löschungsverfahren vor dem DPA nach dem Zeitpunkt der Stellung des Antrages, bei Erhebung einer Klage auf Löschung, drei Monate nach Zustellung der Mitteilung nach § 53 Abs. 4 MarkenG.

II. Löschung der Spekulations-/Hinterhaltsmarke wegen § 49 MarkenG

Da die Spekulations-/Hinterhaltsmarke von Anfang an nicht vom Markeninhaber selbst benutzt werden soll, kann die Löschung wegen Verfalls unter dem Gesichtspunkt der Nichtbenutzung erfolgen. Voraussetzung ist aber, dass die fünfjährige Benutzungsschonfrist tatsächlich abgelaufen ist, ohne dass eine erste oder nachfolgende Benutzungshandlung innerhalb dieser Frist erfolgt ist.

Löschungsreife bei fünfjähriger Nichtbenutzung durch die Aufnahme der Benutzung des Zeichens beseitigen, wenn nicht vorher die Löschungsklage von einem Neuanmelder die Löschungsklage eingereicht worden war, BGH GRUR 1970, 27 (28) – Ein-Tannen-Zeichen und BGH GRUR 1974, 276 (278) – King. Es konnte sich der Inhaber eines löschungsreifen Zeichens gegenüber dem Neuanmelder aber nicht auf den älteren Zeitrang der Eintragung seines Warenzeichens berufen, wenn er das Zeichen erst in Benutzung genommen hatte, nachdem ein anderer ein Zeichenrecht an einem verwechselungsfähigen Zeichen erworben hatte, BGH GRUR 1971, 409 (410) – Stallmeister. Dieser Grundsatz galt auch dann, wenn das jüngere Zeichenbereits vor dem Eintritt der Löschungsreife des älteren Zeichens angemeldet worden war, BGH GRUR 1977, 276 (278) – King.

186 Althammer/Ströbele/Klaka, § 49, Rdnr. 3.

187 § 49 Abs. 1 S. 3 MarkenG unterliegt der Auslegungskompetenz des EuGH, vgl. Althammer/Klaka/Ströbele, § 49, Rdnr. 4.

188 OLG Hamm GRUR 1975, 197 (198).

Es werden diese Marken gerade angemeldet, um sie Dritten in Lizenz oder zum Verkauf anzubieten. Da eine markenrechtliche Benutzungshandlung im Sinne des Benutzungszwanges schon bei Benutzung der Marke durch einen Lizenznehmer vorliegt, wird die Löschung einer Spekulations-/ Hinterhaltsmarke nach § 49 Abs. 1 MarkenG erst dann in Betracht kommen, wenn der Markeninhaber fünf Jahre lang seit dem Tag der Eintragung der Marke oder seit der letzten Lizenzbeendigung, keine Lizenz mehr an einen Dritten erteilt hat.

III. Löschung der Sperrmarke wegen § 49 MarkenG

Die Löschung einer Sperrmarke, die angemeldet wird, um Dritte an der Benutzung einer Marke auf Dauer zu hindern, könnte aufgrund dieser willentlichen Nichtbenutzung nach § 49 Abs.1 MarkenG erfolgen. Es stellt sich hier insbesondere die Frage, ob dem Markenanmelder, der nie die Absicht gehabt hat seine Marke zu benutzen, die Benutzungsschonfrist zu Gute kommen soll.

Ob der fehlende Benutzungswille zu einer Löschung der Marke nach § 49 Abs. 1 MarkenG führen kann, richtet sich danach, ob es sich bei dem markenrechtlichen Benutzungszwang um einen absoluten oder relativen Benutzungszwang handelt.

Bei Annahme eines *absoluten Benutzungszwanges* wäre bereits die Entstehung des Markenrechts erfasst, so dass der Markeneintragung nur deklaratorische Bedeutung zukäme. Danach unterbliebe die Eintragung, wenn der Anmelder nicht darlegen könnte, dass er Erstbenutzer der Marke ist und sie auch tatsächlich im Handelsverkehr benutzten will.

Allerdings wird im deutschen Markenrecht von der h.M. der sog. *aufgeschobene Benutzungszwang*[189] angenommen, der allein den Fortbestand der Marke betrifft. Daraus folgt, dass die Löschungsreife der Marke nur mit Zeitablauf der fünfjährigen Benutzungsschonfrist einsetzen kann. Dieses wird auch durch den Wortlaut der §§ 26 Abs. 1, 49 Abs. 1 MarkenG deutlich, wonach die Löschung nur wegen fehlender tatsächlicher Benutzung des Zeichens möglich ist, nicht jedoch bei fehlender Benutzungsabsicht.[190]

Folglich kann auch die Sperrmarke nicht wegen eines fehlenden Benutzungswillens nach § 49 Abs. 1 MarkenG gelöscht werden. Vielmehr muss auch hier eine Nichtbenutzung bzw. eine Nichtwiederbenutzung innerhalb des fünfjährigen Zeitraumes vorliegen.

---

189 Diese Begriffsbezeichnung ist v. Gamm, GRUR 1977, 517 (518) entnommen worden.

190 Dieses merkte Krieger, GRUR 1972, 311 (311), bereits zu Zeiten des früheren Warenzeichenrechts an. Da sich hinsichtlich der Ausgestaltung des Benutzungszwanges im neuen Markenrecht dahingehend nichts geändert hat, kann dieses auch auf das MarkenG übertragen werden.

Eine rechtserhaltende Benutzung einer Marke liegt jedoch gemäß des Wortlauts des § 26 Abs.1 MarkenG nur dann vor, wenn sie für die Waren und Dienstleistungen benutzt wird, für die sie auch eingetragen ist.[191]

IV. Löschungsverfahren - §§ 53, 55 MarkenG

Verfahrensrechtlich kann die Löschung der Marke wegen Verfalls auf zwei Arten beantragt und vollzogen werden: durch einen Löschungsantrag an das DPA gemäß § 53 MarkenG und durch eine Löschungsklage nach § 55 MarkenG.[192]

1. Löschungsantrag an das DPA - § 53 MarkenG

Zunächst eröffnet § 53 Abs. 1 MarkenG die Möglichkeit, die Löschung einer Marke wegen Verfalls in Form eines *Löschungsantrags* an das DPA in die Wege zu leiten.[193] Von Seiten des eingetragenen Markeninhabers muss binnen zwei Monaten nach der Zustellung der Antragsmitteilung Widerspruch eingelegt werden, ansonsten erfolgt nach Prüfung des Löschungsantrages auf seine Schlüssigkeit seitens des DPA, jedoch ohne weitere Sacherörterung und ohne förmlichen Beschluss, die Löschung der Marke für den eingetragenen Inhaber gemäß § 53 Abs. 3 MarkenG. Im Falle der Widerspruchseinlegung, muss der Löschungsantragssteller seinen Antrag auf Löschung der Marke auf dem Klagewege gemäß § 55 MarkenG geltend machen.

2. Löschungsklage - § 55 MarkenG

Als zweite Löschungsmöglichkeit wegen Verfalls kommt eine Klageerhebung auf Löschung einer Marke gemäß § 55 MarkenG in Betracht. Die Löschungsklage ist vor einem ordentlichen Gericht zu erheben. Es handelt sich um eine *Klage auf Einwilligung in die Löschung*, die sich gemäß § 55 Abs. 1 MarkenG entweder gegen den im Register eingetragenen Markeninhaber (§ 28 Abs. 1 und 3 S. 2 MarkenG) oder gegen seinen Rechtsnachfolger (§ 28 Abs. 3 S. 2 MarkenG) richtet.

Dabei ist zu beachten, dass es sich hier nicht um die Durchsetzung eines eigenen privatrechtlichen Anspruchs des Klägers gegenüber dem Markeninhaber handelt, sondern um einen Popularantrag (§ 55 Abs. 2 Nr. 1 MarkenG), der auf

191 Vgl. dazu auch OLG Hamburg GRUR 1997, 843 (844) - Matador; in diesem Urteil wurde entschieden, dass keine rechtserhaltende Benutzung einer Marke gegeben ist, wenn die Marke für „Bekleidungsstücke" eingetragen worden ist, jedoch unter dieser nur Stoffe vertrieben werden.

192 Nach dem WZG gab es die Regelung des § 5 Abs. 7 S. 2 (Einrede der mangelnden Benutzung) und den Löschungstatbestand des § 11 Abs. 1 Nr. 4 WZG.

193 Das Recht zu klagen bleibt jedoch auch nach Stellung des Antrags bestehen, da es sich hier nicht um ein notwendiges Verfahren handelt.

dem öffentlichen Interesse an der Löschung ungerechtfertigter Markeneintragungen beruht.[194]

Es kann der Löschungsgrund des Verfalls nicht nur als Klagegrund, sondern auch als Einrede vom prioritätjüngeren Markenanmelder (Kläger) gegen den Inhaber der prioritätsälteren Marke (Beklagten) gemäß § 55 Abs. 3 MarkenG geltend gemacht werden.[195] In einem solchen Fall muss der Letztere nachweisen, dass er die Marke innerhalb der letzten fünf Jahre vor Erhebung der Klage im Sinne des § 26 MarkenG benutzt hat. Mit Rechtskraft des Urteils gilt die Einwilligung gemäß § 894 ZPO als erklärt. Die tatsächliche Löschung im Register erfolgt durch Vermerk des DPA nach Vorlage der vollstreckbaren Ausfertigung des Urteils gemäß § 18 Nr. 25 MarkenV.

V. Fazit

Über den Tatbestand des Verfalls kann daher nur dann eine Löschung erfolgen, wenn es um die Benutzungshandlung an sich geht, nicht aber wenn der dahinterstehende Benutzungswille fehlt. Die Benutzungsschonfrist des § 25 Abs. 1 MarkenG kommt also generell erst einmal jedem Markenanmelder, gleich welche Absichten er bzgl. der Marke hat, zu Gute. Zumindest kann auch bei fehlendem Benutzungswillen aufgrund des Wortlautes der §§ 25 Abs. 1, 26 Abs. 1 und 49 Abs. 1 MarkenG keine Löschung der angeführten Markenanmeldungen wegen Verfalls vorgenommen werden.

B. Löschung wegen absoluter Schutzhindernisse - § 50 MarkenG

In Betracht gezogen werden kann nunmehr die Löschung der Spekulations-/ Hinterhaltsmarke und der Sperrmarke wegen absoluter Schutzhindernisse gemäß § 50 Abs. 1 Nrn. 1 bis 4 MarkenG. Das Löschungsverfahren ist in § 54 MarkenG geregelt.

I. Löschung gemäß § 50 Abs. 1 Nrn. 1 bis 3 MarkenG

Zunächst werden in § 50 Abs.1 Nrn. 1 bis 3 diejenigen absoluten Eintragungshindernisse als Löschungsgründe normiert, die das DPA im Rahmen seiner Prüfungsverpflichtung von Amts wegen beim Eintragungsverfahren nicht korrekt nachgeprüft hat, woraufhin die Marke entgegen den zwingenden entgegenstehenden Vorschriften eingetragen worden ist. Insbesondere darf die Marke nicht entgegen den §§ 3, 7 oder 8 MarkenG eingetragen worden sein. Danach darf es der Marke zum einen gemäß § 50 Abs. 1 Nr. 1 MarkenG nicht an ihrer

194 OLG Stuttgart Mitt. 1980, 178 (179).

195 Vgl. BGH GRUR 1965, 86 (90) - Schwarzer Kater; BGH GRUR 1969, 604 (604) - Slip; BGH GRUR 1974, 276 (277) - King.

Markenfähigkeit nach § 3 MarkenG mangeln. Zum anderen muss der Anmelder den Voraussetzungen der Inhaberschaft gemäß § 7 MarkenG entsprechen (§ 50 Abs. 1 Nr. 2 MarkenG). Desweiteren dürfen der Markeneintragung auch nicht die absoluten Schutzhindernisse des § 8 MarkenG entgegenstehen (§ 50 Abs. 1 Nr. 3 MarkenG).

Aus diesen Tatbeständen ergeben sich jedoch keine spezifischen, auf die Spekulations-/Hinterhaltsmarke zugeschnittenen Löschungsgründe. Hierbei handelt es sich vielmehr um die allgemeinen absoluten Nichtigkeitsgründe, die vom DPA bei der Überprüfung der Marke übersehen wurden.

II. Löschung gemäß § 50 Abs. 1 Nr. 4 MarkenG

Ein besonderer Augenmerk ist jedoch auf den Löschungsgrund des § 50 Abs. 1 Nr. 4 MarkenG zu werfen, wonach eine Marke auf Antrag wegen Nichtigkeit gelöscht werden kann, wenn der Anmelder bei der Anmeldung bösgläubig war.[196] § 50 Abs. 1 Nr. 4 MarkenG ist ein neuer Löschungsgrund im Markenrecht, durch den der fakultative Art. 3 Abs. 2 d der Markenrichtlinie in das deutsche Recht umgesetzt wurde. Damit stellt der Tatbestand der bösgläubigen Markenanmeldung einen gänzlich neuen Löschungsgrund innerhalb des Markenrechts dar. In dem bis dahin geltenden Warenzeichenrecht war die bösgläubige Markenanmeldung ein außerzeichenrechtlicher Löschungsgrund, dessen Grundlage § 1 UWG und § 826 BGB war.[197]

Im neuen Markenrecht kommt § 50 Abs. 1 Nr. 4 MarkenG aber auch nur dann zur Anwendung, wenn die Marke nicht bereits aufgrund der absoluten Nichtigkeitsgründe nach § 50 Abs. 1 Nrn. 1 bis 3 MarkenG gelöscht werden kann. Begründet wird dieses mit den Bestimmungen in der Markenrichtlinie, in der lediglich die Option[198] der Einführung eines Löschungstatbestandes wegen Bösgläubigkeit vorhanden ist, woraus gefolgert wird, dass es sich bei ihrer Wahrnehmung durch den nationalen Gesetzgeber, nur um einen Auffangtatbestand handeln kann.

Da bereits festgestellt wurde, dass die hier zu bearbeitenden Marken im Regelfall nicht der Löschung nach § 50 Abs. 1 Nrn. 1 bis 3 MarkenG unterliegen, muss nun geklärt werden, ob die Anmeldung einer Spekulations-/Hinterhaltsmarke und der Sperrmarke, unter den Löschungstatbestand des § 50 Abs. 1 Nr. 4 MarkenG fällt.

---

196 In der GMVO wird derselbe Tatbestand in Art. 51 Abs. 1 b geregelt.

197 Vgl. BGH GRUR 1980, 110 ff - Torch; BGH GRUR 1984, 210 ff - Arostar.

198 Vgl. Art. 3 Abs. 2 d der Markenrechtsrichtlinie für die absoluten Schutzhindernisse und Art. 4 Abs. 4 g der Markenrechtsrichtlinie für die relativen Schutzhindernisse.

1. Der Begriff der Bösgläubigkeit in § 50 Abs. 1 Nr. 4 MarkenG

Es stellt sich dabei zunächst die Frage, was unter der in § 50 Abs. 1 Nr. 4 MarkenG vorausgesetzten *Bösgläubigkeit* im markenrechtlichen Sinne überhaupt zu verstehen ist.

a. Bösgläubigkeit im Zivilrecht

In der deutschen Rechtsterminologie taucht der Begriff der Bösgläubigkeit zunächst im BGB auf. Explizit wird nur in dem nicht amtlichen Titel des § 990 BGB von Bösgläubigkeit gesprochen. Ansonsten erfolgt im Gesetzestext die Umschreibung mit dem Ausdruck „nicht in gutem Glauben", wie auch in den Vorschriften zum gutgläubigen Erwerb, §§ 932, 932a, 933 und 934 BGB, in den Ersitzungsvorschriften §§ 937 und 945 BGB, sowie in den §§ 955, 990, 1007 Abs. 1 und 3, 2024 BGB.

Die Legaldefinition des guten Glaubens beinhaltet § 932 Abs. 2 BGB, wonach der Erwerber nicht in gutem Glauben - und damit im Sinne des BGB bösgläubig ist -, wenn ihm bekannt oder infolge grober Fahrlässigkeit unbekannt ist, dass die Sache nicht dem Veräußerer gehört. Davon zu unterscheiden sind aber die Normen, in denen lediglich die positve Kenntnis schadet, wie z.B. in § 892 Abs. 1 BGB. Dann wird davon gesprochen, daß der Umstand „bekannt" sein muß. Wenn bereits leichte Fahrlässigkeit schadet, so wird dieses wie z.B. in § 173 BGB, durch die Formulierung ausgedrückt, dass der Geschäftsgegner den betreffenden Umstand „kennt oder kennen muss".

Desweiteren wird im Scheck- und WechselG der Begriff des bösen Glaubens gebraucht. In diesen Gesetzen wird nicht von Bösgläubigkeit sondern von „bösem Glauben" gesprochen, da sie auf der direkten Übersetzung ihrer internationalen Abkommen beruhen. In Art. 21 ScheckG und Art. 16 Abs. 2 WechselG ist kein Erwerb des Schecks oder Wechsels vom Nichtberechtigten möglich, wenn der Inhaber des Schecks oder Wechsels diese in bösem Glauben erworben hat oder ihm beim Erwerb eine grobe Fahrlässigkeit zur Last fiel. Letzteres wird aber von dem Begriff des bösen Glaubens nicht erfasst, schadet jedoch in Bezug auf die Gutgläubigkeit, wodurch der Rechtserwerb ebenfalls scheitern kann.[199]

b. Bösgläubigkeit im Markenrecht

Ob der markenrechtliche Begriff der Bösgläubigkeit im Sinne der im deutschen Recht bekannten Begrifflichkeit ausgelegt werden kann, oder ob es sich nicht vielmehr um einen unterschiedlichen Begriff handelt, ist fraglich. Der Begriff wurde direkt aus Art. 3 Abs. 2 d der Markenrechtsrichtlinie übernommen, der beinhaltet, dass die Mitgliedstaaten in ihren Markengesetzen vorsehen können,

199 Baumbach/Hefermehl, WechselG und ScheckG, Art. 16, Rdnr. 10.

„dass eine Marke von der Eintragung ausgeschlossen ist oder im Falle der Eintragung der Ungültigkeitserklärung unterliegt, wenn und soweit der Antragssteller die Eintragung der Marke bösgläubig beantragt hat".

Wie der deutsche Gesetzgeber den Begriff der Bösgläubigkeit nunmehr im markenrechtlichen Sinne versteht, kann der Begründung zum Entwurf des Markenrechtsreformgesetzes im Ansatz entnommen werden:

„es soll mit dem Nichtigkeitsgrund der Bösgläubigkeit ein markenrechtlicher Anspruch zur Verfügung stehen, um z.B. rechtsmissbräuchliche oder sittenwidrige Markeneintragungen zur Löschung zu bringen. Dieser Anspruch soll damit ein geeignetes Korrektiv zum Wegfall des Erfordernisses eines Geschäftsbetriebes als Eintragungsvoraussetzung darstellen".[200]

Dass der Begriff der Bösgläubigkeit ganz bewusst vom deutschen Gesetzgeber in das MarkenG eingeführt worden ist, anstatt eines anderen Begriffes wie z.B. der sittenwidrigen oder rechtsmissbräuchlichen Anmeldung, hat den Hintergrund, dass auf diese Weise die Verknüpfung mit der Markenrechtsrichtlinie gewahrt bleiben sollte.[201]

Auch durch die Regierungsbegründung zum Markenrechtsreformgesetz zu § 21 MarkenG, in dessen Abs. 1 ebenfalls der Begriff der Bösgläubigkeit explizit erwähnt wird, wird klargestellt, dass die in § 21 und § 50 Abs. 1 Nr. 4 MarkenG genannte Bösgläubigkeit anders als im deutschen Recht ausgelegt werden soll:

„Der Begriff der „Bösgläubigkeit" stammt ebenfalls aus der Markenrechtsrichtlinie und bedarf der Auslegung und Anwendung, die auf die hier geregelten Fälle bezogen ist, so dass er nicht dieselbe Bedeutung hat wie der Begriff der „Bösgläubigkeit" in der deutschen Rechtsordnung im übrigen. Derselbe Begriff findet sich auch bei den Löschungstatbeständen (§ 50 Abs.1. Nr. 4) und hat dort denselben Inhalt. Dies bedeutet im Ergebnis, dass der Inhaber einer Marke, die wegen Bösgläubigkeit gelöscht werden kann, sich auf Verwirkung i.S.d. Abs. 1 nicht berufen kann."

Damit wird ausdrücklich gesagt, dass der Begriff der Bösgläubigkeit im europarechtlichen Sinne neu bestimmt wurde für das Markenrecht, und somit die deutsche zivilrechtliche Begrifflichkeit nicht im Rahmen der Auslegung heranzuziehen ist.[202]

---

200 Begründung des Gesetzentwurfs der Bundesregierung zum MarkenG vom 14.1.1994, BT-Drucks. 12/6581, 53 (95).

201 Begründung des Gesetzentwurfs der Bundesregierung zum MarkenG vom 14.1.1994, BT-Drucks. 12/6581, 53 (95).

202 Begründung des Gesetzentwurfs der Bundesregierung zum MarkenG vom 14.1.1994, BT-Drucks. 12/6581, 53 (79); Gegner dieser Auslegung des Begriffes der Bösgläubigkeit durch den Gesetzgeber argumentieren dahingehend, dass das Tatbestandsmerkmal der Bösgläubigkeit in der Markenrichtlinie restriktiv auszulegen ist, und darüber hinaus eine solche Auslegung dem geschriebenen deutschen Recht fremd ist, vgl. Meister, MA 1993, 214 (215).

Es muss demnach vielmehr bei der europäischen Bösgläubigkeitsbegrifflichkeit im Einzelfall geprüft werden, ob eine bösgläubig oder sittenwidrige Markenanmeldung vorliegt, die unter dem Bösgläubigstatbestand des § 50 Abs. 1 Nr. 4 MarkenG fällt.

2. Löschung von Spekulations-/Hinterhaltsmarken nach § 50 Abs. 1 Nr.4 MarkenG wegen Bösgläubigkeit des Anmelders

Nun stellt sich die Frage, ob es sich bei dem Fall der Spekulations-/ Hinterhaltsmarke um eine im Sinne der markenrechtlichen Bösgläubigkeit rechtsmissbräuchliche oder sittenwidrige Markeneintragung handelt. Man ist sich in der Literatur und Rechtsprechung darüber einig, dass die Spekulations-/Hinterhaltsmarke unter bestimmten Voraussetzungen nach § 50 Abs. 1 Nr. 4 MarkenG löschbar sein muss.[203] Allerdings herrscht Uneinigkeit über die Voraussetzungen ihrer Löschung. Es werden dabei verschiedene Umstände herangezogen, die Indizwirkung für das Vorliegen einer Bösgläubigkeit in Bezug auf Spekulations-/ Hinterhaltsmarken haben können.

a. Rechtsprechung deutscher Gerichte

Zur Problematik der Rechtsmissbräuchlichkeit einer Spekulations/Hinterhaltsmarke und der Geltendmachung der aus der Registrierung resultierenden Rechte, sind nach dem MarkenG zwei relevante OLG Entscheidungen ergangen.

aa. Der Beschluss „Deutsche Telekom“[204]

Eine der ersten Entscheidungen nach dem neuen MarkenG zu dieser Frage war der Beschluss im Beschwerdeverfahren des OLG München vom 24.10.1996. Es ging hier zwar nicht um einen direkten Löschungsanspruch, sondern um einen Unterlassungsanspruch im Falle der Behinderung des Markenregisters zwecks Erlangung einer Ablösesumme. Dieser Beschluss ist aber aufgrund seiner Grundaussagen zur Beurteilung einer rechtsmissbräuchlichen Markenanmeldung von Relevanz.

Antragsstellerin war die Deutsche Telekom als Rechtsnachfolgerin des Unternehmens Deutsche Bundespost Telekom. Das Verfahren richtete sich gegen den Lizenznehmer der Marke „Deutsche Telekom T“. Eingetragen wurde diese Marke am 22.4.1996 für ihre Anmelderin, u.a. für Dienstleistungen und Waren der Telekommunikation. Nachdem die Antragsstellerin die Anmelderin zu einer Unterlassungserklärung und Löschungsbewilligung der Marke aufgefordert hatte,

---

203 Füllkrug, WRP 1995, 378 (378); Meister, WRP 1995, 1005 (1007 f); Helm, GRUR 1996, 593 (599).

204 OLG München WRP 1997, 116 ff.

erklärte diese, dass sie die Marke an einen Dritten abgetreten habe und nicht beabsichtigte die Marke selbst zu verwenden. Daraufhin wurde der Dritte als Lizenznehmer, der in diesem Verfahren damit auch Antragsgegner war, aufgefordert eine Unterlassungserklärung hinsichtlich der Benutzung der Marke abzugeben. Der Antragsgegner meldete sich bei der Antragsstellerin mit einem Schreiben, in dem er erklärte, dass er nie vorgehabt habe die Marke wirklich zu benutzen. Er bemerkte in seinem Schreiben jedoch wörtlich:

„Sollten Sie Interesse an einem neutralen Verhandlungspartner haben, bevor es pressemäßig bekannt wird, so bin ich gerne bereit, zwischen den Parteien zu verhandeln".

In dem dem Beschwerdeverfahren vorangegangenen einstweiligen Rechtsschutzverfahren machte die Antragsstellerin geltend, dass der Antragsgegner ihre Schutzrechte verletze, da zwischen ihrer Firmenkennzeichnung und der streitigen angemeldeten Marke Verwechselungsgefahr bestehe. Desweiteren trug die Antragsstellerin vor, dass, obwohl keine ernsthafte Benutzungsabsicht beim Antragsgegner ersichtlich sei, sondern durch sein oben genanntes Schreiben nur die Absicht zum Ausdruck gebracht wird, die Marke gegen die Antragsstellerin einzusetzen, um sich in spekulativer Weise abfinden zu lassen, eine hinreichende Begehungsgefahr der Benutzung zu bejahen sei, da die Benutzung der einzig sinnvolle Zweck der Eintragung sei. Diesen Antrag wies das LG München mit der Begündung ab, dass durch die Tatsache, dass die Anmeldung der Marke nur zur Behinderungszwecken erfolgt sei, die Antragsstellerin die Gefahr einer Benutzung der Marke durch den Antragsgegner nicht hinreichend glaubhaft gemacht habe.

Dagegen richtet sich die Beschwerde in dem hier vorliegenden Beschluss. Letztlich gab der Antragsgegner eine Unterlassungserklärung ab, so dass das Verfahren übereinstimmend für erledigt erklärt wurde.

In der in dem Beschluss zur Kostenentscheidung nach § 91 a ZPO vom Landgericht München vorgetragenen Begründung wurden die Kosten des Verfahrens dem Antragsgegner mit folgender Begründung auferlegt:
Es wurde zunächst festgestellt, dass durch die Anmeldung der Marke primär der Zweck verfolgt wurde, die Antragsstellerin unter Druck zu setzen, indem die Marke zum Verkauf angeboten wurde und damit indirekt die Benutzung im Falle der Ablehnung der Zahlung einer Abgeltung angedroht wurde. Dieses wurde hauptsächlich aus dem oben zitierten Passus im Schreiben des Antragsgegners geschlossen. Daraus wurde hergeleitet, dass eine Behinderungsabsicht seitens des Antragsgegners vorgelegen hat, da nach eigenen Angaben eine Benutzung seitens des Antragsgegners nie beabsichtigt war. Es ging primär um eine Lizenzerteilung oder den Verkauf der Marke, d.h. um die Überziehung der Antragsstellerin mit einer Geldforderung. Bereits ein solches Vorgehen in Form der Drohung mit der Berühmung eines Rechts zur Benutzung der Bezeichnung rechtfertigte es nach Ansicht des Gerichts, demjenigen, der mit der Berühumung droht, die Benutzung der Marke zu untersagen. Darüber hinaus wurde in der Begründung heraus-

stellt, dass hinter der vom Antragsgegner in seinem Schreiben gezeigten Absicht, die Antragsstellerin zur Zahlung eines Geldbetrages gegen Abtretung der Marke zu veranlassen, die Drohung steht, sie im Falle der Weigerung einer solchen Zahlung zu einem bestimmten „Wohlverhalten" zu zwingen. Der Unterlassungsanspruch (§ 14 Abs. 2 Nr. 2, § 15 Abs. 2 MarkenG) gegen den Antragsgegner wurde somit vom OLG München in diesem Fall bejaht, ebenfalls seine Dringlichkeit.

Damit werden zum ersten Mal von einem deutschen Gericht Kriterien genannt, unter welchen Voraussetzungen von einer Markenanmeldung in Behinderungsabsicht ausgegangen werden kann. In diesem Fall wurde dabei insbesondere darauf eingegangen, dass darunter Markenanmeldungen fallen, bei denen die Marke nach der Eintragung ihrem tatsächlichen Benutzer zum Erwerb angeboten wird, wodurch ein Unterdrucksetzen desselben verfolgt wird.

bb. Das „Classe E"-Urteil[205]

Desweiteren ist das „Classe E"-Urteil des OLG Frankfurt vom 09.10.1997 eine der jüngeren Entscheidungen zu der Frage der Rechtsmissbräuchlichkeit einer Markenanmeldung. Darin werden von Seiten der Rechtssprechung die Voraussetzungen zusammengefasst, die nach Ansicht des entscheidenden Senats vorliegen müssen, um eine angemeldete Marke als rechtsmissbräuchliche Spekulations-/ Hinterhaltsmarke bezeichnen zu können.

Diesem Berufungsurteil liegt das erstinstanzliche Urteil des LG Frankfurt zugrunde, in dem die Mercedes-Personenwagen Herstellerin gegen den Anmelder der Marke „Classe E" auf Feststellung klagte, dass der Beklagte keine Ansprüche gegen die Klägerin aus der für den Beklagten registrierten Marke, bestehend aus dem Wortzeichen „Classe E", zustehen. In dem erstinstanzlichen Urteil wurde der Klage stattgegeben. Dagegen richtete sich die Berufung des Beklagten, die jedoch ohne Erfolg blieb. Dem Rechtsstreit lag folgender Sachverhalt zugrunde:
Die Klägerin, die bekanntermaßen seit Jahren Fahrzeuge unter Typenbezeichnungen wie z.B. S-Klasse und C-Klasse herstellt, verwendete seit Mitte 1993 in der Werbung und in den Preislisten für eine ihrer Fahrzeugtypen die Bezeichnung „E-Klasse", in Italien und Frankreich dementsprechend die Bezeichnung „Classe E". Diese Typenbezeichnung wollte sich die Klägerin mit Anmeldung vom 30.08.1998 durch das DPA markenrechtlich schützen lassen, was jedoch mit Beschluss vom 06.11.1995 vom DPA abgelehnt wurde mit der Begründung, dass es sich um eine Beschaffenheitsangabe handelt und die Unterscheidungskraft fehle. Der Beklagte brachte allerdings das Zeichen „Classe E" am 24.11.1992 in Frankreich und am 19.04.1993 durch die internationale Registrierung für Deutschland und die Schweiz zur Anmeldung. Zunächst wurde dem Beklagten der Schutz in Deutschland für das Zeichen ebenfalls versagt. Die Erinnerung des Beklagten

205 OLG Frankfurt GRUR 1998, 704 ff = WRP 1997, 1208 ff.

gegen den Beschluss des DPA hatte Erfolg, so dass das Zeichen als IR-Marke in Deutschland für den Beklagten registriert wurde. Der Beklagte lebte in Frankreich und unterhielt bis zur letzten mündlichen Verhandlung keinen warenbezogenen Geschäftsbetrieb. Er hatte bereits vorher eine Vielzahl anderer Marken angemeldet. In Interviews mit der „Bild"-Zeitung am 6.1.1996 und mit „Der Spiegel" am 8.1.1996 hatte er bzgl. seiner Markenanmeldungen verlauten lassen: „Mit mehreren Hunderttausend Mark kommen sie mir nicht weg" und „Wenn jemand einen (freien Namen) findet, dann kostet das was...". Der Beklagte war zunächst aufgrund seiner Registrierungen der Marke "Classe E" in Frankreich und der Schweiz an die Klägerin zwecks Lizenzvergabe herangetreten. Daraufhin erfolgten Zahlungen von der Klägerin an den Beklagten für die Erteilung einer ausschließlichen Lizenz. Als der Beklagte wegen seiner Markenrechte an „Classe E" in Deutschland Lizenzgebühren von der Klägerin verlangte, stellte die Klägerin beim DPA den Antrag, der IR-Marke „Classe E" den Schutz teilweise zu entziehen und erhob gleichzeitig Klage vor dem Landgericht Frankfurt mit dem Antrag auf Feststellung, dass dem Beklagten ihr gegenüber keine markenrechtliche Ansprüche zustehen.

In der Klagebegründung wurde u.a. vorgetragen, dass das Verhalten des Beklagten rechtsmissbräuchlich sei, da er ohne eigenen Geschäftsbetrieb eine Vielzahl von Marken für unterschiedliche Waren hat schützen lassen, um Gewerbebetreibende, die unter diesen Marken produzieren, „als Geldquelle auszuschlachten". Es sei nämlich bereits vor der Anmeldung der Marke „Classe E" durch den Beklagten durch die Presse gegangen, dass die Klägerin darunter eine Baureihe ihrer Automobile auf den Markt bringen werde.

Dagegen trug der Beklagte u.a. vor, dass er diese Wortkombination als Erster geschaffen habe und er sich als Markendesigner habe betätigen wollen. Außerdem habe er bis 1989 einen Geschäftsbetrieb inne gehabt, der mit Kraftfahrzeugen in Verbindung stand. Für diesen habe er die Marke benutzen wollen. Er habe nicht erkennen können, dass die Klägerin dieses Zeichen verwenden würde.

Die Berufungsbegründung des Beklagten enthält das bereits Vorgetragene zum erstinstanzlichen Verfahren. Die Klägerin beantragte die Zurückweisung der Berufung, wobei sie sich ebenfalls auf ihre bereits vorgetragenen Gründe beruft. Dem Antrag der Klägerin wurde vom OLG Frankfurt stattgegeben.

In den Entscheidungsgründen des Berufungsurteils wird insbesondere auf die Rechtsmissbräuchlichkeit des Erwerbs bzw. der Ausübung der formalen Rechtsposition des Markeninhabers abgestellt. Vor allem die Ausübung der Rechte aus der Marke gegenüber der Klägerin seitens des Beklagten wurde als unlauter qualifiziert.[206] Es wird ausdrücklich betont, dass der Markenanmelder nicht die Absicht haben muss, die Marke selbst innerhalb der fünfjährigen Benutzungsschon-

206 Verwiesen wird in dem Urteil insbesondere auf BGH GRUR 1984, 210 (211) - Arostar; Fezer, § 13, Rdnr. 4, § 14, Rdnr. 539.

frist zu benutzen, sondern es muss lediglich eine generelle Benutzungsabsicht bestehen, die beinhaltet, dass die Marke in den geschäftlichen Verkehr eingeführt wird. Dieses kann auch durch die Benutzung der Marke durch einen Dritten geschehen, wie es z.B. auch bei Werbeagenturen oder Markendesignern der Fall ist. Eine Rechtsmissbräuchlichkeit besteht dann nicht.

Dagegen liegt aber nach Ansicht des Gerichts eine rechtsmissbräuchliche Spekulations-/Hinterhaltsmarke vor, wenn „der Markenanmelder Marken für eine Vielzahl von unterschiedlichen Waren und Dienstleistungen anmeldet, deren ernsthafte Benutzung in einem eigenem Geschäftsbetrieb er nicht plant und die auch nicht eingebunden sind in ein bestehendes oder potentielles konkretes Beratungskonzept für dritte Unternehmen, sondern die er allein in der Absicht ansammelt, sie Dritten, verbunden mit Geldforderungen, entgegenzuhalten, nachdem diese die Benutzung identischer oder verwechselungsfähiger Bezeichnungen aufgenommen haben“. Demnach ist es rechtsmissbräuchlich, wenn eine formal bessere Rechtsstellung geltend gemacht wird, obwohl der Markenanmelder keinen eigenen wirtschaftlichen und geschäftlichen Bezug zur Marke aufweisen kann. Ein solches Vorgehen des Markenanmelders deutet nach Ansicht des Gerichts nicht auf einen ernsthaften Benutzungswillen hin. Daraus folge auch, dass bei der Anmeldung einer Vielzahl von Marken von sog. Markendesigner, nur dann Schutz zu gewähren ist, wenn dahinter ein bestimmtes Marketing-Konzept steht, nach dem Lizenzen bereits im Vorfeld an Unternehmen angeboten werden. Folglich liegt, wie im vorliegenden Fall, eine rechtsmissbräuchliche Spekulations-/ Hinterhaltsmarke vor, wenn der Markenanmelder wahllos erst dann von Unternehmen Lizenzzahlungen verlangt, wenn diese gutgläubig in den Bereich seiner angemeldeten Marke gelangt sind. Es werde in solchen Fällen eine Notsituation ausgenutzt, damit Lizenzzahlungen erpresst werden können. Auch die Höhe der Geldforderung spiele dabei eine Rolle, so dass massive Geldforderungen, wie sie der Klägerin von Seiten des Beklagten entgegengehalten wurden, auf einen Rechtsmissbrauch hindeute. Auch wurde vom Gericht aus den Äußerungen des Beklagten in der Presse geschlossen, dass es ihm primär bei der Markenanmeldung um erhebliche Geldforderungen gegenüber dem Benutzer ging. Darüber hinaus könne der rechtsmissbräuchlichen Anmeldung einer Spekulations-/ Hinterhaltsmarke nicht die fünfjährige Benutzungsschonfrist entgegengehalten werden, da diese einen anderen Regelungsbereich betrifft, der die Anmeldung nicht rechtfertige.

Abschließend bejahte der Senat in diesem Urteil die Möglichkeit der Löschung einer Spekulations-/Hinterhaltsmarke unter den dargestellten Bedingungen nach § 50 Abs. 1 Nr. 4 MarkenG.[207] Folglich werden in diesem Urteil die

---

207 Da der Löschungsantrag wegen Bösgläubigkeit nach § 50 Abs. 1 Nr. 4 MarkenG gemäß § 54 Abs. 1 MarkenG an das DPA gestellt werden muss und kein gerichtliches Klageverfahren vorgesehen ist, kann eine gerichtliche Entscheidung grundsätzlich nur über § 1

Kriterien, die im Beschluss „Deutsche Telekom" bereits angeführt wurden, durch das „Classe E"-Urteil noch einmal bestätigt und in detaillierter Weise auf den speziellen Fall angewandt. Zentraler Punkt dieser Urteile ist das Unterdrucksetzen der Benutzer der Marken durch Geldforderungen durch die Markeninhaber. Ein derartiges Verhalten wird von den Gerichten als Indiz für eine Markenanmeldung mit nicht legitimen Zwecken gesehen.

b. Die Auslegung der Bösgläubigkeit in Großbritannien

In der englischen Rechtsterminologie wird der Begriff „bad faith" im Markenrecht gebraucht.[208] Der Begriff „bad faith" rührt aus dem früheren englischen Markenrecht, dem Trademark Act von 1938 in der Fassung des Trademark (Amendment) Act 1984.

In dem Urteil aus dem Jahre 1984, dem Holly Hobby-Case[209], liegt eine bösgläubige Markenanmeldung vor bei einem Verhalten des Markeninhabers, das lediglich darauf abzielt durch nicht funktionsgerechte Nutzung, Kapital aus einer Marke zu ziehen. Letzteres sollte dann vorliegen, wenn die Marke mit Blick auf die Ware nicht zu dem Zweck benutzt wurde oder benutzt werden sollte, im Handelsverkehr zwischen den Waren und einem als Inhaber oder als eingetragener Benutzer zur Führung der Marke Berechtigten eine Beziehung deutlich zu machen.[210] Eine solche Verbindung sollte folglich nur dann bestehen, wenn die wirtschaftlichen Funktionen gewährleistet werden konnten, was der Fall sein sollte, wenn der Markeninhaber die Ware als Hersteller, Auftraggeber oder Lizenzgeber unmittelbar beeinflussen konnte. Dabei konnte die Verbindung technisch oder wirtschaftlich sein, sie musste nur einen rechtlich durchsetzbaren Einfluss des Markeninhabers bis zur Ware sichern.[211] Auch nach der Umsetzung der Markenrichtlinie in das englische Recht änderte sich an dieser Auslegung des Begriffes „bad faith" nichts. Zu den „speculative marks" wurde im White Paper[212]

UWG zur Sittenwidrigkeit einer Markenanmeldung erfolgen. Ansonsten kommt es nur auf der Rechtsmittelinstanzebene (BPatG oder der BGH) zu einer direkten Entscheidung über die Voraussetzungen, die für den Bösgläubigkeitstatbestand des § 50 Abs. 1 Nr. 4 MarkenG vorliegen müssen. Wie es in diesem Urteil dargestellt wird, wird von der Feststellung der Sittenwidrigkeit nach § 1 UWG auch auf das Vorliegen einer bösgläubigen Markenanmeldung nach § 50 Abs. 1 Nr. 4 MarkenG geschlossen.

208 Vgl. Füllkrug, GRUR 1994, 686 (680 f); ders., WRP 1995, 378 (380).

209 Holly Hobby-Case, (1984) RPC 329, GRUR Int. 1984, 445 (450).

210 Dieses stammt ebenfalls aus dem englischen Holly Hobby Case, (1984) RPC 329, in dem Sir Denys Buckley sich so zum Begriff der Bösgläubigkeit äußert, abgedruckt in GRUR Int. 1984, 445 (450).

211 Die Ansicht Füllkrugs basiert auf der Anwendung der Grundsätze des Holly Hobby Cases auf das deutsche Recht, in WRP 1995, 378 (378); vgl. auch Paeffgen, GRUR Int. 1988, 631 ff.

212 White Paper 4.36.

vielmehr angemerkt, dass eine unbenutzte Marke keine Anziehungskraft für Käufer haben kann, und demnach, wenn sie jüngeren Zeichen entgegengehalten wird, wegen Nichtbenutzung oder bösgläubigen Erwerbs gelöscht werden kann. Daraus wird geschlossen, dass auch die Anmeldung der Marke eines Markendesigners der Löschung unterliegt, wenn dieser ohne einen vorherigen Auftrag tätig wird, da zu diesem Zeitpunkt noch kein Bezug zu einem Produkt oder einer Dienstleistung besteht.

Nach der englischen Auslegung kommt es demnach in der Hauptsache auf die tatsächliche Benutzung der Marke und die damit verbundene Anziehungskraft für den Käufer bei der Auslegung der Bösgläubigkeit an. Dadurch wird die Bedeutung des Geschäftsbetriebes in Bezug auf die Marke bei der Auslegung des Bösgläubigkeitsbegriffes wiederum in den Vordergrund gestellt. Auf die Absicht des Markeninhabers kommt es demnach nur sekundär an.

c. Literaturmeinungen

Es werden zwei Meinungen in der deutschen Literatur zur Frage der Löschbarkeit der Spekulations-/ Hinterhaltsmarke vertreten. Sie unterscheiden sich im wesentlichen darin, dass einerseits subjektive und andererseits objektive Kriterien zur Beurteilung herangezogen werden.

aa. Subjektive Theorie

Die Vertreter der subjektiven Theorie nehmen an, dass die Spekulationsmarke, die sich gerade dadurch auszeichnet, dass der Markeninhaber gar nicht am Warenverkehr teilnimmt oder er sich sogar gar nicht gewerblich betätigt, nicht schon allein aufgrund eines fehlenden Geschäftsbetriebs oder einer fehlenden gewerblichen oder kaufmännischen Betätigung unter den Bösgläubigkeitstatbestand des § 50 Abs. 1 Nr. 4 MarkenG fällt.[213] Diese Ansicht wird zunächst damit begründet, dass kein Geschäftbetrieb zur Anmeldung einer Marke nötig ist. Aus § 7 Nr. 1 MarkenG, nach dem nunmehr auch Privatpersonen Marken anmelden können, wird demnach geschlossen, dass ein privater Markeninhaber nicht dazu gezwungen werden kann, die von ihm angemeldete Marke durch Lizenzerteilungen zu verwerten, um sich dadurch Kontrollbefugnisse zu sichern.[214]

Dieses betrifft z.B. den Fall der Markenanmeldungen von Zeichendesignern, die im Auftrag von Gewerbetreibenden oder auf Eigeninitiative handeln; sie können nach dieser Ansicht auch auf Vorrat Zeichen anmelden, ohne dass im vorhinein feststehen muss, in welcher Art und Weise es letztlich verwendet wird.

Daher soll auch eine Marke, die lediglich zum Zwecke der Weiterveräußerung angemeldet wurde, grundsätzlich zulässig sein. Ansonsten würde nach dieser

213 Ingerl/Rohnke, § 50, Rdnr. 9; Althammer/Ströbele/Klaka, § 50, Rdnr. 7.

214 Helm, GRUR 1996, 593 (594, 599).

Ansicht die Bindung der Marke an den Geschäftbetrieb auf Umwegen wieder eingeführt. Dies könne aber vom Gesetzgeber so nicht gewollt sein. Außerdem führe die sofortige Subsumierung unter den Löschungstatbestand des § 50 Abs. 1 Nr. 4 MarkenG dazu, dass die Verwertung der Marke im vorhinein verhindern würde, da gemäß § 50 Abs. 2 S. 1 MarkenG ein Löschungsgrund nicht heilbar ist. Da es bei der Beurteilung der Bösgläubigkeit auf den Zeitpunkt der Anmeldung der Marke ankommt, sei auch unerheblich, wenn bis zur Entscheidung über den Löschungsantrag noch keine Verwertung der Marke durch den Aufbau eines Geschäftsbetriebes oder durch eine Lizenzerteilung erfolgt sei. Wird der Anmelder erst nachträglich bösgläubig, kann die Marke ohnehin nicht nach § 50 Abs. 1 Nr. 4 MarkenG gelöscht werden, da wiederum der Wortlaut dagegen spricht.[215] Im übrigen sei auch die in § 25 Abs. 1 MarkenG normierte fünfjährige Benutzungsschonfrist ein Indiz dafür, dass grundsätzlich jedem Markeninhaber dieser gesetzliche Zeitraum zur Verwertung der Marke zustehen soll, unabhängig von seinen Verwertungsplänen hinsichtlich seiner Marke.[216]

Ausnahmen von dieser grundsätzlichen Gewährung der fünfjährigen Benutzungsschonfrist sollen jedoch bei der Löschung der Spekulationsmarke gemacht werden, wenn ein Markeninhaber seit dem Zeitpunkt der Anmeldung nicht beabsichtigt, seine Marke selbst zu benutzen oder sie durch Dritte verwerten zu lassen.[217] Dieses soll der Fall sein, wenn durch die Anmeldung der Marke gutgläubige Dritte, die zufällig in den Schutzbereich der Marke gelangen, finanziell ausgenutzt werden, indem sie vom Markeninhaber mit Abstandszahlungen für Lizenzerteilungen oder den Verkauf der Marke unter Druck gesetzt werden. In diesem Fall soll Rechtsmissbrauch vorliegen, der unter den Begriff der Bösgläubigkeit des § 50 Abs. 1 Nr. 4 MarkenG fällt, da bereits bei der Anmeldung der Marke keine rechtmäßige Benutzungs- und Verwertungsabsicht[218] vorgelegen haben soll. Dieses soll auch gelten, wenn es letztlich zu der Übertragung oder Lizenzerteilung auf das erpresste Unternehmen gekommen ist.

Zur Unterstützung dieser Argumentation werden BGH Entscheidungen[219] zum damaligen Warenzeichenrecht herangezogen, in denen grundsätzlich bei der Markenanmeldung ein Benutzungswille verlangt wird. Der Nachweis der fehlenden Benutzungsabsicht stellt sich im Einzelfall allerdings als schwierig dar. Ein Indiz für eine Markenanmeldung ohne Benutzungsabsicht soll aber dann gegeben sein, wenn durch einen Anmelder gleich mehrere Marken für zahlreiche Warenverzeichnisse anmeldet werden, ohne dass dafür ein annähernd entsprechender

215 Ingerl/Rohnke, § 50, Rdnr. 17; Althammer/Klaka/Ströbele, § 50, Rdnr. 8.

216 Helm, GRUR 1996, 593 (599).

217 Helm, GRUR 1996, 593 (599).

218 Baumbach/Hefermehl, WZG-Kom., § 1, Rdnr. 51, wonach eine Markenanmeldung ohne jeden Benutzungswillen rechtsmissbräuchlich sein soll.

219 BGHZ 41, 187 (193) - Palmolive; BGH GRUR 1973, 523 (524) - Fleischer-Fachgeschäft.

Geschäftsbetrieb besteht.[220] Insbesondere soll es für den fehlenden Benutzungswillen bezeichnend sein, wenn der Markenanmelder sich nicht darum bemüht seine Marke in Lizenz zu vergeben oder sie zum Verkauf anzubieten, so dass nur darauf gewartet wird, dass irgendwann einmal ein gutgläubiger Dritter ein Zeichen des Markeninhabers benutzt, um diesen dann mit einer Geldforderung zu überziehen.[221]

Der Abschaffung der Bindung der Marke an den Geschäftsbetrieb wird nach dieser Ansicht in der Weise Rechnung getragen, dass nicht nur die Absicht, die Marke selbst zu benutzen als Benutzungswille zählt, sondern auch die Lizenzerteilung und die Übertragung der Marke an Dritte als Benutzungswillen des Markeninhabers bei ihrer Anmeldung unter den heutigen Bedingungen anzuerkennen ist.[222] Es genügt daher grundsätzlich das Vorliegen einer generellen Benutzungsabsicht, die angemeldete Marke einer Benutzung als Unterscheidungszeichen im geschäftlichen Verkehr, auch durch einen Dritten zuzuführen.[223]

bb. Verobjektivierende Ansicht

Eine andere Ansicht geht von der These aus, dass § 50 Abs. 1 Nr. 4 MarkenG nur dann die Löschung der Spekulationsmarke mitbeinhaltet,

„wenn er neben den Fällen der Bösgläubigkeit, die auch nach außerzeichenrechtlichen Tatbeständen[224] erfasst sind, anwendbar ist, sofern ein Markeninhaber sein Recht geltend macht, obwohl er es von Anfang an nicht entsprechend seiner Funktionen nutzen konnte".[225]

Es wird demnach die funktionsgerechte Nutzung der Marke vorausgesetzt.[226] Die Löschung der Marke nach § 50 Abs. 1 Nr. 4 MarkenG wird also als eine Art *Störungsbeseitigung* klassifiziert, bei der zwar subjektiv Vorsatz vorliegen muss, es aber auf Verschulden nicht ankommt.[227] Demnach kommt die Löschung der Spekulations-/ Hinterhaltsmarke dann in Betracht, wenn keine funktionsgemäße Benutzung der Marke vorliegt. Wann eine vorsätzliche nicht funktionsgemäße Nutzung einer Marke vorliegt, orientiert sich diese Ansicht bei der Bestimmung

---

220 Ingerl/Rohnke, § 50, Rdnr. 9; vgl. auch Begründung des Gesetzentwurfs der Bundesregierung zum MarkenG vom 14.1.1994, BT-Drucks. 12/6581, 53 (89).

221 Helm, GRUR 1996, 593 (600).

222 Helm, GRUR 1996, 593 (600).

223 Fezer, § 3, Rdnr. 78.

224 Außerzeichenrechtliche Tatbestände sind diesbzgl. § 1 UWG, § 826 BGB.

225 Füllkrug, WRP 1995, 378 (378); ähnlich auch Meister, WRP 1995, 366 (366) und WRP 1995, 1005 (1007), der diese These mit einer dem § 7 MarkenG innewohnenden immanenten Schranke begründet.

226 Meister, WRP 1995, 1005 (1007), bedauert die Aufgabe der Bindung der Marke an den Geschäftsbetrieb, was seines Erachtens die Meinung der Praxis darstellt. Die Unternehmen hätten eine solche Liberalisierung nur in Bezug auf die Holding-Marke befürwortet, vgl. Meister, MA 1993, 214 (215).

227 Füllkrug, WRP 1995, 378 (384).

des Begriffes der Bösgläubigkeit an den bereits dargestellten in der englischen Rechtsterminologie gebräuchlichen Begriff „bad faith".[228] Es wird demnach auf die objektiven, nach außen tretenden Kriterien, abgestellt, nach denen eine nicht funktionsgerechte Nutzung vorliegen soll.

Darüber hinaus wird diese These von den Erwägungsgründen zur Markenrechtsrichtlinie abgeleitet, in denen primär auf das Funktionieren des Marktes abgestellt wird. Insbesondere der erste, dritte, siebte, achte, neunte und zehnte Erwägungsgrund der Markenrechtsrichtlinie wird zur Bestärkung dieser These herangezogen, wonach zusammenfassend neben dem Funktionieren des Binnenmarktes, die Kollisionen von markenrechtlichen Formalpositionen verringert werden sollen, und sich der Schutz der Marke an die Herkunftsfunktion, die Kennzeichnungskraft bzw. dem Bekanntheitsgrad und an der Verwechselungsgefahr orientieren soll.[229]

Letztlich wird auch auf die Rechtssprechung des BGH verwiesen, der in seiner „Cherie"-Entscheidung[230] bereits zum früheren Warenzeichenrecht entschied, dass der Staatsakt der Erteilung eines Warenzeichens nicht von der inneren Einstellung, d.h. vom Benutzungswillen seines Anmelders abhängig gemacht werden kann, da eine Überprüfung dessen durch die Behörden und Gerichte nicht möglich sei und der Zeichenanmelder jederzeit seinen Willen ändern könne. Daraus wird hier im *actus contrarius* geschlossen, dass das, was für die Erteilung gilt, sich auch auf die Löschung übertragen lassen muss.[231]

d. Diskussion

Da man sich sowohl in der Literatur als auch in der deutschen und englischen Rechtsprechung darüber einig ist, dass die Spekulations-/ Hinterhaltsmarke grundsätzlich der Löschung nach dem Bösgläubigkeitstatbestand des § 50 Abs. 1 Nr. 4 MarkenG unterliegen kann, ist nun zu erörtern, unter welchen Bedingungen dieses möglich sein soll.

Der derzeitige Diskussionsstand wird in Deutschland wesentlich durch das Urteil des OLG Frankfurt „*Classe E*" beeinflusst. Es fand von Seiten der Rechtsprechung eine Klarstellung hinsichtlich der Möglichkeiten zur Löschung einer Spekulations-/ Hinterhaltsmarke statt. Bei näherer Betrachtung geht das OLG Frankfurt konform mit der ersten Literaturansicht. Auch das Gericht stellt auf das subjektive Element des Benutzungswillens ab, der aufgrund von Indizien festgestellt werden muss. Danach sollen einerseits die Markenanmeldungen von Zeichendesignern, wie z.B. von Werbeagenturen, die potentiellen Kunden Marken anbieten wollen und diese dann zu dem Zeitpunkt auch zur Verfügung haben

228 Vgl. Füllkrug, GRUR 1994, 686 (680 f); ders., WRP 1995, 378 (380).
229 Füllkrug, WRP 1995, 378 (378).
230 BGH GRUR 1972, 180 ff - Cherie.
231 Füllkrug, WRP 1995, 378 (380).

müssen, einen generellen Benutzungswillen beinhalten. Damit wird auf die noch unter dem WZG entstandene sog. *Vorratszeichen* Bezug genommen, das unter den genannten Voraussetzungen auch weiterhin rechtmäßig sein soll.

Dagegen wird sich für eine Rechtsmissbräuchlichkeit ausgesprochen, wenn lediglich gutgläubige Dritte in einen sog. Hinterhalt gelockt werden sollen, um sie dann mit Forderungen zu überziehen. Der Missbrauch liegt demnach im fehlenden Benutzungswillen bei der Anmeldung der Marke, also im subjektiven Bereich. Eine solche Entscheidung liegt auch auf einer Linie mit der zum WZG vertretenen Rechtsprechungsansicht. Gerade zu dem Erfordernis des Benutzungswillens im Zeitpunkt der Anmeldung einer Marke, sprach sich bereits die frühere Rechtsprechung grundsätzlich für das Erfordernis des Benutzungswillens aus.[232]

Dagegen versuchen die englische Rechtsprechung und die verobjektivierende Literaturansicht, die die Bewertung des Bösgläubigkeitsbegriffs nach dem englischen Recht vornimmt, die Feststellung von rechtsmissbräuchlichen Markenanmeldungen nach einem objektiven Maßstab auszulegen. Der Schwerpunkt liegt dabei auf der funktionsgerechten Benutzung der Marke durch den Markeninhaber. Dabei wird insbesondere auf die Herkunftsfunktion abgestellt, die wiederum im engen Zusammenhang mit dem Geschäftsbetrieb steht.

In diesem Zusammenhang ist aber zunächst zu diskutieren, inwieweit die unterschiedlichen nationalen Auslegungen, hier insbesondere der deutschen und der englischen Gerichte, im Rahmen der richtlinienkonformen Auslegung zu bewerten sind. So kommen die nationalen Auslegungen zu unterschiedlichen Ergebnissen hinsichtlich der Löschungsvoraussetzungen einer bösgläubigen Markenanmeldung in Form einer Spekulationsmarke. Damit werden zumindest in zwei Ländern innerhalb des Geltungsbereiches der Markenrechtsrichtlinie unterschiedliche Auslegungen hinsichtlich des europäischen Begriffes der Bösgläubigkeit vorgenommen.

Wie diese zwei unterschiedlichen Begriffsdefinitionen im Rahmen der durch die Markenrechtsrichtlinie beabsichtigten Angleichung der Markenrechte der Mitgliedsstaaten zu bewerten sind, ist fraglich.

Der EuGH hat sich speziell zu dieser Frage der Bösgläubigkeit im Markenrecht noch nicht äußern müssen. Daher kann zur Zeit nur auf die aktuelle Rechtsprechung[233] des EuGH zur richtlinienkonformen Auslegung verwiesen werden, wonach den Mitgliedsstaaten auferlegt wird, das nationale Recht im Lichte des Wortlauts und des Zwecks der Richtlinie auszulegen, um das mit der Richtlinie verfolgte Ziel zu erreichen.[234]

---

232 Vgl. dazu BGHZ 41, 187 (193) - Palmolive; BGH GRUR 1973, 523 (524) - Fleischer-Fachgeschäft.

233 Hinsichtlich der früheren Rechtsprechung des EuGH zur richtlinienkonformen Auslegung siehe ausführlich Brechmann, S. 31 ff und Jarass, EuR 1991, 211 (215).

234 EuGH Slg. 1990, I-4135, Rdnr. 8 – Marleasing. Diese Rechtsprechung des EuGH wurde anfänglich entwickelt in dem Urteil Colson und Kamann, vgl. EuGH Slg.1984, 1891,

Dabei müssen die nationalen Gerichte ihre Auslegung unter voller Ausschöpfung des Beurteilungsspielraumes, den das nationale Recht einräumt, in Übereinstimmung mit den Anforderungen des Gemeinschaftsrechts vornehmen, insbesondere auch dann, wenn ein Gericht von der Übereinstimmung des nationalen Rechts mit den Vorgaben der Richtlinie ausgeht.[235]

In Bezug auf die hier vorliegenden unterschiedlichen Auslegungen des Begriffes der Bösgläubigkeit bei der Spekulationsmarke kann zunächst festgestellt werden, dass sowohl England als auch Deutschland sich an den Wortlaut des Art. 3 Abs. 2 d der Markenrechtsrichtlinie gehalten haben, jedoch damit das Ziel der Vereinheitlichung des Markenrechts in Europa durch die jeweils eigenen Auslegungskriterien bislang folglich noch nicht erreicht wurde. [236]

Aufgrund einer fehlenden Definition des europäischen Bösgläubigkeitsbegriffes in der Markenrechtsrichtlinie, kann im Rahmen dieser Diskussion nur abgewägt werden, wie der europäische Bösgläubigkeitsbegriff nach der hier vertretenen Ansicht auszulegen ist. Eine endgültige Entscheidung hinsichtlich einer einheitlichen europäischen Begriffsbestimmung der markenrechtlichen Bösgläubigkeit wird jedoch im konkreten Streitfall vom EuGH selbst vorzunehmen sein.

Im Hinblick auf die deutsche Gesetzgebung zum Markenrecht kann zunächst festgestellt werden, dass das primäre Abstellen auf eine funktionsgerechte Benutzung als Voraussetzung der Löschung einer Marke wegen Bösgläubigkeit bei der Anmeldung zur Folge hätte, dass dem Geschäftsbetrieb in Bezug auf die Marke mehr Geltung zukommen würde, als dieses vom Gesetzgeber überhaupt gewollt sein kann. Denn gerade der Wegfall der Bindung der Marke an den Geschäftsbetrieb im neuen deutschen Markenrecht stellt die wesentliche Änderung zum alten WZG dar. Wenn man sich bei der Bestimmung der Bösgläubigkeit wieder an äußerlichen Indizien orientieren würde, wie z.B. an dem Bestehen eines Geschäftsbetriebes oder der Erteilung einer Lizenz, würden indirekt doch wieder Erfordernisse aufgestellt, die das Gesetz so nicht voraussetzt.

Gegen eine solche Verobjektivierung spricht konsequenterweise auch, dass grundsätzlich eine Benutzungsschonfrist gemäß § 25 Abs. 1 MarkenG von fünf Jahren gewährt wird, in der der Markeninhaber eine Benutzungshandlung vornehmen kann. Diese würde unterlaufen, wenn bereits vorab aufgrund von objektiven Merkmalen eine Marke zur Löschung gebracht werden könnte. Auch sagt die objektive Beurteilung der Bösgläubigkeit nichts darüber aus, dass gemäß des

---

Rdnr. 26. Dogmatisch und normativ begründet der EuGH diese Verpflichtung zur richtlinienkonformen Auslegung in den genannten Urteilen im Umsetzungsgebot des Art. 249 Abs. 3 EGV i.V.m. Art. 10 EGV; vgl. auch dazu ausführlich Brechmann, S. 247 ff ; ebenso Callies/Ruffert, EUV/EGV-Kom., Art. 249, Rdnr. 109.

235 EuGH Slg. 1993, I-6911, Rdnr. 21 – Wagner Miret.

236 Dabei ist insbesondere zu beachten, dass es sich bei Art. 3 Abs. 2 d der Markenrechtsrichtlinie um eine fakultative Vorschrift handelt, die ohnehin nicht von allen Mitgliedsstaaten umgesetzt wurde.

Wortlauts des § 50 Abs. 1 Nr. 4 MarkenG der Anmelder *bei der Anmeldung* bösgläubig sein muss. Die verobjektivierende Ansicht geht davon aus, dass die Bösgläubigkeit nicht im Augenblick der Anmeldung vorliegen muss, und damit dieses Makel der Marke auch nicht unwiderruflich anhaftet. Vielmehr argumentiert diese Ansicht, dass aufgrund der Nichtgeltung der Heilungsvorschrift des § 50 Abs. 2 MarkenG auf den Tatbestand des § 50 Abs. 1 Nr. 4 MarkenG, die Bösgläubigkeit im Sinne des Gesetzes auch erst nach der Anmeldung entstehen kann.[237]

Desweiteren wird angeführt, dass wenn § 50 Abs. 1 Nr. 4 MarkenG laut der Gesetzesbegründung[238] als Korrektiv zu dem Wegfall der Bindung der Marke an den Geschäftsbetrieb fungieren soll, der Umstand der Bösgläubigkeit der Marke dann auch nicht auf Dauer anhaften muss.[239]

Diese Interpretation entspricht allerdings nicht dem Wortlaut des § 50 Abs. 1 Nr. 4 MarkenG, nach dem ausdrücklich die Bösgläubigkeit im Zeitpunkt der Markenanmeldung verlangt wird. Dieses kann auch nicht durch das Argument entkräftet werden, dass der Tatbestand als Korrektiv zur Gesetzesänderung der Akzessorietät eingesetzt werden soll. Auch hätte diese Interpretation der Gesetzesbegründung zur Konsequenz, dass die Loslösung der Marke vom Geschäftsbetrieb einerseits gegeben sein soll, aber sie andererseits durch den Löschungstatbestand des § 50 Abs. 1 Nr. 4 MarkenG wieder eingeführt würde.

Die Bedeutung der Gesetzesbegründung liegt m.E. vielmehr darin, dass in Ausnahmefällen, d.h. wenn z.B. von Anfang an kein legitimer Benutzungswille beim Anmelder gegeben war, eine Korrektur über den Tatbestand des § 50 Abs. 1 Nr. 4 MarkenG vorgenommen werden soll. Dabei spielt das Argument der fünfjährigen Benutzungsschonfrist wiederum eine Rolle, die ebenfalls durch die vorzeitige Löschung wegen Bösgläubigkeit aufgrund einer objektiven Betrachtung ausgehebelt würde. Die Grundvoraussetzungen für die Beurteilung der Löschung einer Spekulations-/ Hinterhaltsmarke, die zunächst von der Literatur im Rahmen der subjektiven Theorie und der damaligen Rechtsprechung zum WZG herausgearbeitet und zusammengefasst wurden, sind durch die neue Rechtsprechung zum MarkenG bestätigt worden.

Im Hinblick auf die Gesamtheit der dort genannten Argumente, überzeugt daher die Ansicht, die subjektiv auf den Benutzungswillen bei der Beurteilung der Löschungsmöglichkeit der Spekulations-/ Hinterhaltsmarke abstellt.

---

237 Füllkrug, WRP 1995, 378 (382).

238 Begründung des Gesetzentwurfs der Bundesregierung zum MarkenG vom 14.1.1994, BT-Drucks. 12/6581, 53 (95).

239 Füllkrug, WRP 1995, 378 (382).

e. Fazit

Zusammenfassend kann m.E. die Spekulations-/ Hinterhaltsmarke anhand der folgenden Indizien nach dem Bösgläubigkeitstatbestand des § 50 Abs. 1 Nr. 4 MarkenG gelöscht werden:

- Bei der Beurteilung der Rechtsmissbräuchlichkeit der Markenanmeldung und der Ausübung der aus der Marke dem Inhaber resultierenden Rechte, wird jeweils der fehlende Benutzungswille bei der Markenanmeldung als subjektive Voraussetzung zugrunde gelegt, der anhand von Indizien ermittelt werden muss.
- Für die Beurteilung der Bösgläubigkeit ist es irrelevant, wenn es von Seiten des erpressten Unternehmens bereits zur Zahlung der Geldforderung wegen der Erteilung einer Lizenz oder der Übertragung der Marke gekommen ist.
- Vor allem die hinter der Markenanmeldung stehende Systematik, wie gegen Dritte vorgegangen wird, spielt bei der Feststellung von Markenmissbrauch eine bedeutende Rolle.
- Ein Indiz für Rechtsmissbräuchlichkeit liegt vor, wenn der Markenanmelder Marken für eine Vielzahl von unterschiedlichen Waren und Dienstleistungen angemeldet hat, deren ernsthafte Benutzung von Anfang an nicht geplant war.
- Eine Indizwirkung hinsichtlich Rechtsmissbräuchlichkeit liegt auch vor, wenn Markenanmelder, die sich als Markendesigner ausgeben, kein bestehendes oder potentielles Beratungskonzept für dritte Unternehmen ausgearbeitet haben und lediglich die Absicht der Markenanhäufung dahintersteht, die mit Geldforderungen an Dritte verbunden ist.
- Eine vage Absichterklärung, dass in der Zukunft eine Existenz gegründet werden soll, reicht bei der Geltendmachung einer Geld-forderung gegenüber einem Dritten nicht aus, um die Annahme der fehlenden Benutzungsabsicht zu entkräften. Daran ändert in diesem Falle auch nichts die in § 25 Abs. 1 MarkenG gewährte fünfjährige Benutzungsschonfrist, da rückwirkend auf den Zeitpunkt der Anmeldung der Marke abgestellt wird, so wie es der Wortlaut des § 50 Abs. 1 Nr. 4 MarkenG verlangt.
- Auch die Höhe der Geldforderung für eine Lizenzerteilung oder für den Verkauf einer Marke kann ein Indiz für die Missbräuchlichkeit der Markenanmeldung und der Ausübung der sich aus der Registrierung resultierenden Rechte aus der Marke sein.
- Die Behinderungsabsicht gegenüber Dritten, die sich durch die Anmeldung einer solchen Spekulations-/ Hinterhaltsmarke äußert, muss sich nicht gegen ein bestimmtes Unternehmen richten, es reicht vielmehr aus, wenn sie generell besteht. Sie muß auch nicht alleiniges Motiv für die Markenanmeldung gewesen sein, sondern nur der wesentliche Grund.

Bezogen auf die in der Einleitung angeführten bekannten Markenanmeldungen bedeutet dieses, dass z.B. im Falle der Markenanmeldung „Ballermann 6“ oder

„Lady Di“ die Löschung dieser Marken nach § 50 Abs. 1 Nr. 4 MarkenG möglich wäre, wenn keine eigenen Waren oder Dienstleistungen unter dieser Marke auf den Markt gebracht würden.

Im Falle „Ballermann 6“ liegt die Annahme einer solchen missbräuchlichen Markenanmeldung darüber hinaus nahe, da bei dem bereits zitierten Fernsehinterview mit dem Markenanmelder, von diesem selbst geäußert wurde, dass er bei den Lizenzgebühren für den gleichnamigen Film, gemessen an dem Erfolg, seines Erachtens viel zuwenig gefordert habe. Diese Aussage ähnelt der des Markenanmelders der „Classe E“, der wörtlich in Zeitungsinterviews über den Automobilhersteller Mercedes bemerkte: „Mit mehreren Hunderttausend Mark kommen sie mir nicht weg“ und „Wenn jemand einen freien Namen findet, dann kostet das was...“. Es besteht jedoch zwischen diesen Markenanmeldungen der Unterschied, dass unter dem Namen „Ballermann 6“ inzwischen Spirituosen vom Markeninhaber hergestellt werden. Bei Betrachtung dieser Anmeldung im Lichte der hier herausgearbeiteten Voraussetzungen, „rettet“ sich der Markenanmelder – mit Verweis auf das bereits genannte Fernsehinterview, in dem er dies selbst klar verbalisiert hat - mit der finanziell unbedeutenden Produktion von Alkoholgetränken, die auf dem Spirituosenmarkt nicht wirklich in Erscheinung treten, über die Annahme einer rechtsmissbräuchlichen Markenanmeldung hinweg. M.E. darf dieser Fall nicht anders bewertet werden, als in den vorbezeichneten Fällen. Der Hauptzweck liegt eindeutig darin, Dritte, die gutgläubig in den Bereich der Marke „Ballermann 6“ kommen, mit Geldforderungen zu überziehen. Dabei kann die Spirituosenproduktion nicht derartig gewertet werden, dass der eigentliche rechtsmissbräuchliche Zweck in den Hintergrund gerät. Vor allem liegt hier auch das Indiz der Rechtsmissbräuchlichkeit aufgrund der Anmeldung mehrerer bedeutender Namen vor, wie z.B. auch die Marke „Lady Di“.

3. Löschung der Sperrmarke nach § 50 Abs. 1 Nr. 4 MarkenG

Die sog. Sperrmarke ist ein weiterer Fall, bei dem der Verdacht eines Missbrauchs bei der Ausübung der aus der Registrierung der Marke resultierenden Rechte, besteht. Es bedarf auch hier der Klärung, ob es sich bei der Sperrmarke um eine rechtsmissbräuchliche bzw. sittenwidrige Markenanmeldung im Sinne des § 50 Abs. 1 Nr. 4 MarkenG handelt. Die Sperrmarke ist ein Zeichen, das in behindernder Absicht angemeldet wird, und entspricht damit dem sog. „wettbewerbsbehindernden Warenzeichen“, wie es seinerzeit unter dem WZG bezeichnet wurde. Das Problem der Sperrmarke ist folglich nicht erst im neuen Markenrecht aufgetaucht, sondern war schon zu Zeiten des WZG ein sehr diskutiertes Thema.

Da die Löschung einer Sperrmarke nach § 49 MarkenG wegen Nichtbenutzung der Marke erst nach Ablauf der fünfjährigen Benutzungsschonfrist möglich ist, stellt sich zwangsläufig auch hier die Frage, ob eine Löschung vor Ablauf dieser Frist nach dem Bösgläubigkeitstat-bestand des § 50 Abs. 1 Nr. 4 MarkenG erfolgen kann. Dies wird im folgenden anhand der Rechtsprechung nach Inkrafttreten des neuen MarkenG und der Literatur geklärt werden.

a. Rechtsprechung nach Inkrafttreten des neuen MarkenG

Auch nach dem Erlass des neuen MarkenG hat sich bislang die rechtliche Bewertung der Sittenwidrigkeit von Sperrmarken durch die Rechtsprechung nicht geändert.

In einer der ersten Entscheidungen[240] nach der Einführung des neuen MarkenG wurde bei der Überprüfung der Sittenwidrigkeit einer Sperrmarkenanmeldung, bei der es insbesondere um die Frage ging, inwieweit die Kenntnis des Markenanmelders von der Vorbenutzung der Marke durch einen Dritten[241] zur Sittenwidrigkeit der Markenanmeldung führen kann, explizit darauf hingewiesen, dass „auch nach dem Inkrafttreten des Markengesetzes, das auch unter dem Grundgedanken von Treu und Glauben steht, die allgemeinen Grundsätze, die die Rechtsprechung entwickelt hat, von Bedeutung bleiben". Demnach wird sich auf die frühere Rechtsprechung bei der Beurteilung der besonderen Umstände der Sittenwidrigkeit einer Sperrmarkenanmeldung dahingehend berufen, dass eine Anmeldung einer Marke bei Kenntnis der Vorbenutzung dann sittenwidrig ist, wenn der Vorbenutzer einen schutzwürdigen Besitzstand aufgebaut hat.[242] Die diesbzgl. Rechtsprechung zum WZG wurde bereits ausführlich dargestellt.[243]

Die Revision gegen dieses Urteil[244] führte jedoch zur Aufhebung dieser Entscheidung und zur Zurückverweisung an das Berufungsgericht, da das Berufungsgericht in seine Überprüfung nicht miteinbezogen hatte, dass auch ohne Vorliegen eines schützenswerten Besitzstandes die Sperrmarke gelöscht werden kann. Demnach soll eine Sperrmarke auch dann gelöscht werden können, wenn der Markeninhaber die Vorbenutzung kennt und die Anmeldung ohne hinreichenden Grund in der Absicht getätigt hat, einem Wettbewerber, der das Zeichen bereits benutzt hat, die weitere Benutzung mittels des erworbenen formalen Rechtes zu sperren. Es handelt sich somit um eine wettbewerbsrechtlich an sich unbedenkliche Sperrwirkung, die jedoch zweckfremd als Mittel des Wettbewerbskampfes eingesetzt wird.

---

240 KG WRP 1995, 727 (729) - Analgin.

241 Auch nach amerikanischen Recht führt die inländische Benutzung und Registrierung eines im Ausland vorbenutzten Zeichens eines Dritten, selbst bei Kenntnis der Vorbenutzung, nicht ohne weiteres zur Annahme der Bösgläubigkeit bei der Markenanmeldung, vgl. ausführlich in der Entscheidung des Court of Appeal, Federal Circuit, vom 13.4.1990, in GRUR Int. 1991, 63 (64 f).

242 KG WRP 1995, 727 (730) - Analgin.

243 Siehe unter Kapitel 1, B 3.

244 BGH NJW-RR 1998, 694 (696) - Analgin.

Der BGH beruft sich diesbzgl. ebenfalls auf die vom Berufungsgericht zitierte Rechtsprechung zum WZG.[245] Auch in den darauf folgenden Urteilen wird diese Rechtsprechung zum WZG weitervertreten.[246] In einem Urteil wurde bislang direkt § 50 Abs. 1 Nr. 4 MarkenG im Hinblick auf eine Löschung angesprochen, jedoch konnte es nach der Ansicht des Gerichtes dahinstehen, ob die Klageansprüche auch darauf gestützt werden konnten, da bereits ein Anspruch aus § 1 UWG bejaht worden war.[247]

Die Voraussetzungen des Vorliegens einer Sperrmarke werden somit grundsätzlich weiterhin durch die Rechtsprechung zur Sittenwidrigkeit nach § 1 UWG und § 826 BGB bestimmt. Entscheidungen von Rechtsmittelinstanzen über Entscheidungen des DPA im Rahmen des Löschungsverfahrens nach § 54 Abs. 1 MarkenG, die zur Beurteilung herangezogen werden könnten, liegen bislang noch nicht vor.

b. Literaturmeinung

Die Literatur geht davon aus, dass die Löschung einer Sperrmarke über den Bösgläubigkeitstatbestand des § 50 Abs.1 Nr. 4 MarkenG grundsätzlich bei Vorliegen der nach der Rechtsprechung festgelegten Voraussetzungen für die Sittenwidrigkeit vorgenommen werden kann.[248] Das Vorliegen der Bösgläubigkeit im Sinne des § 50 Abs. 1 Nr. 4 MarkenG wird daher bejaht, wenn die von der Rechtsprechung herausgearbeiteten Kriterien zum Begriff der Sittenwidrigkeit im Sinne des § 1 UWG vorliegen. Folglich projeziert die Literatur grundsätzlich denselben von der Rechtsprechung aufgezeigten Begriff der Sittenwidrigkeit des § 1 UWG und des § 826 BGB auf die Sittenwidrigkeit im Rahmen der Bösgläubigkeit des § 50 Abs. 1 Nr. 4 MarkenG.[249] Demnach wird Bösgläubigkeit im Sinne des § 50 Abs. 1 Nr. 4 MarkenG hiernach angenommen, wenn hinter der Markenanmeldung die Absicht steht, einen Dritten, der dieselbe Marke bereits vorher verwendet hat, am Gebrauch dieser Bezeichnung zukünftig zu hindern und den Marktzutritt zu erschweren.[250]

Im Einzelfall soll in Anlehnung an die Rechtsprechung zum WZG eine solche Absicht vorliegen, wenn z.B. der Vorbenutzer der Marke bereits einen wertvollen

---

245 BGH NJW-RR 1998, 694 (696), mit Verweis auf BGH GRUR 1967, 298 ff - Modess; BGH GRUR 1967, 304 ff - Siroset; BGH GRUR 1980, 110 ff - Torch.

246 So OLG Hamburg GRUR 1995, 816 (816 f) - Xtensions; OLG Karlsruhe GRUR 1997, 373 (374) - NeutralRed; OLG Hamburg GRUR 1997, 843 (845) - Matador; OLG München WRP 1998, 978 (981) - Makalu.

247 OLG München WRP 1996, 1056 (1059) - Doyum.

248 Vgl. Helm, GRUR 1996, 593 (597).

249 Füllkrug, WRP 1995, 378 (378); Helm, GRUR 1996, 593 (597).

250 Helm, GRUR 1996, 593 (598), mit Hinweis auf Hackbart, S. 179 (182) und Schönfeld, S. 52.

Besitzstand erlangt hat und der Markenanmelder davon auch Kenntnis hatte.[251] Desweiteren wird die Behinderungsabsicht bejaht, wenn ausländische Anbieter durch eine Markenanmeldung von der Benutzung der Marke im Inland abgehalten werden sollen oder dadurch der ausländische Anbieter gezwungen werden soll, nur an den Markeninhaber im Inland zu liefern, so dass alle anderen inländischen Vertriebskonkurrenten ausgeschlossen werden.[252] Es genügt zur Bejahung der Annahme der Anmeldung einer sittenwidrigen Sperrmarke auch, dass der Anmelder die Marke in Kenntnis der Beabsichtigung der Benutzung der Marke durch einen Dritten vorgenommen hat, um diesen von der geplanten Benutzung abzuhalten.[253]

c. Eigene Bewertung der Sittenwidigkeit der Sperrmarke

Die Bewertung der Sittenwidrigkeit von Sperrmarken im Rahmen des Bösgläubigkeitsbegriffes des § 50 Abs. 1 Nr. 4 MarkenG scheint nach dem voran Dargestellten einheitlich geklärt zu sein. Damit wird von der derzeitigen h.M. klargestellt, dass eine Marke, durch deren Anmeldung Dritte von ihrer Benutzung abgehalten werden sollen, nur bei Vorliegen dieser, bereits von der Rechtsprechung zum WZG heraus-gearbeiteten und von der neuen Rechtsprechung weiter vertretenen Kriterien, gelöscht werden kann.

Diese Prüfungskriterien decken einen großen Teil von sittenwidrigen Sperrmarkenanmeldungen ab. Der Einbezug der Planungsphase ist m.E. geboten, damit das ganze Spektrum der Sperrmarken miteinbezogen wird. Denn nicht nur derjenige, der schon einen wertvollen Besitzstand durch die Marke erlangt hat, bedarf des Markenschutzes. Es können nämlich bereits im Vorfeld Aufwendungen gemacht worden sein, sei es durch Werbung oder Arbeitskraft, die in die Planung investiert wurden. Aus diesem Grunde soll es dem Anmelder einer Sperrmarke nicht schon im Vorfeld gelingen jemanden wettbewerbswidrig auszuschalten, indem er schneller die Marke als sein Konkurrent, der schon vorbereitend mit der Marke arbeitet, zur Anmeldung bringt. Darüber hinaus ist der grundsätzlichen Unabhängigkeit der Löschung einer Sperrmarke von dem Vorliegen eines wertvollen Besitzstandes im Hinblick auf den Löschungs-tatbestand des § 51 Abs. 1 MarkenG beizupflichten. Nach § 51 Abs. 1 MarkenG kann eine Marke wegen Bestehens älterer Rechte gelöscht werden, die auch im Falle des Vorliegens einer Benutzungsmarke (§§ 4 Nr. 2, 12 MarkenG) oder einer notorisch bekannten Marke (§§ 4 Nr. 3, 10 MarkenG) bestehen. Bei Vorliegen eines wertvollen Besitzstandes des Vorbenutzers könnte demnach u.U. bereits Markenschutz in Form einer Benutzungs- oder notorisch bekannten Marke gegeben sein.

---

251 Bezugnehmend auf BGH GRUR 1986, 74 (77) - Shamrock III.
252 Bezugnehmend auf BGH GRUR 1980, 110 (111) - Torch.
253 Bezugnehmend auf BGH GRUR 1967, 304 (304) - Siroset.

Im Anschluss daran stellt sich auch die Frage, warum es des Tatbestandes des § 50 Abs. 1 Nr. 4 MarkenG bedurfte, wenn die Sperrmarke bislang schon nach § 1 UWG, § 826 BGB unter denselben Kriterien zur Löschung gebracht werden konnte. Denn letztlich waren sich Rechtsprechung und Literatur bereits damals darüber einig, dass die Sperrmarke bzw. das frühere wettbewerbsbehindernde Warenzeichen der Löschung unterliegt.

Als Hauptargument für die Einführung, kann m. E. der rein formalistische Grund angeführt werden, dass durch die Markenrechtsreform ein einheitliches MarkenG geschaffen werden sollte, das sämtliche Löschungsansprüche selbst beinhaltet. Für die Annahme einer solchen Bündelung der markenrechtlichen Problematiken spricht insbesondere, dass der Gesetzgeber mit der Schaffung des Markenrechtsreformgesetzes[254] das Ziel verfolgte, alle Kennzeichenrechte in ein einheit-liches Gesetz zusammenzuführen.[255] Als Beispiel sei an dieser Stelle Art. 25 des Markenrechtsreformgesetzes genannt, durch den das UWG in der Form der Aufhebung der §§ 5 Abs. 1 und 16 UWG geändert wurde, die bislang markenrechtliche Normen enthielten. Außerdem sollte laut Regierungsbegründung mit § 50 Abs. 1 Nr. 4 MarkenG ein Korrektiv zum Wegfall der Bindung der Marke an den Geschäftsbetrieb geschaffen werden, durch das sittenwidrige Markenanmeldungen, wie die bereits dargestellten Spekulations-/ Hinterhaltsmarken nachträglich zur Löschung gebracht werden können.

Desweiteren muss im Hinblick auf diese Frage ausdrücklich klargestellt werden, dass es sich bei der Löschung einer Marke nach § 50 Abs. 1 Nr. 4 i.V.m. § 54 Abs. 1 MarkenG um ein Antragsverfahren vor dem DPA handelt. Aufgrunddessen kann eine gerichtliche Entscheidung, die sich mit der Löschung einer Marke nach § 50 Abs. 1 Nr. 4 MarkenG beschäftigt, nur dann ergehen[256], wenn gegen die Entscheidung des DPA im Verfahren nach § 54 Abs. 1 MarkenG Rechtsmittel eingelegt wurde. Eine sofortige gerichtliche Entscheidung kann aber weiterhin nur auf einen Löschungsanspruch nach § 1 UWG und § 826 BGB erhoben werden, was durch § 2 MarkenG ermöglicht wird. Folglich kam durch § 50 Abs. 1 Nr. 4 MarkenG noch ein weiterer Tatbestand zur Löschung sittenwidriger Sperrmarkenanmeldungen hinzu, der im Rahmen des neuen Markenrechts vor dem DPA geltend gemacht werden kann.

---

254 Markenrechtsreformgesetz vom 5.10.1994, BGBl I 1994, Nr. 57, 3082 ff.

255 Vgl. Begründung Regierungsentwurf zum Markenrechtsreformgesetz vom 5.11.1993, BR-Drucks. 795/93, 88 (92).

256 In der Begründung des Gesetzentwurfs der Bundesregierung zum MarkenG vom 14.1.1994, BT-Drucks. 12/6581, 53 (57), heißt es dazu, dass auch nach dem neuen MarkenG es im Grundsatz bei der bewährten Verteilung der Zuständigkeiten zwischen den Patentbehörden und den ordentlichen Gerichten bleiben soll, so dass die Löschung wegen Bestehens absoluter Schutzhindernisse bei dem DPA beantragt werden soll. Dagegen sind die ordentlichen Gerichte für die Löschung eingetragener Marken wegen Bestehens älterer Rechte zuständig.

d. Fazit

Alles in allem kann aus den gemachten Ausführungen geschlossen werden, dass demjenigen, der die Löschung einer sittenwidrigen Sperrmarke begehrt, mit § 50 Abs. 1 Nr. 4, 54 Abs. 1 MarkenG ein weiteres rechtliches Löschungsinstrument vor dem DPA bereitgestellt wurde, um gegen eine solche bösgläubige Markenanmeldung anzugehen. Eine Klage kann aber nach denselben Voraussetzungen dennoch über § 1 UWG geltend gemacht werden. Somit kann über den Bösgläubigkeitstatbestand des § 50 Abs. 1 Nr. 4 die Sperrmarke vor Ablauf der fünfjährigen Benutzungsschonfrist des § 25 Abs. 1 MarkenG, aufgrund ihrer Sittenwidrigkeit unter den herausgearbeiteten Voraussetzungen zur Löschung gebracht werden.

4. Löschungsverfahren - § 54 MarkenG

Die Löschung wegen absoluter Schutzhindernisse fällt unter das Löschungsverfahren vor dem DPA gemäß § 54 MarkenG. Es handelt sich um ein kontradiktorisches Antragsverfahren. Eine direkte Einleitung eines Klageverfahrens ist im Markengesetz selbst nicht vorgesehen.

Antragssteller kann gemäß § 54 Abs. 1 S. 1 MarkenG jede Person sein. Es kann aber gemäß § 54 Abs. 3 S. 1 i.V.m. § 50 Abs. 3 MarkenG ein Löschungsverfahren auch von Amts wegen eingeleitet werden, wenn die Marke entgegen § 8 Abs. 2 Nrn. 4-9 MarkenG eingetragen worden ist und darüber hinaus die kumulativen Voraussetzungen des § 50 Abs. 3 Nrn. 1-3 MarkenG gegeben sind.[257] Der Antrag an das DPA bedarf der Schriftform gemäß den §§ 64 ff MarkenV, wobei in den §§ 43, 44 MarkenV die erforderlichen Angaben vorgegeben sind. Bei Antragsstellung ist gemäß § 54 Abs. 2 S. 1 MarkenG eine Gebühr zu zahlen, die derzeit DM 600,- beträgt[258], ansonsten gilt der Antrag gemäß § 54 Abs. 2 S. 2 MarkenG als nicht gestellt. Innerhalb einer Frist von zwei Monaten kann der Markeninhaber der Löschung seiner Marke schriftlich (§§ 64 ff MarkenV) *widersprechen*; erfolgt der Widerspruch nicht, wird die Markeneintragung aufgrund des schlüssigen Vortrags des Antragsstellers ohne förmlichen Beschluss gelöscht.[259] Im Falle eines Widerspruchs wird gemäß § 54 Abs. 3 S. 3 MarkenG das Löschungsverfahren durchgeführt. Dieses findet gemäß § 56 Abs. 3 S. 1 MarkenG vor der Markenabteilung statt, die nach § 56 Abs. 3 S. 2 MarkenG von mindestens drei Mitgliedern des DPA besetzt sein muss. Es gilt der Amtsermittlungsgrundsatz gemäß § 59 Abs. 1 MarkenG.

257 Damit soll lediglich aufgezeigt werden, dass in besonderen Fällen es auch zu einem Löschungsverfahren von Amts wegen kommen kann.

258 Diese Angabe entstammt der Nr. 133 600 des Gebührenverzeichnisses zum PatGebG.

259 Althammer/Klaka/Ströbele, § 54, Rdnr. 12.

C. Löschung wegen Bestehens älterer Rechte - § 51 MarkenG

Weitere Löschungsgründe sind in § 51 Abs. 1 MarkenG normiert. Es handelt sich dabei um die Löschung wegen Bestehens älterer Rechte, die auch Spekulations-/ Hinterhaltsmarken und Sperrmarken betreffen kann. Es sind zwar keine spezifisch auf sittenwidrige Markenanmeldungen zugeschnittene Löschungsgründe, jedoch können auch für diese Arten von Markenanmeldungen die allgemeingültigen Löschungsgründe von Relevanz sein. Es kann im übrigen nur von Vorteil sein, die Geltendmachung der Löschung einer Marke auf mehrere Ansprüche zu stützen.

I. Vorliegen älterer Rechte

Damit es zu einer Löschung nach § 51 Abs. 1 MarkenG kommen kann, müssen den neu eingetragenen Marken, hier im Besonderen die Spekulations-/ Hinterhaltsmarke und die Sperrmarke, ältere Rechte im Sinne der §§ 9 bis 13 MarkenG entgegenstehen. Wann diese älteren Rechte vorliegen, und in welchem Verhältnis diese zu den Spekulations-/ Hinterhaltsmarken und Sperrmarken stehen, soll in der folgenden Bearbeitung aufgezeigt werden.

1. Relative Schutzhindernisse - § 9 MarkenG

Zunächst kann ein Recht mit älterem Zeitrang darin bestehen, dass eine eingetragene prioritätsältere Marke als relatives Schutzhindernis gemäß § 9 MarkenG der prioritätsjüngeren Marke entgegensteht. Damit wurden die bindenden Vorschriften des Art. 4 Abs. 1-3 und die fakultativen Vorschriften des Art. 4 Abs. 4 a der Markenrechtsrichtlinie durch § 9 Abs. 1 MarkenG in das deutsche Markenrecht umgesetzt.

a. Kollsionstatbestände des § 9 Abs. 1 MarkenG

In § 9 Abs. 1 MarkenG sind für eingetragene Marken insgesamt fünf Kollisionstatbestände enthalten, nach denen der prioritätsältere Markeninhaber die Löschung der prioritätsjüngeren Marke verlangen kann. Gemäß § 9 Abs. 2 MarkenG stellen Anmeldungen von Marken ein Eintragungshindernis im Sinne des § 9 Abs. 1 MarkenG nur dann dar, wenn sie letztlich auch eingetragen werden.

Ein Löschungsgrund gemäß § 51 Abs. 1 i.V.m. § 9 Abs. 1 MarkenG liegt demnach vor, wenn:

- *die prioritätsjüngere mit der prioritätsälteren Marke identisch ist und wenn die Waren- oder Dienstleistungsverzeichnisse identisch sind (§ 9 Abs. 1 Nr. 1 MarkenG),*
- *die prioritätsjüngere mit der prioritätsälteren Marke identisch ist und die Waren- oder Dienstleistungsverzeichnisse beider Marken ähnlich sind, sofern für den angesprochenen Kreis Verwechselungsgefahr besteht (§ 9 Abs. 1 Nr. 2 MarkenG),*
- *die prioritätsjüngere der prioritätsälteren Marke ähnlich ist und die Waren- oder*

Dienstleistungsverzeichnisse beider Marken identisch sind und daher die Gefahr von Verwechselungen für den angesprochenen Kreis besteht (§ 9 Abs. 1 Nr. 2 MarkenG),

- *die prioritätsjüngere zu der prioritätsältere Marke ähnlich ist und die von beiden Marken erfassten Waren oder Dienstleistungen ähnlich sind, so dass für den angesprochenen Kreis Verwechselungsgefahr besteht (§ 9 Abs. 1 Nr. 2 MarkenG),*
- *die prioritätsjüngere mit der prioritätsälteren Marke identisch oder dieser ähnlich ist, es sich bei der prioritätsälteren Marke jedoch um eine bekannte Marke handelt und die Benutzung der prioritätsjüngeren Marke die Unterscheidungskraft oder die Wertschätzung der bekannten prioritätsälteren Marke ohne rechtfertigenden Grund in unlauterer Weise ausnutzen oder beeinträchtigen würde, sog. Rufausbeutung, (§ 9 Abs. 1 Nr. 3 MarkenG).*

In § 9 Abs. 1 Nr. 1 MarkenG wird somit klar bestimmt, dass bei völliger Identität der angemeldeten Marken ein zwingendes Schutzhindernis besteht, aufgrunddessen eine Löschung nach § 51 Abs. 1 MarkenG zu bejahen ist .[260] Dagegen werden die in den weiteren Tatbeständen des § 9 Abs. 1 MarkenG Begriffe genannt, bei denen es aus Verständnisgründen einer weitergehenden Erklärung bedarf. Es handelt sich dabei um die Begriffe der *Verwechselungsgefahr* sowie der *Verwechselungsgefahr durch gedankliches Inverbindungbringen (Assoziationsgefahr)* und der damit verbundene Begriff der *Ähnlichkeit* sowie den der *Rufausbeutung.*

aa. Verwechselungsgefahr

Inwieweit das prioritätsjüngere Zeichen mit der prioritätsälteren Marke verwechselbar ist, richtet sich nach der Auslegung dieses unbestimmten Rechtsbegriffes der *Verwechselungsgefahr.* Die Verwechselungsgefahr wird sowohl vom BGH als auch vom EuGH als Rechtsbegriff aufgefasst und normativ bestimmt.[261] Demnach ist die Verwechselungsgefahr eine Folge der Identität oder Ähnlichkeit von kollidierenden Marken und Waren oder Dienstleistungen.[262] Das Vorliegen einer Verwechselungsgefahr ist unter Berücksichtigung aller Umstände des Einzelfalls zu beurteilen. Die umfassende Beurteilung der Verwechselungsgefahr impliziert damit eine gewisse Wechselbeziehung zwischen den in Betracht kommenden Faktoren, insbesondere der Ähnlichkeit der Marken und der Ähnlichkeit der mit der Marke gekennzeichneten Waren oder Dienstleistungen.[263]

Nach Ansicht des EuGH liegt konkret eine Verwechselungsgefahr vor, wenn eine Herkunftstäuschung gegeben ist, die das Publikum glauben machen kann, die betreffenden Waren oder Dienstleistungen stammen aus demselben Unternehmen

260 BGH GRUR 1996, 204 (206) - Swing.
261 Ausführlich dazu siehe Scherer, GRUR 2000, 273 ff.
262 Fezer, WRP 1998, 1123 (1124).
263 EuGH NJW 1999, 933 (934) - Canon.

oder aus wirtschaftlich miteinander verbundenen Unternehmen.[264] Dabei sind insbesondere der Bekanntheitsgrad der Marke, die gedankliche Verbindung, die das benutzte Zeichen im Hinblick auf eine Marke hervorrufen kann und der Ähnlichkeitsgrad zwischen der Marke und dem benutzten Zeichen und zwischen den damit gekennzeichneten Waren oder Dienstleistungen, als Kriterien zur Bestimmung der Verwechselungsgefahr miteinzubeziehen.[265] Darüber hinaus geht man bei der Bestimmung der Verwechselungsgefahr nach ständiger Rechtsprechung von dem Grundsatz aus, dass bei ihrer Beurteilung auf den Gesamteindruck der jeweiligen sich gegenüberstehenden Zeichen abzustellen ist.[266]

Es wurden von der Rechtsprechung drei Arten der Verwechselungsgefahr herausgearbeitet[267]: die klangliche[268], die bildliche bzw. schriftbildliche[269] und die Verwechselungsgefahr dem Sinngehalt nach[270]. Danach ist es z.B. nicht möglich einzelne Wort- oder Bildelemente aus dem Zusammenhang der ganzen Komposition der einzelnen Marke herauszulösen, um dann nur diese Elemente zu vergleichen.[271] Demnach kann je nach Kennzeichnungskraft der älteren Marke, eine erhöhte Kennzeichnungskraft durch starke Benutzung und Bewerbung, und die damit gesteigerte Bekanntheit auf dem Markt dazu führen, dass auch bei nur geringer Ähnlichkeit der Waren oder Dienstleistungen, die jüngere Marke von der

---

264 EuGH GRUR Int. 1998, 56 (57) - Springende Raubkatze II; EuGH NJW 1999, 933 (934) - Canon.

265 Vgl. den Erwägungsgrund Nr. 10 der Präambel zur Markenrechtsrichtlinie und im Erwägungsgrund Nr. 7 der Präambel zur GMVO, auf die sich der EuGH, GRUR Int. 1998, 56 (57) - Springende Raubkatze II - beruft; dem sich anschließend BGH WRP 1999, 528 (529 f) - Tiffany.

266 EuGH GRUR Int. 1998, 56 (57) - Springende Raubkatze II; BGHZ 28, 320 (323 ff) - Quick; BGH GRUR 1962, 522 (523) - Ribana; BGHZ 45, 246 (247 f) - Merck; BGH GRUR 1995, 216 (219) - Oxygenol II; BGH NJW 1996, 744 (744) - Springende Raubkatze I; BGH NJW-RR 1996, 807 (808) - Blendax Pep; BGH NJW-RR 1996, 808 (809) - Juwel; BGH GRUR 1996, 774 (774) - falke-run/Le Run; BGH GRUR 1996, 777 (777) - Joy; BPatG GRUR 1996, 893 (894) - Nisskosher/Nissen; BGH WRP 1998, 750 (751) - Bisotherm-Stein; BGH WRP 1998, 872 (873) - Compo-Sana; BGH WRP 1998, 875 (875) - salvent/Salventerol; BGH WRP 1998, 1177 (1178) - Stephanskrone I; BGH WRP 1998, 1179 (1180) - Stephanskrone II; BGH WRP 1999, 192 (193) - Lions; BGH GRUR 1999, 52 (53) - Ekko Bleifrei.

267 Berlit, Rdnr. 148.

268 Vgl. OLG Hamburg WRP 1998, 326 (327) - Kellogg's/Kelly.

269 Vgl. BGH GRUR 1991, 475 ff - Caren Pfleger und OLG Hamburg GRUR 1997, 659 f - Klaus Bree; in beiden Urteilen wurde entschieden, daß das Hinzufügen des Vornamens bei einer Marke nicht zur Ausräumung der Verwechselungsgefahr ausreicht.

270 Vgl. BGH GRUR 1995, 50 (51 f) - Indorektal/Indohexal.

271 Auch in der Tschechischen Republik wurde so entschieden, vgl. Amt für gewerbliches Eigentum GRUR Int. 1998, 72 f; Daran ist zu sehen, daß auch Staaten außerhalb der EU mit den nationalen Markengesetzen in der EU teilweise übereinstimmen.

älteren nicht zu unterscheiden ist.[272] Dabei ist entscheidend ist, wie die Zeichen auf den Durchschnittsverbraucher dieser Art von Waren oder Dienstleistungen wirken.[273]

bb. Verwechselungsgefahr durch gedankliches Inverbindungbringen (Assoziationsgefahr)

Darüber hinaus enthält § 9 Abs. 1 Nr. 2 MarkenG die Verwechselungsgefahr durch gedankliches Inverbindungbringen (Assoziationsgefahr). Der EuGH[274] hat dazu entschieden, dass die Assoziationsgefahr den Umfang der Verwechselungsgefahr erweitert. Daraus folgt, dass kein gedankliches Inverbindungbringen vorliegt, wenn für das Publikum keine Verwechselungsgefahr vorliegt. Damit wurde klargestellt, dass die Assoziationsgefahr keine Alternative zur Verwechselungsgefahr ist, sondern nur deren Umfang genauer bestimmen soll.[275] Es handelt sich demnach bei der Assoziationsgefahr um einen Unterfall der Verwechselungsgefahr.[276] Folglich liegt nur dann eine markenrechtlich relevante Assoziations-gefahr vor, wenn wegen der Identität oder Ähnlichkeit sowohl der Marken als auch der erfassten Waren oder Dienstleistungen, „für das Publikum die Gefahr

---

272 Vgl. dazu BGH NJW-RR 1996, 807 (807) - Blendax Pep; BPatG GRUR 1996, 283 (284) - Comtesse Esther de Pommery; Eisenführ, GRUR 1998, 214 (217); Tilmann, GRUR 1996, 701 ff.

273 Vgl. Sack, WRP 1998, 1127 (1131), Fn. 48 m.w.N. auf Literatur und Rspr.

274 EuGH GRUR Int. 1998, 56 (57) - Springende Raubkatze II; der EuGH hatte auf Vorlage des BGH über die Begrifflichkeit des gedanklichen Inverbindungbringens zu entscheiden.

275 Der Begriff der Assoziationsgefahr wurde ursprünglich aus der Benelux-Rspr. entwickelt und sie wurde aufgrund des Drucks der Benelux-Staaten bei den Verhandlungen zur Markenrichtlinie mit in diese aufgenommen, was einen Kompromiss darstellte, vgl. Furstner/Geuze, BIE 1988, 215 ff. Nach dem sog. „Union-Urteil" (oder auch unter Julien/Verschuere-Urteil genannt) des Benelux-Gerichtshofs vom 20.5.1983, abgedruckt in NJW 1984, 72 ff , war entgegen der jetzigen EuGH-Rspr. die Verwechselungsgefahr keine Voraussetzung für die Annahme einer Markenverletzung.
Das Urteil des EuGH „Springende Raubkatze II" wird von van Manen, GRUR Int. 1998, 471 ff, vergleichend mit der bisherigen Benelux-Rspr. durchleuchtet; seiner Ansicht nach ist die Begründung des EuGH hinsichtlich der Einordnung der Assoziationsgefahr zwar „unglücklich", jedoch verdiene die Entscheidung an sich keine Kritik, S. 473. Auch van Brunnen, GRUR Int. 1998, 942 ff, befasst sich mit diesem EuGH-Urteil aus belgischer Sicht. Ebenfalls zu dieser EuGH-Entscheidung äußerte sich aus britischer Sicht Annand, GRUR Int. 1998, 656 ff.

276 Vor der Entscheidung des EuGH „Springende Raubkatze II", sprach sich Schmieder in NJW 1997, 2908 (2912), dafür aus, dass die reine Assoziationsgefahr als eigenständiges Kriterium neben und nicht als Unterfall der Verwechselungs-gefahr zu sehen sei. Auch nach dieser Entscheidung argumentiert Sack in WRP 1998, 1127 (1136 ff), gegen die enge Auslegung des Begriffes des gedanklichen Inverbindungbringens durch den EuGH.

von Verwechselungen besteht, die die Gefahr einschließt, dass die Marke gedanklich in Verbindung gebracht wird".[277] Dieses bemisst sich entscheidend nach dem Bekanntheitsgrad der Marke, da durch eine zunehmende Bekanntheit der Marke am Markt, sich auch gleichzeitig ihre Kennzeichnungskraft und ihr Schutzumfang erhöht.[278] Diese Ansicht bestätigte der EuGH in einem weiteren Urteil.[279]

Daher besteht ein relatives Schutzhindernis nach § 9 Abs. 1 Nr. 2 MarkenG nicht schon dann, wenn die jüngere Marke geeignet ist, eine wie auch immer geartete Assoziation an die ältere Marke zu wecken.[280] Eine gedankliche Verbindung kann somit nur dann angenommen werden, wenn die Marken in ihrem betriebskennzeichnenden Teil identisch oder wenigstens wesensgleich übereinstimmen.[281]

cc. Ähnlichkeit

Desweiteren bedarf es hier der Klärung der Bedeutung des neuen europäischen Begriffes der *Ähnlichkeit.*[282] Eine gesetzliche Definition zum Begriff der Ähnlichkeit gibt es nicht. In der Gesetzesbegründung[283] wird jedoch folgende Erläuterung gegeben:

„Bei der Beurteilung der „Ähnlichkeit" von Waren und Dienstleistungen werden alle relevanten Gesichtspunkte zu berücksichtigen sein, wie z.B. die Stärke oder Schwäche der jeweiligen Marken sowie die Herstellungsbetriebe und auch die Vertriebswege der jeweiligen Waren oder Dienstleistungen. Der Schutz der Marke reicht immer soweit, wie Verwechselungsgefahr gegeben ist".[284]

Auch die Markenrichtlinie selbst äußert sich im 10. Erwägungsgrund hinsichtlich des Begriffes der Ähnlichkeit. Danach ist es „unbedingt erforderlich, den Begriff

---

277 So wurde auch schon vorher entschieden, z.B. BGH GRUR 1996, 200 (202) - Innovadiclophlont; BGH GRUR 1996, 406 (407) - Juwel; dieses entspricht nunmehr dem Wortlaut des Art. 4 Abs. 1 b der Markenrechtsrichtlinie, auf die sich der EuGH in seiner Entscheidung „Springende Raubkatze II" direkt argumentativ bezieht.

278 Vgl. Fezer, NJW 1998, 713 (714) und Busche, DZWir 1998, 363 ff, die sich zu der Entscheidung des EuGH „Springende Raubkatze II" ausführlich äußern.

279 EuGH GRUR 1998, 922 (923) - Canon; vgl. auch dazu Fezer, WRP 1998, 1123 ff.

280 Vgl. BPatGE 36, 214 (218 f) - Rote Kreisfläche; BPatG GRUR 1996, 777 (778) - Joy; auch so High Court, Chancery Division, GRUR Int. 1996, 735 (737) - Wagamama; OLG München GRUR 1998, 63 (64) -„Ei des Kolumbus"; Krüger GRUR 1995, 527 (528).

281 Dazu ausführlich Pösentrup/Keukenschrijver/Ströbele, GRUR 1996, 303 (315).

282 Der Begriff der Ähnlichkeit wird in Art. 4 Abs. 1 b der Markenrichtlinie als verbindlicher Tatbestand genannt und diese Vorschrift in § 9 Abs. 1 Nr. 2 MarkenG umgesetzt.

283 Begründung des Gesetzentwurfs der Bundesregierung zum MarkenG vom 14.1.1994, BT-Drucks. 12/6581, 53 (147).

284 Darauf bezieht sich auch die BGH-Entscheidung „Oxygenol", abgedruckt in GRUR 1995, 216 (219); vgl. auch BGH WRP 1998, 747 (749) - Garibaldi.

der Ähnlichkeit im Hinblick auf die Verwechselungsgefahr auszulegen.[285] Die Verwechselungsgefahr stellt die spezifische Voraussetzung für den Schutz dar[286]; ob sie vorliegt, hängt von einer Vielzahl von Umständen ab, insbesondere dem Grad der Ähnlichkeit zwischen der Marke und dem Zeichen und zwischen den damit gekennzeichneten Waren oder Dienstleistungen". Dabei kommt es für die Feststellung der Ähnlichkeit vor allem auf die Auffassung der beteiligten Kreise an.[287]

Alles in allem geht es bei der Ähnlichkeit darum, ob zwischen den in einem Kollisionsfall auf den beiden Seiten betroffenen Waren eine solche Beziehung besteht, dass es bei gleichen oder ähnlichen Marken zu einem Irrtum über die Waren, insbesondere deren Herkunftszurechnung, kommen kann.[288] Es wird dabei in Frage gestellt, inwieweit Ähnlichkeit und Kennzeichnungskraft der jeweiligen Marken im konkreten Einzelfall Einfluss auf die Ähnlichkeit der Waren bzw. Dienstleistungen haben kann.[289] Bislang herrschte in Bezug auf den Begriff der Ähnlichkeit noch Unsicherheit über das anzuwendende Kriterienspektrum.[290]

Nunmehr hat sich der EuGH zu der Frage der Ähnlichkeit dahingehend geäußert, dass bei der Beurteilung der Ähnlichkeit der betroffenen Waren oder Dienstleistungen alle erheblichen Faktoren zu berücksichtigen sind, die das Verhältnis zwischen den Waren oder Dienstleistungen kennzeichnen. Zu diesen Faktoren gehören insbesondere „deren Art, Verwendungszweck und Nutzung sowie ihre Eigenart als miteinander konkurrierende oder einander ergänzende Waren oder Dienstleistungen". Danach ist bei der Beurteilung der Ähnlichkeit darauf abzustellen, ob sie zwischen den durch die beiden Marken erfassten Waren oder Dienstleistungen ausreicht, um eine Verwechselungsgefahr herbeizuführen. Dabei kann ein geringer Grad der Ähnlichkeit der gekennzeichneten Waren oder

---

285 EuGH GRUR Int. 1998, 56 (57) - Springende Raubkatze II; dem folgend BGH WRP 1998, 750 (751) - Bisotherm-Stein.

286 Meister, WRP 1995, 1005 (1010) nennt diesbzgl. als Stichwort für den Kollisionsfall: *„Identität oder Ähnlichkeit bei Verwechselungsgefahr"*.
Dieses wird auch durch die Baywatch-Entscheidung des britischen High Court bestätigt: danach ist der Begriff der Ähnlichkeit in Sec. 10 (3) (a) des Trade Marks Acts 1994 jeweils in Verbindung mit der Verwechselungsgefahr zu sehen. Der Markenschutz nach Sec. 10 (2) besteht nur gegenüber ähnlichen Waren oder Dienstleistungen, wenn wegen der Ähnlichkeit eine Verwechselungsgefahr beim Publikum besteht, abgedruckt in GRUR Int. 1998, 424 (424 f) mit kritischer Anmerkung von Kur.

287 OLG Hamburg WRP 1998, 326 (326) - Kellogg's/Kelly; Fezer, § 14, Rdnr. 345.

288 Eisenführ, GRUR 1998, 214 (216).

289 Diese Frage hat das Schweizerische Bundesgericht am 15.10.1996 dahingehend für die schweizerische Rechtsprechung beantwortet, dass sich der Schutzumfang einer Marke nach ihrer Kennzeichnungskraft bestimmt; daraus folgt, dass in der Schweiz für schwache Marken der geschützte Ähnlichkeitsbereich kleiner ist als für starke Marken, in GRUR Int. 1998, 69 (70).

290 Vgl. den Vorlagebeschluss des BGH an den EuGH in GRUR 1997, 221 ff - Canon.

Dienstleistungen durch einen höheren Grad der Ähnlichkeit der Marken ausgeglichen werden und umgekehrt".[291]

dd. Rufausbeutung und Verwässerung einer bekannten Marke

Im Rahmen der relativen Schutzhindernisse wurde in das Markengesetz der Schutz der *bekannten Marke* in § 9 Abs. 1 Nr. 3 MarkenG[292] aufgenommen. Neu an dieser Regelung ist, dass die bekannte Marke nicht wie alle anderen Marken, Schutz gegen Verwechselungsgefahr genießt, sondern auch außerhalb des Ähnlichkeitsbereiches und ohne Bestehen einer Verwechselungsgefahr gegen die Ausnutzung oder Beeinträchtigung ihrer Unterscheidungskraft oder Wertschätzung markenrechtlich geschützt ist.[293] Es handelt sich hier um primär wettbewerbsrechtlichen Schutz, der in das MarkenG mitaufgenommen wurde[294]

Gemäß § 9 Abs. 1 Nr. 3 MarkenG genießt eine bekannte Marke markenrechtlichen Schutz, wenn es sich um eine *im Inland*[295] bekannte Marke handelt, die durch eine prioritätsjüngere Marke in ihrer Unterscheidungskraft oder in ihrer Werteinschätzung ausgenutzt oder beeinträchtigt wird. Es darf kein rechtfertigender Grund für das Verhalten des Inhabers der prioritätsjüngeren Marke vorliegen und das Ausnutzen oder die Beeinträchtigung muss in *unlauterer Weise* erfolgen. Eine *Definition des Begriffes „Bekanntheit"* fehlt sowohl in der Markenrechtsrichtlinie als auch im neuen Markengesetz.

---

291 EuGH NJW 1999, 933 (934) - Canon, der damit auf den Vorlagebeschluss des BGH die Frage des Vorliegens einer Ähnlichkeit im markenrechtlichen Sinne entschied. Nach dieser Entscheidung verwies der BGH mit Beschluss vom 21.1.1999 die Sache zurück an das BPatG, das die Frage der Verwechselungsgefahr erneut beurteilen muss, BGH GRUR 1999, 731 (733) – Canon II.

292 Mit dem Schutzhindernis des § 9 Abs. 3 MarkenG hat der Gesetzgeber von der fakultativen Übernahme des Art. 4 Abs. 4 a der Markenrechtsrichtlinie Gebrauch gemacht. Nach der Richtlinie war es dem nationalen Gesetzgeber freigestellt, den bekannten Marken einen über den Ähnlichkeitsbereich hinausgehenden Schutz zu gewähren, vgl. Piper, GRUR 1996, 429 (430).

293 Für die Einführung dieses zusätzlichen Schutzes sprach sich vor Erlass des Markengesetzes bereits Kraft in GRUR 1991, 339 ff aus, indem er die Notwendigkeit und Chancen eines solchen verstärkten Schutzes bekannter Marken darstellte.

294 Begründung des Gesetzentwurfs der Bundesregierung zum MarkenG vom 14.1994, BT-Drucksache 12/6581, 53 (72); an die Stelle des zu Zeiten des WZG von der damaligen Rspr. entwickelten Schutzes der bekannten Marke über § 1 UWG und § 823 Abs. 1 BGB, ist nunmehr die Regelung des § 51 Abs. 1 MarkenG getreten. Daher bleibt der gleichzeitigen Anwendung des § 1 UWG oder des § 823 Abs. 1 BGB in diesem Bereich grds. kein Raum mehr, BGH NJW-CoR 1999, 52 (52 f) - MacDog.

295 Vgl. v. Gamm, WRP 1993, 793 (797).

Lediglich in der Gesetzesbegründung wird ausgeführt, dass der Begriff der Bekanntheit *quantitative* und *qualitative Kriterien* beinhaltet.[296]

In *qualitativer* Hinsicht muss die *Unterscheidungskraft* oder die *Werteinschätzung* der prioritätsälteren bekannten Marke beeinträchtigt oder ausgenutzt werden. Bei der Beeinträchtigung der Unterscheidungskraft der prioritätsälteren bekannten Marke, handelt es sich um den sog. *Verwässerungstatbestand*.[297] Danach nimmt die Kennzeichnungskraft einer bekannten Marke am Markt in der Größe ab, in der die verwechselbar ähnliche prioritätsjüngere Marke benutzt wird.[298] Unter der Ausnutzung der Wertschätzung[299] ist der Fall der *Rufausbeutung* bzw. *Rufübertragung* zu verstehen. In diesem Fall profitiert der prioritätsjüngere Markeninhaber vom bekannten Ruf der prioritätsälteren bekannten Marke.[300] Es handelt sich meistens um die Fälle, in denen eine Marke für qualitativ schlechtere Produkte benutzt wird[301] oder eine sog. Markenverunglimpfung[302] geschieht.

Hinsichtlich der *quantitativen Komponente* geht es um die Bestimmung eines bestimmten Prozentsatzes der Durchsetzung einer Marke in den maßgeblichen Käuferkreisen.[303]

---

296 Begründung des Gesetzentwurfs der Bundesregierung zum MarkenG vom 14.1.1994, BT-Drucks. 12/6581, 53 (64).

297 Zuvor waren nur *berühmte Marken* gegen die Verwässerungsgefahr geschützt, vgl. dazu ausführlich Sack, GRUR 1995, 81 (84 f) m.w.N.; Sambuc, GRUR 1983, 533 ff; die Rspr. zum damaligen Warenzeichengesetz verlangte ursprünglich für die „Berühmtheit" einer Marke einen Bekanntheitsgrad von ca. 65-70%, z.B. BGH GRUR 1958, 500 (503), später dann einen von mehr als 90%, vgl. BGH GRUR 1991, 863 (866) - Avon; vgl. auch Sack, BB 1993, 12 (13); zu dem Ergebnis, dass ein Sonderschutz berühmter Marken vor der Verwässerungsgefahr gänzlich abzulehnen war, kam Kohl, S. 131, der seine Ansicht auf den S. 65 ff herleitet.
Boës/Deutsch, GRUR 1996, 168 (168 f), folgern aus dem Wortlaut und der Entstehungsgeschichte, dass die „bekannte" Marke etwas anderes sein soll als die „berühmte" Marke; desweiteren soll die „Bekanntheit" der Marke auch etwas anderes sein als ihre Verkehrsdurchsetzung, die in § 4 Nr. 2 MarkenG genannt wird; folglich bedürfe es einer eigenen Begriffsbildung.

298 Berlit, Rdnr. 188; Boës/Deutsch, GRUR 1996, 168 (169).

299 Anstatt des Wortes „Wertschätzung" hätte in der Übersetzung der französischen Fassung von „renommée" und der englischen Fassung „repute" besser der Ausdruck „Ansehen" gepasst.

300 Was ansonsten mühsam durch Werbung vermittelt werden müsste, wird in einem solchen Fall einfach durch „Ableitung" erzielt, vgl. Eichmann, GRUR 1998, 201 (203).

301 Vgl. Sack, GRUR 1995, 81 (83) m.w.N. auch auf ausländische Urteile.

302 Vgl. BGH GRUR 1994, 808 (811) - Markenverunglimpfung I-Mars-Kondome; BGH GRUR 1995, 57 (59) - Markenverunglimpfung II, Nivea-Kondome.

303 Wie die maßgeblichen Verkehrskreise in der Praxis abgegrenzt werden, vgl. Rößler, GRUR 1994, 559 (563); Boës/Deutsch, GRUR 1996, 168 (172).

Der Nachweis der Bekanntheit und des Durchsetzungsgrades der Marke wird grundsätzlich durch Umsatzangaben und Werbeaufwendungen herausgefunden. Allerdings kann aus praktischen Gesichtspunkten eine solche Feststellung nur durch Umfragen erzielt werden.[304] Die letzte Beurteilung dazu wird jedoch dem BGH und dem EuGH überlassen werden.[305]

b. Löschung sittenwidiger Marken wegen § 9 Abs. 1 MarkenG

Die sittenwidrigen Markenanmeldungen in Form der Spekulations-/ Hinterhaltsmarke und der Sperrmarke sind demnach, wie alle anderen Markenanmeldungen auch, nach § 51 Abs. 1 MarkenG löschbar, wenn eine prioritätsältere Marke der Eintragung der jüngeren Marke entgegensteht. Im Falle der Löschung nach § 51 Abs. 1 i.V.m. § 9 Abs. 1 MarkenG handelt es sich somit nicht um eine spezifisch auf die Sittenwidrigkeit der Spekulations-/ Hinterhaltsmarken bezogene Löschung, sondern nur um eine weitere Möglichkeit der Löschung einer sittenwidrigen Marke aus anderen Gründen als der Sittenwidrigkeit. Damit kann die Spekulations-/Hinterhaltsmarke bzw. die Sperrmarke wegen Identität, Verwechselbarkeit, Assoziationsgefahr oder Ähnlichkeit mit der prioritätsälteren eingetragenen Marke bzw. wegen Rufausbeutung oder Verwässerung einer bekannten eingetragenen Marke über § 51 Abs. 1 MarkenG zur Löschung gebracht werden.

Insbesondere der Sonderschutz bekannter eingetragener Marken außerhalb des Ähnlichkeitsbereiches, der in § 9 Abs. 1 Nr. 3 MarkenG neu normiert wurde, kann in Bezug auf die Spekulations-/ Hinterhaltsmarke eine Rolle spielen. Dieses ist der Fall, wenn hinter der Markenanmeldung die spekulative Absicht steht, bereits bekannte Marken, die nur für eine bestimmte Anzahl von Waren und Dienstleistungen eingetragen sind, nun für andere Warenkategorien eintragen zu lassen[306], um z.B. an der Erweiterung des Sortiments des Inhabers der bekannten

---

304 So Boës/Deutsch, GRUR 1996, 168 (170), die sich dabei auf die amtliche Begründung zu § 9 des Markengesetzentwurfes berufen.

305 Hier könnte die BGH-Entscheidung „Avon" eine Interpretationsmöglichkeit eröffnen, in der nach dem damaligen WZG entschieden wurde, dass ein Durchsetzungsgrad von über 90% in den maßgeblichen weiblichen Käuferkreisen die Bekanntheit einer Marke ausmacht, vgl. BGH WRP 1991, 568 (570, 572); es wurden aber auch sehr unterschiedliche Prozentsätze zugelassen, wie z.B. OLG Hamburg GRUR 1987, 400 (402) - Pirelli (68%); OLG München GRUR 1987, 299 (300) - Optimum/Opium (Frauen 54%, Männer 36%; OLG Hamburg WRP 1986, 221 (226) - Quattro (77%); BGH GRUR 1985, 550 (551) - Dimple (30%).
Es wird davon ausgegangen, dass auch zukünftig der Durchsetzungsgrad nicht unter 90% liegen wird, vgl. Berlit, Rdnr. 22. Dagegen gehen Boës/Deutsch, GRUR 1996, 168 (169), und Sack, GRUR 1995, 81 (86), etwa von einer 30 %igen Bekanntheitsquote aus.

306 Wie der Schutz bekannter Marken vor dem Vertrieb branchenfremder Waren unter Benutzung übereinstimmender Zeichen zu Zeiten des WZG rechtlich gehandhabt wurde, siehe Grunewald, NJW 1987, 105 ff.

Marke durch Abstandzahlungen oder Lizenzerteilungen teilhaben zu können. Obwohl es sich hier also um einen allgemeinen Löschungsgrund handelt, bei dem es primär um die Bekanntheit einer Marke geht, kann mit diesem Instrumentarium auch gezielt gegen spekulative Markenanmeldungen vorgegangen werden. Gerade im Bereich der bekannten Marken ist die Gefahr des Missbrauchs von Markenregistrierungen durch Dritte am größten, da in diesem Bereich dementsprechend hohe Gewinne durch den Verkauf oder der Lizenzerteilung zu erwarten sind.

Bei der Sperrmarke dagegen kommt dieser Einwand der Rufausbeutung nicht in Betracht, da durch die Anmeldung einer schon für Warenkategorien eingetragenen bekannten Marke für andere Warenkategorien, letztlich nur eine Sperrung der Benutzung der Marke durch den prioritätsälteren Markenanmelder für andere als seine eigenen Warenkategorien bewirkt wird. Es kommt aber nicht zu einer Benutzung der Marke, durch die der Ruf der bekannten prioritätsälteren Marke ausgebeutet oder verwässert werden könnte.

Angesprochen werden muss hier auch die zur Zeit des damaligen WZG entstandene Markenmissbrauchsform des sog. Defensivzeichens. Durch die Einführung des neuen europäischen Begriffes der Ähnlichkeit in § 9 Abs. 1 MarkenG, ist die Diskussion um diese Zeichenart beendet. Zweck der Defensivzeichenanmeldungen war es, ein tatsächlich benutztes Hauptzeichen vor ähnlichen Zeichen zu schützen. Nunmehr kann dieser Schutz mit einer Löschungsklage gemäß § 51 Abs. 1 i.V.m. § 9 Abs. 1 Nr. 2 MarkenG erreicht werden. Demnach bedarf es nach dem neuen Markenrecht keines ausnahmsweisen Schutzes mehr von Zeichen, die letztlich gar nicht benutzt werden sollen. Diesen Schutz hat das MarkenG jetzt selbst durch die Einbeziehung des Ähnlichkeitsbereichcs von Marken übernommen. Damit wurde durch die Markenrechtsreform zumindest eine Art des Markenmissbrauchs abgeschafft.

2. Notorisch bekannte Marken mit älterem Zeitrang - § 10 MarkenG

Desweiteren kommt eine Löschung der Spekulations-/Hinterhaltsmarke bzw. Sperrmarke nach § 51 Abs. 1 i.V.m. § 10 Abs. 1 MarkenG in Betracht, wenn der Registrierung dieser Marken eine notorisch bekannte Marke entgegensteht.

a. Voraussetzungen des § 10 MarkenG

Die Voraussetzungen des § 10 Abs. 1 MarkenG liegen vor, wenn eine im Inland *notorisch bekannte Marke* im Sinne des Art. 6bis PVÜ mit älterem Zeitrang, mit einer angemeldeten bzw. eingetragenen prioritätsjüngeren Marke identisch oder ähnlich ist und die weiteren Voraussetzungen des § 9 Abs. 1 Nr. 1, 2 oder 3 MarkenG vorliegen. Gemäß § 4 Nr. 3 MarkenG entsteht der Markenschutz einer notorisch bekannten Marke lediglich aufgrund des Umstandes, dass es sich um eine notorisch bekannte Marke handelt, ohne dass es der Eintragung nach § 4 Nr. 1 MarkenG bedarf.

In Art. 6bis PVÜ wird die *notorisch bekannte Marke*, die den markenrechtlichen Schutz nicht durch eine Registrierung erhält, geregelt. Die Umsetzung in das deutsche Recht erfolgte in § 10 MarkenG. Unter notorisch bekannten Marken versteht man Zeichen, die nach allgemeiner Kenntnis innerhalb der beteiligten Verkehrskreise bereits von einem anderen benutzt werden.[307] Dabei ist die Benutzung im Inland nicht nötig, die Marke muss nur notorisch im Inland bekannt sein.[308] Es ist diesbzgl. darauf hinzuweisen, dass die Bezugnahme auf Art. 6bis PVÜ nur für den Begriff der Notorietät gilt, nicht aber auch für die weiteren Voraussetzungen und Grenzen.[309] Somit schützt das MarkenG notorische Marken auch dann, wenn kein grenzüberschreitender Sachverhalt vorliegt, wenn die notorisch bekannte Marke einem Deutschen gehört, wenn ihr Inhaber nicht zu den von der PVÜ geschützten Personen gehört, wenn sie nicht zusätzlich noch in einem anderen PVÜ-Staat geschützt ist und wenn es sich um eine Dienstleistungsmarke handelt.[310]

Hinsichtlich des erforderlichen Bekanntheitsgrads für eine notorisch bekannte Marke, herrscht keine Einigkeit. Einerseits soll ein höherer Bekanntheitsgrad als bei der Verkehrsdurchsetzung (§ 8 Abs. 3 MarkenG)[311] notwendig sein, die jedoch nicht so hoch sein soll wie bei der berühmten Marke[312]; andererseits wird auf qualitative Elemente abgestellt, wobei dem Bekanntheitsgrad lediglich Indizcharakterwirkung zukommen soll.[313] Es wird eine notorische Bekanntheit von der h.M., wie auch schon zu Zeiten des WZG, bei einem Bekanntheitsgrad von

---

307 Kur, GRUR Int. 1990, 605 (607).

308 Vgl. BGH GRUR Int. 1969, 257 (258) - Recrin.

309 So eindeutig Piper, GRUR 1996, 432 (432); Sack, GRUR 1995, 81 (92); Kur, GRUR 1994, 330 (335).

310 Vgl. zusammenfassend Sack, GRUR 1995, 81 (92).

311 Bzgl. der Verkehrsdurchsetzung siehe Althammer/Klaka/Ströbele, § 8 Rdnrn. 119-156; Ingerl/Rohnke, § 8, Rdnrn. 132-150.

312 Sack, GRUR 1995, 81 (91).

313 Kur, GRUR 1994, 330 (333, 337, 339), die sich gegen die hohen Anforderungen an den Bekanntheitsgrad notorisch bekannter Marken wendet. Sie ist der Ansicht, dass ein Bekanntheitsgrad von 20-30 % reichen würde, da der hohe Bekanntheitsgrad bei einer im Inland nicht benutzten ausländischen Marke nicht oder nur dann zu erreichen sei, wenn ein erheblicher Werbeaufwand betrieben würde, der bis ins Inland hineinreicht. Desweiteren weist sie in GRUR Int. 1990, 605 (607) darauf hin, dass auch Marken, die im Inland noch über keinen hohen Bekanntheitsgrad verfügen, die aber international allgemein bekannt sind, Gegenstand ungerechtfertigter Aneignungshandlungen sein können. Gegen einen zu hohen Bekanntheitsgrad zur Begründung der Notorietät einer Marke sprach sich auch schon Busch, GRUR Int. 1971, 293 (293, 298), in Bezug auf Art. 6bis aus.

ca. 60 % angenommen.[314] Ein exakter Prozentsatz kann aber aufgrund der unterschiedlichen Entscheidungen nicht angegeben werden.[315] Folglich sind die Verbandsländer verpflichtet, die Eintragung einer Marke zu löschen, wenn sie eine verwechselungsfähige Abbildung, Nachahmung oder Übersetzung einer anderen Marke darstellt, von der nach Ansicht der zuständigen Behörde eines Landes notorisch feststeht, dass sie bereits einer nach den Vergünstigungen der PVÜ zugelassenen Person gehört und für gleiche oder gleichartige Erzeugnisse benutzt wird.[316]

Zur Vervollständigung der Löschungsvoraussetzungen muß im übrigen noch eine der drei Voraussetzungen des § 9 Abs. 1 Nr. 1, 2 oder 3 MarkenG vorliegen, hinsichtlich derer auf die bereits gemachten Ausführungen verwiesen wird.

b. Löschung sittenwidriger Marken wegen § 10 MarkenG

Inwieweit eine Löschung nach § 51 Abs. 1 MarkenG einer Spekulations-/ Hinterhaltsmarke wegen Identität oder Ähnlichkeit und der weiteren Voraussetzungen des § 9 Abs. 1 Nrn. 1-3 MarkenG einer im Inland bekannten notorischen Marke mit älterem Zeitrang in Frage kommt, kann anschaulich an der bereits in der Einführung angesprochenen Markenanmeldung „Ballermann 6“ dargestellt werden:

Um die Notorietät der Marke „Ballermann 6“ bejahen zu können, müsste die in Spanien benutzte Marke nach den bislang wenig übereinstimmenden Prozentsätzen, innerhalb der beteiligten Kreise der Gaststättenbesucher, zu 60-90% im deutschen Inland bekannt sein. Ob letztlich ein solcher Prozentsatz erreicht wird, kann nicht abschließend bewertet werden, ist aber m.E. anzunehmen. Im Falle der wahrscheinlich zu bejahenden Notorietät der Marke „Ballermann 6“, wäre die markenrechtliche Konsequenz, dass der Barbesitzer auf Mallorca von dem eingetragenen priotitätsjüngeren Markeninhaber die Löschung der Marke „Ballermann 6“ gemäß § 51 Abs. 1 i.V.m. § 10 MarkenG verlangen könnte.

Dasselbe gilt für Sperrmarken, wenn die Benutzung einer bereits im Inland notorisch bekannten Marke mit älterem Zeitrang, die jedoch noch nicht im Inland benutzt worden sein muss, durch die Anmeldung einer Sperrmarke, z.B. von einem Konkurrenten, verhindert werden soll. Der Tatbestand der Rufausbeutung fällt hier aus den bereits genannten Gründen bei der Sperrmarke raus.

---

314 Vgl. Sack, GRUR 1995, 81 (91), der auf Noelle-Neumann/Schramm, GRUR 1966, 70 (81) verweist.

315 In einem Urteil des südafrikanischen Supreme Court vom 27.08.1996, abgedruckt in GRUR Int. 1998, 728 (730), wird z.B. Notorietät einer Marke angenommen, wenn einer „beträchtlichen Anzahl von Personen“ die Marke bekannt ist. Dieses Kriterium wird als praktikabel und flexibel erachtet.

316 Althammer/Ströbele/Klaka, § 4, Rdnr. 22.

3. Agentenmarke - § 11 MarkenG

Die Agentenmarke gemäß § 11 MarkenG kann im Rahmen des § 51 Abs. 1 MarkenG ebenfalls zur Löschung der hier behandelten eingetragenen sittenwidrigen Markeneintragungen führen.

a. Voraussetzungen

Durch § 11 MarkenG wird die Löschungsreife einer Agentenmarke angeordnet, wenn der Agent oder Vertreter des Geschäftsherrn, der prioritätsälterer Inhaber der Marke sein muss, ohne seine Zustimmung, eine identische Marke eintragen lässt. Die Löschung richtet sich dabei nur gegen eingetragene Agentenmarken.

Eine Agentenstellung liegt dann vor, wenn ein Vertragsverhältnis zwischen dem Agenten und dem Geschäftsherrn/Lieferanten besteht, das zur Wahrnehmung der Interessen des Geschäftsherrn/Lieferanten im geschäftlichen Verkehr verpflichtet.[317] Der klassische Fall für einen Agenten ist der des Handelsvertreters und Vertragshändlers, wobei es sich um eine über einen bloßen Güteraustausch hinausgehende Geschäftsbeziehung handeln muss, durch die dem Vertreter Bindungen im Interesse des Lieferanten auferlegt werden.[318] Es braucht sich dabei nicht um eine Alleinvertretung handeln.[319] In zeitlicher Hinsicht muss die Agentenstellung grundsätzlich im Zeitpunkt der Anmeldung der Marke bestanden haben.[320]

Desweiteren muss der Geschäftherr/Lieferant prioritätsälterer Markeninhaber sein, so dass diesem die Ausübung der Markenrechte obliegt. Die Markeninhaberschaft im Sinne des § 11 MarkenG kann durch alle drei Tatbestände des § 4 Nrn. 1-3 MarkenG begründet werden.

Es gilt § 11 MarkenG sowohl für die Fälle, dass eine ausländische Marke durch einen Agenten im Inland angemeldet wird, als auch für Inlandsfälle, wenn

---

317 Eine gesetzliche Definition enthält das neue MarkenG nicht mehr. Vielmehr wird nun auf den in Art. $6^{septies}$ PVÜ festgelegten Begriff des Agenten verwiesen, bei dem es sich um einen wirtschaftlichen, nicht rechtlichen Begriff handelt. Dadurch wurde in Bezug auf die frühere Legaldefinition im WZG keine inhaltliche Änderung vorgenommen, vgl. Althammer/Klaka/Ströbele, § 11, Rdnr. 2.

318 Ob die Verpflichtung der Interessenswahrnehmung ein Hauptpunkt des Vertrages sein muss ist strittig; bejaht wird dies vom DPA Mitt. 1985, 239; dagegen wendet sich Ingerl, GRUR 1998, 1 (2).

319 Ingerl, GRUR 1998, 1 (2).

320 Dieses entspricht nicht dem Wortlaut des § 11 MarkenG, der auf den Zeitpunkt der Eintragung abstellt. Jedoch steht dieses wiederum im Widerspruch zu Art. 6septies PVÜ, in dem bestimmt wird, dass der Zeitpunkt der Anmeldung der Marke durch den Agenten maßgeblich ist. Aufgrunddessen geht man auch davon aus, auf das Vorliegen einer Agentenmarke bei der Anmeldung abzustellen, vgl. Ingerl, GRUR 1998, 1 (2); Sack, GRUR 1995, 81 (97).

z.B. der Geschäftsherr bzw. Lieferant im Inland Inhaber einer Benutzungsmarke ist.[321]

Letzlich muss die Anmeldung der Agentenmarke ohne Zustimmung des Geschäftsherrn erfolgt sein. Dabei ist jedoch zu beachten, dass die Zustimmung zur Anmeldung der Marke durch den Agenten auch konkludent erfolgt sein kann. Der maßgebliche Zeitpunkt für ihr Vorliegen ist der Anmeldetag. Allerdings kann auch eine spätere Zustimmung zur Heilung der Eintragung führen.[322]

b. Löschung sittenwidriger Marken wegen § 11 MarkenG

Es kann bei der Agentenmarke zu möglichen Überschneidungen mit sittenwidrigen Markenanmeldungen in Form der Spekulations-/ Hinterhaltsmarke bzw. Sperrmarke kommen. Es handelt sich bei diesen unterschiedlichen Markenbezeichnungen letztlich gemeinsam um Markeneintragungen, hinter denen eine mehr oder weniger bedeutene Behinderungs- oder Erpressungsabsicht steht. Hintergrund der Anmeldung einer Agentenmarke können ebenfalls die Motive der sittenwidigen Markenanmeldungen mitbeinhalten, d.h. von Seiten des Agenten kann sowohl eine Behinderungsabsicht wie bei der Sperrmarke vorliegen als auch eine Absicht der rechtmissbräuchlichen Geltendmachung von Geldforderungen gegenüber dem Geschäftsherrn/Lieferanten, wie bei der Spekulations-/ Hinterhaltsmarke. Es kann sich somit bei der Agentenmarkenanmeldung auch um eine Form der sittenwidrigen Markenanmeldung handeln, bei der bei vorliegender Bösgläubigkeit des Agenten, neben der Löschung nach § 51 Abs. 1 i.V.m. § 11 MarkenG, auch eine Löschung nach § 50 Abs. 1 Nr. 4 MarkenG in Betracht kommt.[323] Insofern wird es jedoch dem Geschäftsherrn/Lieferanten im Rahmen des § 11 MarkenG hinsichtlich seiner Beweislast etwas leichter gemacht, indem nicht auf das subjektive Element der Bösgläubigkeit abgestellt wird, sondern nach der objektiven Sachlage geurteilt wird. Demnach kann festgestellt werden, dass die Agentenmarke unter den jeweils gegebenen Voraussetzung zugleich auch eine Spekulations-/ Hinterhaltsmarke bzw. Sperrmarke sein kann, so dass die Löschungstatbestände des § 51 Abs. 1 i.V.m. § 11 und des § 50 Abs. 1 Nr. 4 MarkenG gleichzeitig, allerdings aufgrund der unterschiedlichen Verfahrensvorschriften der §§ 54, 55 MarkenG, in zwei voneinander getrennten Verfahren, geltend gemacht werden können.

---

321 Vgl. Begründung des Regierungsentwurfs zum MarkenG, BT-Drucks. 12/6581, 53 (67), der Auslandsschutz wird aber auch bereits über Art. 6septies PVÜ gewährt.

322 Ingerl, GRUR 1998, 1 (3).

323 Dieses wird auch so in dem Urteil des OLG München, WRP 1996, 1056 (1059), dargestellt. Zwar kam es in jenem Fall nicht mehr darauf an, da bereits bei der dort zu behandelnden rechtsmissbräuchlich angemeldeten Marke nach § 1 UWG eine Löschung bejaht wurde Jedoch werden § 50 Abs. 1 Nr. 4 und § 51 Abs. 1 MarkenG zusammen als weitere mögliche Löschungsansprüche genannt.

4. Benutzungsmarke mit älterem Zeitrang - § 12 MarkenG

Als weiterer Löschungsgrund in Bezug auf die Spekulations-/Hinterhaltsmarke bzw. Sperrmarke muss auch § 51 Abs. 1 i.V.m. § 12 1. Alt. MarkenG angeführt werden.

a. Voraussetzungen des § 12 MarkenG

Nach § 12 i.V.m. § 51 Abs. 1 MarkenG kann die Marke gelöscht werden, wenn ein anderer vor dem für den Zeitrang der eingetragenen Marke maßgeblichen Tag, Rechte an einer Marke durch deren Benutzung im Sinne des § 4 Nr. 2 MarkenG erworben hat und er dadurch berechtigt ist, die Benutzung der eingetragenen Marke im gesamten Gebiet der Bundesrepublik Deutschland zu untersagen. Es liegt die Löschungsreife der prioritätsjüngeren eingetragenen Marke vor, wenn ihrer Benutzung ein bundesweiter Unterlassungsanspruch gemäß § 14 MarkenG des Inhabers der prioritätsälteren, jedoch formell nicht eingetragenen Benutzungsmarke, entgegensteht. Dieser Löschungstatbestand kann somit nur gegen bereits eingetragene, d.h. nicht gegen erst angemeldete Marken, geltend gemacht werden. Ansonsten besteht die Möglichkeit des Inhabers der prioritätsälteren Benutzungsmarke, Klage auf Rücknahme der Anmeldung zu erheben.[324] Bei der Benutzungsmarke[325] entsteht der Markenschutz durch die tatsächliche Ingebrauchnahme im geschäftlichen Verkehr, wenn das Zeichen innerhalb der beteiligten Verkehrskreise als Marke Verkehrsgeltung erlangt hat.[326] Es handelt sich folglich um einen Markenschutz, der ohne die formelle Eintragung ins Markenregister, entsteht.

Neben der Voraussetzung der tatsächlichen Benutzung der Marke, muss Verkehrsgeltung durch die Benutzung der in Streit stehenden Marke erworben worden sein. Verkehrsgeltung kann durch Befragung der maßgeblichen Verkehrskreise herausgefunden werden, wodurch der Bekanntheitsgrad festgestellt wird.[327] Die Verkehrsgeltung der Benutzungsmarke kann auch nur eine örtlich begrenzte sein, wenn es sich dabei um einen einheitlichen Wirtschaftsraum handelt, der nach Umfang und wirtschaftlicher Bedeutung, die Sperrung gegenüber verwechselungsfähigen Kennzeichnungen rechtfertigt.[328]

---

324 Ingerl/Rohnke, § 12, Rdnr. 6.

325 Da die Markenrichtlinie gemäß Art. 1 nur Anwendung auf eingetragene Marken findet, ist die Benutzungsmarke ein über die Richtlinie hinausgehender Tatbestand. Lediglich in Art. 3 Abs. 3 der Markenrechtsrichtlinie wird von der Eintragungsfähigkeit einer Marke gesprochen, die ihre Unterscheidungskraft infolge ihrer Benutzung erworben hat.

326 Vgl. Klaka in: FS v. Gamm, 271 (272 ff); Kur, GRUR 1997, 241 (253).

327 Althammer/Klaka/Ströbele, § 4, Rdnr. 8.

328 BGH BB 1979, 547 (547 f); somit kann sich die Verkehrsgeltung z.B. auf das Gebiet einer Großstadt beziehen, nicht jedoch lediglich auf Stadtteile; im Falle der Verkehrsgeltung für ein geschlossenes Gebiet ist es unschädlich, wenn an einzelnen Orten keine

Hinsichtlich des Grades der Verkehrsgeltung wurde von der Rechtsprechung und Literatur die Formel *„von der Bekanntheit bei einem nicht unerheblichen Teil"* eingeführt, die je nachdem bei einem Bekanntheitsgrad zwischen 20-50 % liegt, ohne damit aber einen absoluten Wert zu nennen.[329] Der Löschungkläger hat den Nachweis der Verkehrsgeltung, Angaben über den Beginn, die Dauer und den Umfang der Benutzung durch Bekanntgabe der Umsätze, der Werbeaufwendungen, der Vorlage von Preislisten und Werbematerial etc. zu erbringen.[330]

b. Löschung sittenwidriger Marken wegen § 12 MarkenG

In den bereits einleitend genannten Beispielen von Markenanmeldungen berühmter Namen, wie z.B. Luther oder Fontane, in denen vor ihrer Anmeldung, die Städte Worms bzw. Neuruppin schon Souvenirartikel vertrieben hatten, könnte eine Benutzungsmarke im Sinne des § 12 i.V.m. § 4 Nr. 2 MarkenG für die Vertreiber dieser Waren in den jeweiligen Städten entstanden sein. Der Nachweis der Verkehrsgeltung in der Stadt selbst oder vielleicht sogar über ihre Grenzen hinaus, den Beginn, die Dauer etc. müssten die Souvenirvertreiber darlegen.[331] Somit kann einer sittenwidrigen Markenanmeldung ebenfalls mit einer Löschung nach § 51 Abs. 1 i.V.m. § 12 MarkenG im Falle des Vorliegens einer Benutzungsmarke begegnet werden. Gerade bei der rechtsmissbräuchlichen Anmeldung einer Sperrmarke ist in erhöhtem Maße die Möglichkeit einer entgegenstehenden Benutzungsmarke gegeben, da diese Markenanmeldungen insbesondere mit der Absicht getätigt werden, wettbewerbswidrig andere von der Benutzung einer Marke auszuschließen oder sie von der Fortsetzung der Benutzung einer Marke abzuhalten. Darüber hinaus kann auch hier eine spekulative Absicht Hintergrund der Markenanmeldung sein, die sich z.B. durch das Angebot einer Lizenzvergabe an die vorherigen Benutzer der Marke äußern kann.

Verkehrsgeltung besteht, vgl. BGH GRUR 1967, 482 (483 f) - WKS-Möbel; Baumbach/Hefermehl, § 25 WZG, Rdnr. 79; Althammer/Klaka/Ströbele, § 4, Rdnr. 15.

329 Allgemein kann für die Verkehrsgeltung ein Durchsetzungsgrad von 20-25% ausreichen; vgl. BGH GRUR 1960, 232 ff - Feuerzeug-Ausstattung -, wonach für das Wort „Sonnenwerke" 15% Verkehrsgeltung zu niedrig waren für die Bezeichnung von Obst- und Gemüsekonserven; BGH GRUR 1969, 681 (682) - Kochendwassergerät, wonach für das Zeichen „Aqua" bei Wassererhitzern eine Verkehrsgeltung von 36,7% reichte; nach Noelle-Neumann/Schramm, GRUR 1966, 70 (81) sind 25% als normale, 20% als unterste, 30-35% als stärkere und über 50% als überragende Verkehrsgeltung zu sehen.

330 Althammer/Klaka/Ströbele, § 4, Rdnr. 17.

331 Darüber hinaus kann bei den Beispielen Luther und Fontane auf die neueste Rechtsprechung verwiesen werden, wonach entschieden wurde, dass an dem Namen Johann Sebastian Bach hinsichtlich der Benutzung ein hohes Freihaltebedürfnis der Allgemeinheit besteht, da der Komponist Teil des kulturellen Erbes sei; dieses kann auch auf die Namen Luther und Fontane übertragen werden, siehe OLG Dresden, Handelsblatt vom 5.4.2000.

5. Sonstige ältere Rechte - § 13 MarkenG

Nach § 51 Abs. 1 i.V.m. § 13 Abs. 1 MarkenG kann eine prioritätsjüngere eingetragene Marke aufgrund von sonstigen älteren Rechten zur Löschung gebracht werden. In § 13 Abs. 2 MarkenG sind diejenigen älteren Rechte aufgeführt, die auch bei Spekulations-/ Hinterhaltsmarken bzw. Sperrmarken relevant werden können. Das Prioritätsprinzip wird durch § 13 MarkenG auf das Verhältnis von jüngeren eingetragenen Marken zu älteren, nicht im MarkenG geregelten Rechten, erstreckt. Dabei bezieht sich die markenrechtliche Schutzwirkung nur auf diejenigen älteren Rechte, aufgrund derer der Inhaber die Benutzung der prioritätsjüngeren Marke im ganzen Bundesgebiet untersagen kann.

a. Voraussetzungen

Als sonstige Rechte im Sinne des § 13 MarkenG gelten gemäß § 13 Abs. 2 MarkenG Namensrechte (Nr. 1), das Recht an der eigenen Abbildung (Nr. 2), Urheberrechte (Nr. 3), Sortenbezeichnungen (Nr. 4), geographische Herkunftsangaben (Nr. 5) und sonstige gewerbliche Schutzrechte (Nr. 6). In Bezug auf die in der Einleitung angeführten Anmeldungen von Spekulations-/ Hinterhaltsmarken bzw. Sperrmarken sind hier insbesondere das Namensrecht gemäß § 12 BGB und das Recht an der eigenen Abbildung von Relevanz.

aa. Namensrecht - § 12 BGB

Das Namensrecht gemäß § 12 BGB soll verbotene Namensanmaßungen durch unbefugten Gebrauch verhindern. Dieses beinhaltet auch den Schutz vor Identitätstäuschungen. Ein der prioritätsjüngeren eingetragenen Marke entgegenstehendes Namensrecht nach § 12 BGB umfasst zunächst den Eigennamen von Personen und darüber hinaus sowohl das Recht an dem Namen einer politischen Partei[332], eines Verbandes[333], eines Vereins[334], einer Stiftung[335], eines Ordensnamens[336], einer Universität[337], einer Gewerkschaft[338], einer Stadt[339], als auch das Recht an Wappen und Vereinsemblemen[340]. Grundsätzlich erlischt das Namensrecht einer Person nach dem Tod seines Trägers.[341]

---

332 LG Hannover NJW 1994, 1346 ff - Statt Partei.

333 OLG Köln GRUR 1993, 584 ff - VuBi.

334 RG JW 1930, 1733 ff - ADAC/DAC.

335 BGH GRUR 1988, 560 ff - Christopherus Stiftung.

336 BGH GRUR 1991, 197 ff - Johanniter-Bier.

337 BGH WRP 1993, 101 ff - Universitätsemblem.

338 BGH GRUR 1965, 377 ff - GdP.

339 LG Mannheim CR 1996, 353 ff - Heidelberg.de.

340 OLG Karlsruhe GRUR 1986, 479 ff - Universitätssiegel.

341 OLG München WRP 1982, 659 (660) - Cellular-Therapie.

Inwieweit eine prioritätsjüngere eingetragene Marke einem Namensrecht weichen muss, hängt u.a. auch von der Beeinträchtigung des bundesweiten Interesses des Namensträgers vor, welches z.B. bei einem häufig vorkommenden Nachnamen grundsätzlich nicht vorliegt.[342]

bb. Recht an der eigenen Abbildung

Ein weiteres älteres Recht, das der prioritätsjüngeren eingetragenen Marke entgegenstehen kann, ist das Recht an der eigenen Abbildung. Mit diesem Recht, das Bildzeichen in Form von zeichnerischen und fotographischen Personenabbildungen schützt, auf denen die betroffene Person erkennbar ist[343], können gemäß den §§ 22-24 KunstUrhG oder im Rahmen des allgemeinen Persönlichkeitsrechtes nach § 823 Abs. 1 BGB und § 1004 BGB analog, Unterlassungsansprüche geltend gemacht werden.

b. Löschung sittenwidriger Marken wegen älterer Rechte, § 13 MarkenG

Zunächst kann bei als Marken angemeldete Namen von berühmten Persönlichkeiten wie *Luther* und *Fontane* festgestellt werden, dass das Recht aus dem Namen gegen verbotene Namensanmaßungen gemäß § 12 BGB nach dem Tod dieser Personen erloschen ist. Dasselbe gilt im Grunde für die Marke *Lady Di*, da auch sog. Berufs- oder Künstlernamen von § 12 BGB geschützt werden[344].

In Betracht kommen kann bei diesen Namen auch das Recht an der eigenen Abbildung, das im Rahmen des allgemeinen Persönlichkeitsrechtes von § 823 Abs. 1 BGB geschützt wird. Das darin mitumfasste postmortale Persönlichkeitsrecht kann im Hinblick auf eigene Abbildungen von Princess Diana bei der Verwendung der Marke in Verbindung mit ihrem Abbild verletzt sein, und damit dem Recht an der Marke *Lady Di* entgegenstehen.[345] Die Angehörigen der verstorbenen Person können dieses Recht geltend machen, wobei mit zunehmendem zeitlichen Abstand zum Tod dieses Recht letztlich entfällt.[346]

Aufgrund des sehr langen Zurückliegens des Todeszeitpunktes der Herren *Luther* und *Fontane*, kommt demnach das postmortale Persönlichkeitsrecht nicht zum Zuge. In Bezug auf die Marke „Ballermann 6“ kann ein älteres Namensrecht

---

342 Althammer/Klaka/Ströbele, § 13, Rdnr. 4.

343 Erkennbar ist eine Person durch die Gesichtszüge, aber auch lediglich eine bestimmte Körperhaltung oder ein bestimmtes Merkmal, vgl. OLG Düsseldorf GRUR 1970, 618 ff - Schleppjagd; BGH GRUR 1979, 732 ff - Fußballtor. Darüber hinaus liegt auch Erkennbarkeit vor, wenn eine Namensnennung in der Form eines Titels unter einer Abbildung steht, vgl. BGH GRUR 1966, 102 (102) - Spielgefährtin I.

344 BGHZ 30, 7 (9); LG Düsseldorf NJW 1987, 1413 (1413 f) - Heino.

345 Vgl. BGHZ 50, 133 ff - Mephisto; BGH MDR 1984, 997 ff - Unbefugte Namensverwendung zur Werbung.

346 OLG München NJW-RR 1994, 925 (925 f).

des Barbetreibers auf Mallorca auch in Deutschland bestehen, und zwar als anderes namensartiges Kennzeichen, das unabhängig vom gesetzlichen Namen oder der gesetzlichen Firma geführt wird[347]. Insbesondere fallen unter den Schutz des § 12 BGB auch Haus- und Hotelnamen[348], mit denen eine Gaststätte vergleichbar ist.

II. Löschungsverfahren - § 55 MarkenG

Die Löschung wegen des Bestehens älterer Rechte nach § 51 MarkenG wird gemäß § 55 Abs. 1 MarkenG in einem Klageverfahren vor den ordentlichen Gerichten geltend gemacht. Das Klageverfahren richtet sich gegen den als Inhaber der Marke Eingetragenen oder seinen Rechtsnachfolger. Zur Erhebung der Klage ist gemäß § 55 Abs. 2 Nr. 2 MarkenG der jeweilige Inhaber der in den §§ 9 bis 13 aufgeführten Rechte legitimiert. Hinsichtlich der Möglichkeit der Geltendmachung der Löschungsgründe des § 51 Abs. 1 MarkenG als Einrede gemäß § 55 Abs. 3 MarkenG, wird auf die bereits gemachten Ausführungen zur Löschungsklage wegen Verfalls verwiesen.

III. Fazit

Es wurde dargestellt, dass auch die Löschung von Marken, bei denen der Verdacht der Sittenwidrigkeit besteht, auf weitere, von der Sittenwidrigkeit bzw. Bösgläubigkeit der Marke grundsätzlich unabhängige, entgegenstehende ältere Rechte gestützt werden kann.

Für die Löschbarkeit von Spekulations-/ Hinterhaltsmarken bzw. Sperrmarken nach § 51 Abs. 1 MarkenG können demnach zusammengefasst die folgenden Gründe von besonderer Relevanz sein:

- Im Rahmen der relativen Schutzhindernisse des § 9 Abs. 1 MarkenG ist von besonderem Interesse in Bezug auf die Spekulations-/ Hinterhaltsmarke der Tatbestand des § 9 Abs. 1 Nr. 3 MarkenG. Durch die Anmeldung einer bereits bekannten Marke für eine andere Warenkategorie, kann eine Rufausbeutung oder Verwässerung der bekannten Marke erfolgen. Im Hinblick auf die Sperrmarke ist dieser Tatbestand allerdings nicht einschlägig.
- Eine Löschung nach § 51 Abs. 1 i.V.m. § 10 MarkenG kommt dann in Frage, wenn der sittenwidrigen Markenanmeldung eine notorisch bekannte Marke entgegensteht. Die Notorität einer Marke ist anzunehmen bei einer Bekanntheit von 60-90% innerhalb der beteiligten Verkehrskreise.
- Die Agentenmarke gemäß § 11 MarkenG kann sowohl für die Spekulations-/ Hinterhaltsmarke als auch für die Sperrmarke von erheblicher Bedeutung sein. Damit bestehen Überschneidungen mit der Agentenmarke dahingehend, dass

347 Palandt-Heinrichs, § 12, Rdnr. 10, der auf die h.M. und st. Rspr. verweist.
348 KG NJW 1988, 2892 (2893).

bei Bösgläubigkeit des Agenten sowohl nach § 51 Abs. 1 i.V.m. § 11 MarkenG als auch nach § 50 Abs. 1 Nr. 4 MarkenG in unterschiedlichen Verfahren gegen die Markenanmeldung vorgegangen werden kann.

- Hinsichtlich der Benutzungsmarke gemäß § 12 MarkenG kann bei sittenwidrigen Markenanmeldungen eine entgegenstehende Benutzungsmarke vorliegen, je nach Verkehrsgeltung.
- Ebenfalls im Rahmen der sonstigen älteren Rechte nach § 13 MarkenG können grundsätzlich alle in § 13 Abs. 2 MarkenG genannten Rechte als ein der Spekulations-/ Hinterhaltsmarke bzw. Sperrmarke entgegenstehendes Recht einschlägig sein. Bei den hier genannten Fällen von Markenanmeldungen kommen insbesondere das Namensrecht gemäß § 12 BGB und das Recht an der eigenen Abbildung in Betracht.

Abschließend muss noch angemerkt werden, dass es nur von Vorteil sein kann, wenn man die Löschung der sittenwidrigen Marken in verschiedenen Verfahren, basierend auf unterschiedlichen Löschungsgründen, beantragt. Die Möglichkeit der Geltendmachung von Löschungsgründen, die nicht unbedingt im Zusammenhang mit der Sittenwidrigkeit stehen, sollte nicht unterschätzt werden. Es kann im Einzelfall schwierig sein im Rahmen der Überprüfung des Verdachts auf Vorliegen einer Spekulations-/ Hinterhaltsmarke bzw. Sperrmarke, ob die dafür notwendig vorausgesetzte subjektiv festzustellende Bösgläubigkeit vorliegt.

D. Weitere Rechtsschutzmöglichkeiten

§ 2 MarkenG stellt ausdrücklich klar, dass die Anwendung anderer Vorschriften zum Schutz der bereits durch das MarkenG geschützten Kennzeichen nicht ausgeschlossen ist. Dieses bedeutet, dass das MarkenG keine abschließende Regelung des Kennzeichenschutzes darstellt und grundsätzlich auch weitere Anspruchsgrundlagen zum Schutz der Kennzeichen geltend gemacht werden können. In Bezug auf den Schutz von Spekulations-/ Hinterhaltsmarken bzw. Sperrmarken kommen insbesondere § 1 UWG und § 826 BGB als außerzeichenrechtliche Ansprüche in Betracht.

I. Verstoß sittenwidriger Markenanmeldungen gegen § 1 UWG

Ein Verstoß gegen § 1 UWG kann in Bezug auf die sittenwidrige Markenanmeldung vor allem unter dem Gesichtspunkt der *wettbewerbswidrigen Absatzbehinderung* vorliegen. Diese ist insbesondere dann anzunehmen, wenn die Marke zweckfremd als Mittel des Wettbewerbes eingesetzt wird.

1. Löschung der Sperrmarke nach § 1 UWG

Dass die Anmeldung einer Sperrmarke aufgrund eines Verstoßes gegen § 1 UWG zur Löschung gebracht werden kann, wurde bereits anhand der alten und neuen

Rechtsprechung dargestellt. Insoweit gelten dieselben Voraussetzungen, die bereits im Rahmen der Prüfung der Löschungsmöglichkeit einer Sperrmarke nach § 50 Abs. 1 Nr. 4 MarkenG aufgeführt wurden.

2. Löschung der Spekulations-/Hinterhaltsmarke nach § 1 UWG

Die Spekulations-/ Hinterhaltsmarke kann ebenfalls in Konflikt mit der wettbewerbswidrigen Absatzbehinderung kommen, die über § 1 UWG grundsätzlich abgewehrt werden kann. Die Zweckentfremdung der Marke durch die nachweisbare Absicht Dritte, die in den Bereich der angemeldeten Marke kommen, mit Abstandszahlungen zu überziehen, stellt ein unlauteres Mittel des Wettbewerbs im Sinne des § 1 UWG dar.[349] Auch im Hinblick auf diese Art von Markenanmeldungen ist eine im Sinne des § 50 Abs. 1 Nr. 4 MarkenG bösgläubige Markenanmeldung mit den guten Sitten im Sinne des § 1 UWG, d.h. mit den Grundsätzen des lauteren Wettbewerbs, nicht zu vereinen.[350]

3. Anspruchskonkurrenz

Da im MarkenG die Geltendmachung der bösgläubigen Markenanmeldung vor einem ordentlichen Gericht nicht vorgesehen ist, sondern der markenrechtliche Schutz über die §§ 50 Abs. 1 Nr. 4, 54 Abs. 1 MarkenG vor dem DPA erreicht werden kann, stellt sich die Frage, inwieweit sich noch auf außerzeichenrechtliche Ansprüche berufen werden kann.

Zum einen wird dazu vertreten, dass eine vollständige Anspruchskonkurrenz bestehe.[351] Diese Ansicht wird mit dem Argument begründet, dass das Markenrecht durch die konkurrierenden wettbewerbsrechtlichen Ansprüche nicht derartig tangiert wird, dass sachliche Grenzen z.B. hinsichtlich der Markenfähigkeit, Unterscheidungskraft oder Ähnlichkeit von Waren bzw. Kennzeichnungen, aufgehoben würden. Im übrigen verfolgten das Markenrecht und das Wettbewerbsrecht unterschiedliche Ziel- und Zweckrichtungen, so dass diese Ansprüche auch in Konkurrenz zueinander geltend gemacht werden können.[352]

Darüber hinaus wird angeführt, dass die Geltendmachung außerzeichenrechtlicher Ansprüche gerade im Hinblick auf sittenwidrige Markenanmeldungen erforderlich sei, da der BGH[353] festgestellt hat, dass im markenrechtlichen Widerspruchsverfahren Einwendungen aus dem Wettbewerbsrecht nicht geltend gemacht werden können. Aufgrunddessen sei es sogar geboten die Löschung einer sittenwidrigen Marke auch auf dem Klageweg geltend zu machen, da ansonsten

---

349 Kiethe/Groeschke, WRP 1997, 269 (273).
350 Helm, GRUR 1996, 593 (600).
351 Fezer, § 2, Rdnr. 4; Althammer/Klaka/Ströbele, § 2, Rdnr. 1.
352 Althammer/Klaka/Ströbele, § 2, Rdnr. 1.
353 BGH WRP 1996, 903 (904) - Sali Toft.

die wettbewerbsrechtlich zu beanstandende Markenanmeldung im Widerspruchsverfahren gänzlich ausgeschlossen würde und somit eine Lücke im Anspruchssystem entstünde.[354] Gegen diese Argumentation wird vorgetragen, dass die gesetzlich definierten Tatbestandsmerkmale der markenrechtlichen Ansprüche nicht durch weitgehend offene wettbewerbsrechtliche Ansprüche ausgehöhlt werden dürfen.[355] Im übrigen bedürfe es aufgrund der Einführung von § 50 Abs. 1 Nr. 4 MarkenG keines Rückgriffes mehr auf wettbewerbsrechtliche Vorschriften.[356]

Die Rechtsprechung hat jedoch zwischenzeitlich diese Frage bereits dahingehend gelöst, dass, wie bereits dargestellt, auch weiterhin bei sittenwidrigen Sperrmarkenregistrierungen auf dem ordentlichen Rechtsweg Ansprüche nach § 1 UWG geltend gemacht werden können.

Nach der oben dargestellten h.M. in der Literatur muss dieses auch für die Spekulations-/ Hinterhaltsmarke gelten[357], was auch schon von Seiten der Rechtsprechung zumindest andeutungsweise bestätigt wurde.[358]

II. Löschung sittenwidriger Markenanmeldungen nach § 826 BGB

Das im Rahmen des § 1 UWG Gesagte, gilt in gleichem Umfang auch für § 826 BGB.[359] Demnach ist die Löschung sittenwidriger Markenanmeldungen auch nach § 826 BGB unter den bereits zu § 1 UWG genannten Voraussetzungen möglich. Allerdings hat § 826 BGB im Verhältnis zu § 1 UWG allenfalls eine lückenfüllende Bedeutung.[360]

III. Fazit

Somit können sittenwidrige Markenanmeldungen in Form der Spekulations-/ Hinterhaltsmarke bzw. Sperrmarke auch durch außerzeichenrechtliche Ansprüche zur Löschung gebracht werden.

---

354 Kiethe/Groeschke, WRP 1997, 269 (269).

355 Ingerl/Rohnke, § 2, Rdnr. 1.

356 Starck, DZWir 1996, 313 (316).

357 Helm, GRUR 1996, 593 (601); Kiethe/Groeschke, WRP 1997, 269 (273).
Anders entschied die Rspr. in Bezug auf den Schutz bekannter Marken. Danach lässt die Regelung des § 9 Abs. 1 Nr. 3 MarkenG grundsätzlich keinen Raum mehr für die Anwendung für die außerzeichenrechtliche Klage nach § 1 UWG; § 1 UWG soll damit nur für einen ergänzenden Schutz herangezogen werden, wenn der Schutz nach dem MarkenG versagt, vgl. BGH WRP 1998, 1181 (1182) - MAC Dog; diese Entwicklung sah Berlit, NJW 1995, 365 (365) schon früher voraus.

358 OLG Frankfurt WRP 1997, 1208 (1211) - Classe E.

359 Vgl. BGH NJW-RR 1998, 694 (696) - Analgin; BGH GRUR 1995, 117 (121) - Neutrex; BGH GRUR 1986, 74 (76) Shamrock III; BGH GRUR 1984, 210 (211) - Arostar; OLG Karlsruhe 1997, 373 (374) - NeutralRed.

360 OLG Hamburg GRUR 1988, 549 (551) - Cats.

Gerade bzgl. dieser Markenanmeldungen, die grundsätzlich in einem Verfahren vor dem DPA gemäß den §§ 50 Abs. 1 Nr. 4, 54 Abs. 1 MarkenG angegriffen werden können, sprach sich die Rechtsprechung und der Großteil der Literatur dafür aus, dass sie aufgrund ihres gleichzeitigen Verstoßes gegen die guten Sitten im Sinne des § 1 UWG und § 826 BGB, in einer Klage vor einem ordentlichen Gericht geltend gemacht werden können. Diesem ist auch zuzustimmen, da ansonsten nur unvollständig im Widerspruchsverfahren gegen sittenwidrige Markenanmeldungen vorgetragen werden könnte. Gegen ein solches Vorgehen spricht vor allem auch § 2 MarkenG, der ausdrücklich die Anwendung anderer Vorschriften nicht ausschließt. Da in den beiden Verfahren unterschiedliche Einwendungen gemacht werden können, stellt dieses auch kein überflüssiges und nur kostenverursachendes Vorgehen dar, das zu einer Doppelbelastung von Entscheidungsträgern führen würde.

E. Zusammenfassung

Auch nach der Abschaffung der Bindung der Marke an den Geschäftsbetrieb müssen missbräuchliche Markenanmeldungen nicht hingenommen werden. Aufgrund der Einführung des im europäischen Sinne auszulegenden neuen Bösgläubigkeitsbegriffes in § 50 Abs. 1 Nr. 4 MarkenG, wurde ein Löschungsinstrumentarium geschaffen, durch das insbesondere der Anmeldung von Spekulations-/ Hinterhaltsmarken bzw. Sperrmarken begegnet werden kann. Dennoch kann nicht ganz auf die Löschung nach § 1 UWG, § 826 BGB verzichtet werden. Dadurch bleibt die Möglichkeit bestehen, auch auf dem Klagewege die Sittenwidrigkeit einer Markenanmeldung geltend gemacht machen zu können, neben dem Verfahren vor dem DPA.

Darüber hinaus ermöglichen aber auch die Löschungstatbestände des § 51 Abs. 1 MarkenG, bei denen ältere Rechte im Sinne der §§ 9 bis 13 MarkenG einer Markeneintragung entgegenstehen müssen, sittenwidrigen Markenanmeldungen abzuhelfen. Gerade auch im Hinblick auf die Funktionen der Marke bedarf es der Unterbindung der hier behandelten sittenwidrigen Markenformen, da sowohl die Herkunfts- als auch die neu bewertete Qualitätsfunktion der Marke gewährt werden müssen. Durch die rechtsmissbräuchliche Ausübung von Markenrechten durch die Eintragung sittenwidriger Markeneintragungen, wird man weder der Herkunfts- noch der Qualitätsfunktion gerecht, auch wenn die Marke im wirtschaftlichen Verkehr ein Vermögensgegenstand ist und dadurch frei übertragbar bzw. lizensierbar ist.

Somit kann zusammenfassend festgestellt werden, dass zwar durch die Markenrechtsreform Missbrauchsformen wie die Defensivmarke verschwunden sind, jedoch durch den Wegfall der Akzessorietät der Marke vom Geschäftsbetrieb neue Missbrauchsmöglichkeiten in Form der Spekulations-/ Hinterhaltsmarke grundsätzlich möglich geworden sind.

Die bereits zu Zeiten des WZG vorhandenen Sperrmarken hat das MarkenG dagegen nicht eliminiert, so dass wie bisher gegen die Eintragung ein Löschungsverfahren eingeleitet werden muss, sei es über den neu eingeführten Löschungstatbestand des § 50 Abs. 1 Nr. 4 i.V.m. § 54 MarkenG vor dem DPA oder, wie bereits zu Zeiten des WZG, gerichtlich über § 1 UWG, § 826 BGB.

3. Kapitel: Der Schutz von Marken- und Namensrechten im Internet

Durch die steigende Bedeutung des Internets sowohl im wirtschaftlichen als auch im privaten Bereich, und der damit im Zusammenhang stehenden immer größer werdenden Anzahl von Domain-Names (Internet-Adressen), kommt es zu einer Vielzahl von rechtlichen Kollisionen. Hier wird insbesondere auf die kennzeichenrechtliche Problematik, auf das Namensrecht und auf das Recht des unlauteren Wettbewerbs in Bezug auf Domain-Names eingegangen. Die aus rechtlicher Sicht zu erörternden Hauptpunkte werden vor allem die Vergabe und die Benutzung von Domain-Names sein, bei denen bislang noch Unklarheiten bestehen. Es sollen im folgenden die kennzeichen- und namensrechtlichen Probleme der Domain-Names dargestellt und mögliche Lösungswege zur Bewältigung derselben erarbeitet werden.

A. Die Struktur des Domain-Name-Systems

Zunächst stellt sich die Frage nach der Bedeutung, der Funktion und dem Vergabeverfahren von Domain-Names im Internet. Dabei handelt es sich primär um einen technischen Sachverhalt, der anschließend rechtlich zu begutachten ist.

I. Technische Grundlagen

Das Internet ist ein Kommunikationsmittel, das ursprünglich in den USA überwiegend militärisch genutzt wurde.[361] Es stellt ein elektronisches Netzwerk in Form eines Computerdatennetzes dar, über das Daten mittels Computer versendet und erhalten werden können. Dieses Datennetzwerk ist dezentral organisiert, d.h. es besteht aus einzelnen Teilnetzen[362], zwischen denen eine Kommunikation sichergestellt sein muss.[363]

Zusammengefasst kann das Internet als „jedes unter Benutzung von Telekommunikationsverbindungen dezentral organisiertes und mit anderen Netzen über gateways verbundenes Netz von eindeutig adressierten Rechnern, in dem unter Vermittlung von über Breitbandleitungen kommunizierenden Knotenrechnern, unter Benutzung einheitlicher Protokolle und unter Anwendung von Diensten[364], Informationen rechner- und netzübergreifend versandt, veröffentlicht,

---

361 Vorläufer des Internets war das ARPANET, das rein auf Militär- und Regierungszwecke ausgerichtet war, Kochinke/Bäumer, CR 1996, 499 (499).

362 Im Jahre 1995 umfasste das Internet bereits mehr als 61.000 Intra- und Internationale Netze, vgl. Bettinger, GRUR Int. 1997, 402 (403) m.w.N.

363 Kilian, DZWir 1997, 381 (381/382).

364 Unter den sog. „Diensten“ werden Programme verstanden, die innerhalb des Internets die entsprechenden Kommunikationsaufgaben erfüllen, vgl. Mecklenburg, ZUM 1997, 525 (542).

abgerufen sowie gesucht und gefunden werden können"[365], verstanden werden. Mittlerweile sind bereits Millionen von Computern weltweit miteinander in diesem Netz verbunden, durch das an jedem beliebigen Ort auf Informationen zurückgegriffen werden kann. Diese Computer werden in der Fachterminologie „hosts" genannt.

Zwei verschiedene Funktionen innerhalb des Internets sind zu unterscheiden. Es gibt zunächst die *e-mail*, der die Funktion eines Briefes zukommt, die im Unterschied zur normalen Post, elektronisch von einem bestimmten Host-Computer zum anderen versandt wird. Darüber hinaus beinhaltet das Internet als zweite Funktion sog. *Homepages*, d.h. Seiten im Internet, auf denen Personen oder Unternehmen Präsentationen vornehmen können, und damit weltweit ihre Daten und Informationen, meistens über sich selbst oder ihre Produkte, abrufbar machen können. Die kommerzielle Nutzung gewinnt dabei immer mehr an Relevanz. Das Netz bietet für diese zwei Arten von Kommunikationsmitteln eine Plattform zwischen den Host-Rechnern, auf der wiederum verschiedene Benutzeroberflächen liegen. Eine darauf liegende Benutzeroberfläche, die ein Informationssystem beinhaltet, ist das *World Wide Web (WWW)*, welches den Versuch darstellt die Inhalte des Internets, wie z.B. Texte und Datenbanken, zu verknüpfen, damit sie auf einer Oberfläche zugänglich sind.[366] Dieses geschieht über den sog. *Web-Browser*, ein Computerprogramm, über welches das World Wide Web überhaupt erst nutzbar gemacht wird.

II. Identifikationsfunktion

Damit nun zwischen den teilnehmenden Host-Computern Kontakt aufgenommen werden kann, müssen sie untereinander auch identifizierbar sein. Eine solche Identifikation stellt der Domain-Name dar. Der Domain-Name ist damit die Adresse des Hosts, d.h. die Adresse des dahinter stehenden Computers. Dabei handelt es sich bei diesen Identifikationsadressen im Grunde um Nummern, ähnlich wie beim Telefon, durch die die Homepage des Anbieters auf dem Host-Computer angewählt wird und eine Verbindung zwischen dem Internet-Benutzer und dem Anbieter hergestellt wird. Dieses System erfuhr zur Erleichterung des Umgangs mit den Nummernadressen eine Änderung durch die Einführung eines

---

365 Mecklenburg, ZUM 1997, 525 (542), definiert den Begriff des Internets in dieser Form im Rahmen einer Untersuchung der verfassungsrechtlichen Bedeutung des Internets, namentlich aus Sicht der Informationsfreiheit.

366 Das World Wide Web ist derzeit die meistgenutzte Benutzeroberfläche bzw. Informationssystem des Netzes, da es sehr benutzerfreundlich ist und darüber hinaus interaktiv ist. Dennoch ist es kein Synonym für das Internet an sich, sondern nur ein Teil des ganzen Systems, vgl. Bettinger, GRUR Int. 1997, 402 (404).

weltweit einheitlichen *Domain-Name-Systems (DNS)*, das auf der Zuordnung logischer Namen beruht.[367] Danach hat jeder Domain-Name verschiedene Ebenen, die hierarchisch aufgebaut sind. In dieser Hierarchie gibt es zwei Arten von Top-Level-Domains: zum einen die regionalen (z.B. für Deutschland „de")[368] und zum anderen die generischen (z.B. für Company „com")[369].

Ob sich ein deutsches Unternehmen unter dem Top-Level-Domain „.com" oder „.de" registrieren lässt, hängt meistens davon ab, ob es nur national oder auch international tätig ist. Bei letzterem wird überwiegend das internationale Level „.com" gewählt.

Darunter liegt der Second-Level-Domain[370], der den eigentlichen Namen des kontaktierten Computers darstellt. Den Anbietern auf den verschiedenen Homepages ist demnach sehr daran gelegen, dass die Domain-Names auf dem Second Level gut einprägsam und auch mit einem bestimmten Unternehmen oder Person gleichgesetzt werden, damit ihr am Netz teilnehmender Host-Computer leicht anzuwählen ist von Interessenten.[371]

Im weiteren können noch unterhalb des letzteren Domain-Level, weitere Levels angeordnet werden, die dann allerdings nur über den Host des Second-Level-Domains erreichbar sind. Im Gegensatz zu den Second-Level-Domains, die grundsätzlich frei wählbar sind, sind die Top-Level-Domains bereits bindend für das jeweilige Gebiet festgelegt.[372]

---

367 Nichtsdestotrotz setzt der Computer den Domain-Name in die eigentliche Zahlenkombination um, um die angewählte Homepage und den dazugehörigen Host-Computer zu identifizieren.

368 Es handelt sich hier um den geographischen Domain-Name, der für die jeweiligen Länder zweistellig vergeben wird.

369 Dieses sind die sog. generischen Domain-Names, von denen es derzeit sechs gibt: „.com" für Unternehmen, „.gov" für staatliche Einrichtungen, „.org" für Organisationen und Verbände, „.int" für internationale Organisationen, „.mil" für das Militär und „.net" für Netzbetreiber, siehe Bäumer, CR 1998, 174 (174).

370 Das Second-Level-Domain kann eine beliebige Abfolge von Buchstaben, Zahlen oder Zeichen beinhalten, jedoch maximal 24 Zeichen.

371 Demnach stellen sich gerade auf dem Second-Level-Domain die hier zu diskutierenden marken- und namensrechtlichen Probleme.

372 Durch das Top-Level-Domain „.de" kann man lediglich erkennen, dass der Domain-Name in Deutschland vergeben wurde. Es sagt allerdings nichts darüber aus, ob der Host-Computer wirklich in Deutschland technisch angeschlossen ist, Ubber, WRP 1997, 497 (498). Jedoch wird das Top-Level-Domain „.de" nur an natürliche und juristische Personen vergeben, die ihren allgemeinen Gerichtsstand in der Bundesrepublik haben, Kilian, DZWir 1997, 381 (382).

III. Vergabeverfahren

Daran anschließend muss geklärt werden, wie ein solcher Domain-Name vergeben und von wem er letztlich registriert wird. Desweiteren sind von Interesse die vorgegebenen Richtlinien, nach denen die Domain-Names vergeben werden.

1. Vergabestellen[373]

Da das Internet aus mehreren Teilnetzen unterschiedlicher Netzbetreiber besteht, wurde die Organisation und Verwaltung auf den Dachverband *Internet Society (ISOC)* übertragen, die die Vergabe von Internet-Adressen wiederum auf die *Internet Assigned Numbers Authority (IANA)* deligierte. Letztere hat die Verwaltung der Anmeldungen und Registrierungen an weitere Vergabestellen weitergegeben. Damit wurde zunächst die Vergabe von Domain-Names von dem *Internet Network Information Center (InterNIC)* als zentrale Stelle mit Sitz in den USA wahrgenommen, das wiederum die Vergabe der generischen Top-Level-Domains an die *Network Solutions Incorporation (NSI)* deligierte. Seit Oktober 1998 wurden wiederum Vorbereitungen getroffen, das Vergabemonopol der NSI aufzulösen. Es wurde daraufhin für die Zulassung und Koordination von weiteren Domain-Name-Registrierungsstellen die Gesellschaft *Internet Corporation for Assigned Names and Numbers (ICANN)* gegründet.[374]

Nachdem jedoch das Internet weltweit immer mehr an Bedeutung zunahm, fanden weitere Delegierungen an andere Vergabestellen statt. So wurde anfänglich für ganz Europa in Amsterdam die zentrale Vergabestelle *Reseaux IP Europeen-Network Coordination Center (RIPE-NCC)* gegründet. Aufgrund des zunehmenden Verwaltungsaufwandes wurden in der nachfolgenden Zeit weitere Untergliederungen auf den jeweiligen Länderebenen vorgenommen. Für Deutschland, und damit für die Vergabe und Registrierung aller Second-Level-Domains, die unter das Top-Level-Domain „.de“ fallen, ist nunmehr seit dem 1.1.1994 das *Deutsche Network Information Center (DE-NIC)* zuständig, das seinen Sitz in dem Rechenzentrum der Universität Karlsruhe hat.

Das DE-NIC ist seit dem 1.5.1996 nur noch für die technische Seite der Vergabe von Domain-Names verantwortlich, die Verwaltungsaufgaben nehmen seitdem die Mitglieder des IV-DE-NIC[375] wahr, d.h. die Provider[376].

---

373 Vgl. Ubber, WRP 1997, 497 (498 ff); Bettinger, GRUR Int. 1997, 402 (403 ff); ausführlich auch darüber in dem Tatbestand des Urteils LG Düsseldorf, GRUR 1998, 159 (159) - Epson.de.

374 Der Grund der Auflösung der NSI lag darin, dass durch das Zulassen von Wettbewerbern als registrierungsstellen im Bereich der Vergabe von generischen Top-Level-Domains, die Internet-Benutzer von besserem Service und niedrigeren Preisen profitieren sollten, Samson, GRUR 2000, 137 (138).

375 Die DE-NIC wurde wiederum von dem *Interessenverbund Deutsches Network Information Center (IV-DENIC)*, einer Gesellschaft bürgerlichen Rechts, der die wichtigsten

In der Praxis kann daher der Antragssteller nur über einen Provider seine Internet-Adresse in Form eines Domain-Name beantragen, der von diesem dann an das DE-NIC weitergeleitet wird.

2. Vergaberichtlinien

Bei der Vergabe von Domain-Names ist primär zu beachtendes Kriterium, dass ein Domain-Name jeweils nur einmal vergeben werden kann. Dabei wird die Vergabe sowohl in den USA von der ICANN als auch in Deutschland von dem DE-NIC nach dem Grundsatz „wer zuerst kommt, mahlt zuerst“ („first come, first served“) gehandhabt. Das Prioritätsprinzip ist somit maßgeblich bei der Eintragung.[377] Es werden keine rechtlichen Kollisionsprüfungen von Seiten der Vergabestellen vorgenommen. Durch diese Vergaberegelung, basierend auf dem Prioritätsprinzip, entstanden immer häufiger rechtliche Kollisionen, vor allem im kennzeichen- und namensrechtlichen Bereich, in Form des sog. *Domain-Grabbing*. Dieses beinhaltet im besonderen die Anmeldung und Registrierung von Domain-Names durch Anmelder, die nicht Inhaber des im Second-Level des Domain-Name enthaltenen Kennzeichens sind.

Aufgrund der dadurch drohenden Prozesse, denen sich die Vergabestellen, insbesondere zunächst das InterNIC ausgesetzt sah, wurde am 23.11.1995 von InterNIC ein *Domain Name Dispute Policy Statement*[378], d.h. eine Richtlinie, aufgestellt, worin zunächst nur die Eintragungsvoraussetzungen und Verfahren in Kennzeichenkonflikten spezifiziert wurden. Eine Änderung dieser Richtlinie erfolgte am 9.9.1996[379], in der primär festgehalten wurde, dass die InterNIC weder die Kapazität hat noch gesetzlich zur Überprüfung rechtlicher Kollisionstatbestände verpflichtet ist. Es ist darin vorgesehen, dass die Anträge auf Eintragung den Zeicheninhabern zugänglich gemacht werden sollen, die wiederum Widerspruch gegen die Eintragung des Domain-Name erheben können, wenn ihrer Ansicht nach kennzeichenrechtliche Kollisionen vorliegen. In einem solchen Fall muss der Antragssteller beweisen, dass er ein Recht zur Eintragung des Domain-Name hat. Wenn er es nicht beweisen kann, wird das Eintragungsverfahren bis zur Entscheidung eines ordentlichen Gerichtes ausgesetzt.

Darüber hinaus wird die Erklärung vom Anmelder verlangt, dass „nach seinem besten Wissen durch die Registrierung der Domain, keine Rechte Dritter

---

Service-Provider und die *Deutsche Interessen-Gemeinschaft Internet e.V. (DIGI)* angehören, gegründet, vgl. Ubber, WRP 1997, 497 (499).

376 Unter Provider versteht man die Anbieter, die den Zugang zum Internet kommerziell ermöglichen, wie z.B. IBM, Compuserve, NetCologne.

377 Es handelt sich dabei um einen weltweiten Standard.

378 Siehe unter <http://rs.internic.net/domain-info/internic-domain-4.html>.

379 Siehe unter <http://rs.internic.net/domain-info/internic-domain-6.html>.

verletzt und keine gesetzeswidrigen Zwecke verfolgt werden".[380] Demnach wird die Verantwortung für zeichenrechtliche Kollisionen des Domain-Name mit anderen Marken auf den Anmelder abgewälzt. Allein dieser muss sich im vorhinein darum kümmern, ob sein angemeldeter Domain-Name nicht unter Umständen schon als Marke registriert ist.[381] Damit hatte sich die NSI von allen dadurch möglichen resultierenden Schadensersatzansprüchen freigestellt.[382]

Unter der seit Oktober 1998 für die Verwaltung des Domain-Name-Systems verantwortliche ICANN wurde eine weitere auf den umfangreichen Vorarbeiten der WIPO beruhenden Richtlinie erarbeitet, die sog. *Uniform Domain Name Dispute Resolution Policy*, die klarstellt, dass die jeweils tätig werdende Registrierungsgesellschaft bei der Domain-Name Vergabe selbst keine Überprüfung hinsichtlich etwaiger Rechtsverletzungen vornimmt. Ein weiteres Kernstück dieser Richtlinie ist ein obligatorische Widerspruchsverfahren, auf das im Laufe der Bearbeitung noch ausführlich eingegangen wird.[383]

Die DE-NIC in Deutschland folgt ähnlichen Vergaberichtlinien[384]. Es muss der Anmelder zwar auch in Deutschland die Erklärung abgeben, dass durch die Anmeldung des Domain-Name wissentlich keine Rechte Dritter verletzt werden, woraus folgt, dass der Anmelder für namens- und kennzeichenrechtliche Kollisionen aus der Registrierung verantwortlich ist. Es sind aber keine weiteren Haftungsfreistellungen vorgesehen. Angaben über die künftige Verwendung und eine Benutzungsverpflichtung sind vom Antragssteller nicht zu machen.[385] Zunächst war es noch in Deutschland erlaubt einen Domain-Name kostenlos reservieren zu lassen, aufgrund der zahlreichen Missbrauchsfälle bei der Anmeldung von fremden Marken als Domain-Name, ist eine Registrierung seit dem 1.2.1997 jedoch nicht mehr möglich.[386] Daher muss nun zeitgleich mit der Beantragung eines Domain-Name eine sog. *Delegierung*, d.h. eine Plazierung im WWW vorgenommen werden. Es muss dabei aber auf der plazierten Homepage kein sofortiges Angebot erscheinen, woraus folgt, dass unter dem Domain-Name auch nur eine im WWW leere Seite bestehen kann.

---

380 Siehe unter <http://rs.internic.net/domain-info/internic-domain-6.html>.

381 Es gibt mittlerweile Unternehmen, die auf solche Markenrecherchen spezialisiert sind, z.B. Virtual Office, Incorporation, zu finden im Internet unter http://www.virtual.office.com/domains.intro.html.

382 Sehr detailliert dargestellt bei Ubber, WRP 1997, 497 (498/499).

383 Siehe dazu auch ausführlich, Samson, GRUR 2000, 137 (138 f).

384 Die Vergaberichtlinie des DE-NIC ist im Internet zu finden unter http://www.nic.de/denic-neu.html.

385 Vgl. Bettinger, GRUR Int. 1997, 402 (407).

386 Dieses ist auf die zahlreichen Missbrauchsfälle durch Reservierungen zurückzuführen, vgl. Frosch, CR 1997, 188 (188).

Somit ist der tatsächliche Unterschied zwischen einer Reservierung und einer Delegierung nicht sehr groß, da die Wirkungen im Grunde nicht differieren.[387] Allerdings kann das DE-NIC die Registrierung des Domain-Name sofort fristlos kündigen, wenn eine ordentliches Gericht eine kennzeichenrechtliche Kollision festgestellt hat. Seit dem 1.9.1995 werden eine einmalige Eintragungs- und eine Jahresgebühr für die Vergabe von Domain Names erhoben.[388]

B. Rechtsprobleme - Missbrauch von Domain-Names

Die Rechtsprobleme, die sich im Rahmen des Internets ergeben können, sind vielfältig, denn das Internet ist weder ein rechtsfreier noch ein regelfreier Raum[389]. Vor allem bedarf es in kennzeichenrechtlicher Hinsicht der Klärung der Kollisionen von Domain-Names mit Kennzeichen- und Namensrechten, was auch die Problematik des Domain-Grabbing miteinschließt.

Die Rechtsprechung und Literatur hatte sich in Bezug auf das Internet intensiv mit der Frage nach dem Verhältnis von Domain-Names und Kennzeichen bzw. Namen zu beschäftigen. Diese Problematik resultiert hauptsächlich aus der Vergabepraxis bei Domain-Names, d.h. der strikten Anwendung des Prioritätsprinzips, verbunden mit der weltweit einmaligen Vergabe der Domain-Names, und der Nichtüberprüfung entgegenstehender älterer Rechte. Demnach ist eine Marke, eine geschäftliche Bezeichnung oder ein Name mit der Anmeldung desselben als Domain-Name für andere gesperrt. Diese Sperrung kann einerseits gerade im Bereich der Gleichnamigen ohne missbräuchlichen Hintergedanken erfolgt sein, andererseits gibt es aber auch genug Fälle des sog. *Domain-Grabbing*, die aufgrund ihrer Aktualität und Relevanz in der heutigen rechtlichen Praxis, im Rahmen dieser Arbeit im besonderen behandelt werden.
Es gehen die kennzeichenrechtlichen Problematiken auch immer mit Namenrechtskollisionen und nach Wettbewerbsrecht zu beurteilenden Gesichtspunkten einher.

---

387 Kilian, DZWir 1997, 381 (383).

388 Kur, CR 1996, 325 (326).

389 Als die Internetgemeinschaft noch relativ klein war und auch noch nicht kommerziell genutzt wurde, gab es bereits einzelne Regelungen, die auf einem Ehrenkodex basierten. Diese Regelungen wurden unter dem Begriff „Netiquette" zusammengefasst, der sich auch ein Großteil der Internet Benutzer ohne staatlichen Zwang unterworfen hatte. Die „Netiquette" enthält u.a. wettbewerbsrelevante Regeln im Bereich der Werbung, vgl. dazu ausführlich Jung, GRUR Int. 1998, 841 (842 ff).
Aufgrund der Kommerzialisierung des Internets sind diese allerdings nicht mehr ausreichend, um den Bereich des Internets zu regeln. Es entwickelt sich aber derzeit ein sog. „Globales Standesrecht", wobei jedoch fraglich ist, inwieweit dieses mit lauterem Wettbewerbsrecht zu vergleichen ist. Vgl. hierzu ausführlich Graefe, MA 1996, 100 (100/101).

I. Die Problematik des „Domain-Grabbing"[390]

Unter dem Begriff des *Domain-Grabbing* wird der Fall verstanden, dass Dritte sich Marken, geschäftliche Bezeichnungen, meistens in Form von Unternehmenskennzeichen, die einem anderen gehören, oder Namen, die ein anderer trägt, als Internet-Domain-Names registrieren lassen. Dabei zeichnet sich das *Domain-Grabbing* meistens dadurch aus, dass sich der Inhaber der Domain eine Vielzahl von Domain-Names bekannter Unternehmen oder Persönlichkeiten hat registrieren lassen. Häufig steht daher der Gedanke des „Versilberns", d.h. des Verkaufsangebots an den eigentlichen Inhaber, dahinter. In anderen Fällen erhoffen die Domain-Name-Inhaber für sich selbst höhere Bekanntsheitsgrade, wenn bei der Anwahl der Hompage, und damit der Eingabe des Domain-Name, beim Benutzer des Internets Informationen über den Dritten anstatt über den eigentlichen Marken- oder Namensinhaber erscheinen. Desweiteren wurden Domain-Names auch von Konkurrenten angemeldet mit der Absicht der Gewinnerzielung oder der Schädigung des Konkurrenten. Diese Arten von Anmeldungen sind Teil einer gut geplanten Taktik von Seiten der Drittanmelder, um sich auf diesem Wege finanzielle Vorteile auf die eine oder andere aufgezeigte Art zu verschaffen. Dieses Vorgehen hat eigene Domain-Börsen für den An- und Verkauf von Domain-Names entstehen lassen, was weitgehend als „cybersquatting" bekannt ist.[391]

Beispiele für derartige Domain-Name-Registrierungen sind zunächst in den USA aufgetaucht. Dort hatten noch im Jahre 1994 zwei Drittel der 500 größten amerikanischen Unternehmen keinen Internet-Auftritt in Form einer Domain-Adresse. Die Folge war, dass es zu Beanstandungen bei der NSI von Seiten dieser Unternehmen kam, als sie bemerkten, dass ihre Unternehmensbezeichnungen, Marken und Namen bereits durch Dritte als Domain-Name zur Anmeldung gebracht worden waren.[392] Erste Beispiele für Domain-Grabbing, die in den USA Aufmerksamkeit erregten, sind die Fälle des Musiksenders *MTV Networks vs. Curry* und *McDonald's Corp. vs. Quittner.*

Im ersten Fall meldete der bei MTV beschäftigte Moderator Adam Curry den Domain-Name „mtv.com" an und errichtete eine Homepage für MTV. Jedoch war dieser Domain-Name auf sich selbst registriert und nicht für den Sender. Als es zur Trennung von Adam Curry und MTV kam, weigerte sich Curry den Domain-Name an MTV abzugeben. Es kam zur gerichtlichen Verhandlung, jedoch einigten sich die Parteien in einem Vergleich, der die Übergabe des Domain-Name beinhaltete für eine öffentlich nicht bekannte Summe.[393]

---

390 Das Domain-Grabbing wird auch synonym Domain-Piraterie genannt.

391 Mankowski, GRUR Int. 1999, 995 (996).

392 Es waren ca. 14 % dieser Unternehmen, die sich mit dem Problem des Domain-Grabbings daraufhin konfrontiert sahen, siehe Ubber, WRP 1997, 497 (500).

393 Das gerichtliche Verfahren *mtv Networks vs. Curry*, 867 F. Supp. 202 (S.D.N.Y. 1994) ist im Internet zu finden unter http://www.jmis.edu/cyber/cases/mtv.txt.

Im zweiten Fall ließ sich der Journalist Josh Quittner den Domain-Name „McDonalds.com“ registrieren, nachdem McDonald's sich selbst nur unter der Homepage mit dem Domain-Name „mcd.com“ präsentierte. Quittner hatte das Unternehmen vor seiner Anmeldung sogar noch darauf aufmerksam gemacht, dass er beabsichtige diesen Domain-Name anzumelden, von Seiten des Unternehmens erfolgte aber keine Reaktion. Daraufhin meldete Quittner den Domain-Name für sich an, wogegen sich Mc Donalds dann erst wehrte. Letztlich verzichtete Quittner aber nach Aufforderung von McDonald's auf den Domain-Name gegen eine Summe $ 3.500, die dazu verwandt wurde an einer New Yorker Schule einen Internet-Anschluss legen zu lassen.[394]

Es waren noch einige Unternehmen[395] von Domain-Grabbing betroffen, wobei es zu einer ersten gerichtlichen Entscheidung in dem Fall *Hasbro Inc. vs. Internet Entertainment Group Ltd* [396] kam. Hasbro ist Inhaberin der Marke „Candy Land“, unter der sie Kinderspiele vertreibt. Die IEG Ltd. ließ sich den Domain-Name „candyland.com“ registrieren und bot auf der Homepage pornographische Darstellungen an, was vom U.S. District Court in Seattle untersagt wurde. Auch im weiteren Verlauf der Entwicklungen des Internets kam es in den USA immer wieder zu Domain-Name Streitigkeiten, die gerichtlich entschieden wurden.[397]

Diese Registrierungen waren und sind auch in Deutschland immer noch möglich, da eine Überprüfung älterer Rechte durch die deutsche Vergabestelle DE-NIC nicht vorgenommen wird, die dem Eintrag des Domain-Name entgegenstehen könnten.[398] Desweiteren wurden solche Vorgehensweisen auch dadurch begünstigt, dass u.a. große Unternehmen das Internet und seine Entwicklungen im kommerziellen Bereich nicht ernst genommen haben. Aufgrunddessen sind auch ihre Anmeldungen zu spät beim DE-NIC eingegangen, d.h. zu einem Zeitpunkt, als bereits windige Privatpersonen, Konkurrenzunternehmen oder Trittbrettfahrer,

---

394 Zu finden über http://www.law.georgetown.edu/lc/internic/recent/rec1.html, wo auch eine Auflistung und die Zusammenfassungen der Fälle sich befinden.

395 Die weiteren Fälle werden bei Ubber, WRP 1997, 497 (500), bei Gabel, NJW-CoR 1996, 322 (322 f), bei Kilian, DZWir 1997, 381 (384 f) und bei Bettinger, GRUR Int. 1997, 402 (406) aufgeführt.

396 Der Fall *Hasbro Inc. vs. Internet Entertainment Group Ltd., No. C 96-130 WD, 1996 U.S. Dist LEXIS 11626* ist zu finden unter http://www.jmls.edu/cyber/cases/candy.txt.

397 Beispiele für Domain-Name Konflikte in den USA: *Panavision International L.P. vs. Töppen; Lockheed Martin Corp. vs. Network Solutions Inc.; TeleTech Customer Care Management, Inc. vs. Tele-Tech, Co.*; weitere Entscheidungen werden von Bäumer, CR 1998, 174 (176 ff), genannt; weitere Ausführungen zur Gerichtspraxis in den USA, siehe Bettinger, GRUR Int. 1998, 660 ff.

398 Dass DE-NIC keine umfassenden rechtlichen Prüfungen im Konfliktfall zwischen Anmelder und Dritten vorzunehmen hat, wurde im gerichtlich vom OLG Frankfurt, CR 1999, 707 ff – Ambiente.de, in seinem Urteil festgestellt.

Marken, Namen und Unternehmenskennzeichen für sich hatten registrieren lassen. Ein wenig entschärft wurde diese Situation lediglich bislang dadurch, dass seit dem 1.2.1997 die Reservierung eines Domain-Name nicht mehr möglich ist.

II. Anwendbares Recht

Das Internet ist ein umfassendes Kommunikationsnetz, durch das Angebote weltweit Verbreitung finden. Demnach stellt sich zwangsläufig die Frage, welches Gericht für eine Domain-Name-Streitigkeit zuständig ist und nach welchem Recht die im Internet vorkommenden Streitigkeiten zu lösen sind. Es ist demnach herauszufinden, in welchen Fallkonstellationen das deutsche Marken- und Namensrecht und das Recht gegen den unlauteren Wettbewerb anzuwenden sind.

1. Örtliche Zuständigkeit

Das Problem bei der Bestimmung der örtlichen Zuständigkeit ist, dass unabhängig davon, ob es sich bei dem Anbieter auf einer Internet-Homepage um einen In- oder Ausländer handelt, auf dessen Angebot weltweit zugegriffen werden kann. Somit ist fraglich, auf welchen Standort abgestellt werden muss, ob auf den des Host-Computers (Servers), auf dem die Homepage abgelegt wurde, oder auf den Ort, an dem die Verletzungshandlung begangen wurde.

Die Rechtsprechung und Literatur handhabt diese Problematik, so wie bei allen anderen Massenmedien, wie z.B. Presseerzeugnissen, Funk, Fernsehen, Videotext oder Btx: es wird bei wettbewerbswidrigen und unerlaubten Handlungen der allgemeine Grundsatz angewandt, dass nicht nur der Erscheinungsort, sondern auch jeder Ort, an dem das Medium Dritten bestimmungsgemäß und nicht nur zufällig zur Kenntnis gebracht wird, eine örtliche Gerichtszuständigkeit begründet.[399] Es handelt sich dabei um die nunmehr herrschende Einheitstheorie, nach der die Handlung, die Zwischenwirkung und der Erfolg gleichermaßen den Begehungsort begründen.

Daraus folgt, dass der Begehungsort bei Anwahl des verletzenden Domain-Name der Homepage Deutschland sein kann, wenn sich der Host-Computer auch nicht in Deutschland befindet.[400] Würde man allein auf den Ort des Host-Computers abstellen, könnte der Domain-Name-Inhaber sich der Rechtsverfolgung dadurch entziehen, dass er seinen Host-Computer einfach an einen anderen Ort irgendwo auf der Welt versetzt, was es dem Betroffenen nahezu

399 LG Düsseldorf GRUR 1998, 159 (160) - Epson.de; Köhler/Piper, § 24 Rdnr. 17; vgl. auch Bettinger GRUR Int. 1997, 402 (416).

400 Vgl. Kilian, DZWir 1997, 381 (387), der wiederum auf das klarstellende Urteil des KG NJW 1997, 3321 f - conceptconcept.com hinweist; Hoeren, WRP 1997, 993 (998); im Grunde so ebenfalls Omsels, GRUR 1997, 328 (337).

unmöglich machen würde Rechtsschutz zu erlangen.[401] Daher können im Hinblick auf die Abrufbarkeit von Homepages eine Vielzahl von Gerichten zuständig sein. Wenn demnach der Betroffene von der Verletzung seiner Rechte durch den Domain-Name in Deutschland bestimmungsgemäß Kenntnis erlangt hat, sind die deutschen Gerichte örtlich zuständig, allerdings mit der Einschränkung, dass der Domain-Name bestimmungsgemäß und nicht nur rein technisch bedingt in einem Gebiet in Erscheinung tritt, in dem sich das Unternehmen auch nach seiner wirtschaftlichen Zielsetzung betätigt.[402] Eine solche Betätigung im deutschen Inland als Zielsetzung ist auf jeden Fall bei den regionalen Top-Level-Domains, in Deutschland insbesondere bei „de“, gegeben, da die Unternehmen, die unter „de“ registriert sind, bestimmungsgemäß auch national tätig sind.

Allerdings stellt sich die Bewertung des bestimmungsgemäßen Verbreitungsgebietes weitaus schwieriger dar bei den generischen Top-Level-Domains, wie z.B. das am häufigsten gebrauchte Top-Level-Domain „com“, das von der amerikanischen Vergabestelle vergeben wird. Die Gerichte, die bislang über diese Fälle zu urteilen hatten, haben die ört-liche Zuständigkeit deutscher Gerichte bejaht, ohne näher darauf einzugehen, mit der Begründung, dass die Hompages in Deutschland überall aufrufbar seien und demnach auch in die örtliche Zuständigkeit deutscher Gerichte fallen, wenn sie bestimmungsgemäß in Deutschland abrufbar sind.[403]

Im Falle eines nach deutschem Recht zu bewertenden markenrechtlichen Verstoßes des Domain-Name gegen das Markenrecht, wäre die örtliche Zuständigkeit der Landgerichte, unabhängig von dem Streitwert, gegeben gemäß § 140 Abs. 1 MarkenG. Es gibt keine besondere Gerichtstandsangabe im MarkenG, so dass die allgemeinen Gerichtsstandsregelungen beachtet werden müssen.

Dagegen besteht bei wettbewerbsrechtlichen Ansprüchen der besondere Gerichtsstand des Bezirks, in dem die Handlung vorgenommen wurde gemäß § 24 Abs. 2 S. 1 UWG. Davon wird jedoch wiederum eine Ausnahme gemacht gemäß § 141 MarkenG , wenn Ansprüche aus dem MarkenG und dem UWG in einer Sache gleichzeitig geltend gemacht werden; in diesem Fall braucht der besondere Gerichtsstand des § 24 Abs. 2 UWG nicht beachtet zu werden.

Bei der Geltendmachung eines Verstoßes gegen das Namensrecht gemäß den §§ 12, 823 BGB gilt der besondere Gerichtsstand des § 32 ZPO, wonach das Gericht zuständig ist, in dessen Bezirk die unerlaubte Handlung begangen wurde.

---

401 So die Argumentation des LG Düsseldorf GRUR 1998, 159 (160) - Epson.de; vgl. dazu auch Nordemann/Goddar/Tönhardt/Czychowski, CR 1996, 645 (654).

402 Bettinger, GRUR Int. 1997, 402 (416) m.w.N.; ebenso aus französischer Sicht Haas, GRUR Int. 1998, 934 (938); vgl. auch die Entscheidung des High Court of Justice, Chancery Division, GRUR Int. 1998, 322 ff.

403 KG NJW 1997, 3321 f – concert-concept.com; LG Braunschweig CR 1998, 364 f – deta.com; OLG Stuttgart NJW-RR 1998, 1341 f = ZUM 1998 945 (945) – steiff.com; OLG Karlsruhe CR 1999, 783 (783) – badwildbad.com.

2. Materielles Recht

In Bezug auf das materielle Recht muss hier das Internationale Privatrecht beachtet werden. Danach gilt der Grundsatz *Lex loci protectionis*, wonach das Recht eines Staates anzuwenden ist, in dessen Gebiet die Wirkungen des jeweiligen nationalen Rechts in Anspruch genommen werden.[404] Es ist damit das Territorialitätsprinzips anzuwenden, das besagt, dass sich die Voraussetzungen und Rechtsfolgen von Verletzungen nach dem Recht des Staates richten, der den jeweiligen Schutz gewährt.[405] Demnach ist im Fall des Inhabers einer in Deutschland registrierten Marke in Bezug auf den Verstoß eines Domain-Name gegen diese Marke, deutsches Recht anzuwenden, unabhängig davon, ob der Verletzungserfolg und -handlung im Ausland vorliegt, da die Marke nur durch das deutsche Markenrecht geschützt wird.[406] Die Rechtsprechung stellt in den bereits zitieren Urteilen stets bei der Beurteilung, ob ein Domain-Name in fremde Marken- oder Namensrechte eingreift, allein auf das Second-Level ab und lässt die Top-Level-Domains außen vor.[407]

Dieses wird von *Renck*[408] differenziert bewertet. Er argumentiert, dass im Falle des Streites um eine generische Top-Level-Domain bei der Bejahung der Anwendung deutschen Rechts diffenziert werden muss. Seiner Ansicht nach können aufgrund des Territorialitätsprinzips im Kennzeichenrecht, deutsche Gerichte nur darüber entscheiden, ob eine Domain Rechte in Deutschland verletzt und der Inhaber der Domain keine Verbindung zum deutschen Inhaber des entsprechenden Kennzeichenrechts aufweist.[409] Demnach müsse der Unterlassungstenor beinhalten, dass ein Zusatz auf der Homepage erscheinen muss bzgl. des Kennzeichenverstoßes in Deutschland. Eine Untersagung der Benutzung der Hompage weltweit soll nach der Ansicht von *Renck* nicht möglich sein.

---

404 v. Bar, S. 511 ff; Palandt-Heldrich, Art. 38 EGBGB, Rdnr. 2; MK-Kreuzer, Art. 38 Anh. II, Rdnr. 56 m.w.N.

405 Graefe, MA 1996, 100 (101).

406 Eine rechtliche Bewertung nach deutschem Recht kommt aber, wie bereits gesagt, nur dann in Betracht, wenn der Anbieter den Domain-Name gegenüber den Internet-Benutzern in Deutschland gebraucht. Sollen Internet-Benutzer in Deutschland von dem Angebot auf der Homepage gar nicht erreicht werden, kommt eine gerichtliche Klärung wegen eines Verstoßes gegen deutsches Recht nicht in Betracht, vgl. Omsels, GRUR 1997, 328 (337); Bettinger, GRUR Int. 1997, 402 (418).

407 Dagegen wendet sich Biere, CR 1999, 387 (387), indem er argumentiert, dass in der Praxis auch gleiche Second-Level-Domains unter verschiedenen Top-Level-Domains ohne Interessenkollision nebeneinander bestehen können.

408 Renck, NJW 1999, 3587 (3591 f).

409 Ebenso Ubber, WRP 1997, 497 (503).

Dieser Ansicht ist m.E. zuzustimmen in dem Fall, das es sich um ein ausländisches Unternehmen handelt, das tatsächlich in keinem Zusammenhang mit dem Kennzeichen- oder Namensinhaber in Deutschland steht. Allerdings ist ein solches Vorgehen nicht praktikabel, wenn unter dem Top-Level-Domain „com" offensichtlich innerhalb Deutschlands vom Domain-Name-Anmelder ein Domain-Grabbing in der beschriebenen Form beabsichtigt ist. Da es keine zwingenden Regelungen gibt, die besagen, in welchem Fall Domain-Names unter dem jeweiligen regionalen Top-Level-Domain oder den generischen Top-Level-Domains registriert werden können, wäre dann z.B. im Bereich des Top-Level-Domains „com" eine überdurchschnittlich hohe Missbrauchsgefahr gegeben.

Bei einem wettbewerbs- oder namensrechtlichen Verstoß eines Domain-Name wird wiederum das nationale Recht angewandt, in dessen Territorium die Verletzung begangen wurde, da hier im Rahmen des Internationalen Privatrechts auch grundsätzlich nach dem Recht des Tatorts verfahren wird.[410] Somit ist deutsches Zivil- und Wettbewerbsrecht anzuwenden, wenn bei Abruf einer Homepage und bei Anwahl des dazugehörigen Domain-Name innerhalb der deutschen Grenzen, eine Verletzung durch den Domain-Name entdeckt wird.

III. Markenrechtlicher Schutz

Wenn ein Inhaber feststellt, dass seine Marke oder sein Unternehmenskennzeichen, die in Deutschland kennzeichenrechtlich geschützt sind, bereits von einem Dritten als Internet-Domain-Name angemeldet wurde, stellt sich die Frage, ob er markenrechtliche Ansprüche nach dem deutschen MarkenG in der Form eines Unterlassungsanspruches gegen die Registrierung und Verwendung des Domain-Name geltend machen kann. Als markenrechtliche Anspruchsgrundlagen kommen bei der Verletzung fremder Marken § 14 MarkenG und bei der Verletzung fremder geschäftlicher Kennzeichen, insbesondere der Unternehmenskennzeichen, § 15 MarkenG in Betracht.

1. Kennzeichenmäßige Benutzung von Domain-Names

Um überhaupt einen markenrechtlichen Anspruch von Seiten des Markeninhabers geltend machen zu können, muss vorab geklärt werden, ob ein Domain-Name überhaupt kennzeichenrechtliche Ansprüche auslösen kann im Falle einer Kollision mit Marken oder Unternehmenskennzeichen. Es stellt sich damit die Frage, ob der Domain-Name durch seine Verwendung im Internet Kennzeichenqualität besitzen kann.

Kennzeichen dienen der Identifizierung und der Individualisierung einer Person, eines Unternehmens oder eines bestimmten Produktes oder einer Dienstleistung. In Bezug auf diese Identifizierung und Individualisierung wird insoweit

---

410 Vgl. KG NJW 1997, 3321 (3321) - conceptconcept.com.

diskutiert, ob es sich bei dem Domain-Name lediglich um eine Zielkennung für einen bestimmten Computer, ähnlich wie eine Telefonnummer handelt, oder ob er vielmehr aufgrund seines Identifizierungspotentials durch die Wahl einer Marke oder eines Unternehmenskennzeichens als Domain-Name, Kennzeichenfunktion im Sinne des MarkenG besitzt.

a. Der Domain-Name als technische Adresse

Technisch gesehen braucht jeder der im Internet teilnehmenden Host-Computer eine Identifikationsadresse, damit eine Kommunikation überhaupt entstehen kann. Durch Eingabe des Domain-Name wird der Host-Computer, auf dem die dazugehörige Homepage eingerichtet ist, angewählt. Daher wird einerseits die These erhoben, dass der Domain-Name letztlich nur ein Gerät bezeichnet und nicht die Person oder den Gewerbebetrieb, die Adressaten oder Absender, der durch das Netz gesendeten Informationen.[411] Es handele sich also lediglich um die Individualisierung und Identifizierung eines Objektes zum Auffinden einer Homepage.[412] Insofern wird die Funktion des Domain-Name mit der einer Telefonnummer verglichen, der weder kennzeichen- noch namensrechtlicher Schutz gewährt wird.[413] Aufgrund der freien Wählbarkeit von Zahlen- und Buchstabenkombinationen bei Domain-Names, können sie auch ohne erkennbaren Zusammenhang mit dem Namen des Benutzers ausgesucht werden , wodurch die Ähnlichkeit zu den Telefonnummern deutlich sei.[414]

Darüber hinaus stünde die Entwicklung der Nutzungsgewohnheiten bei der Suche nach Hompages einer kennzeichenrechtlichen Qualifizierung des Domain-Name entgegen: die Suche nach Informationen über bestimmte Personen oder Unternehmen und Produkte läuft verstärkt über sog. Suchmaschinen, die aufgrund der Eingabe von Stichworten die gewünschte Homepage anwählen, so dass die technische Funktion des Domain-Name bezeichnenderweise im Vordergrund stehe und nicht der Domain-Name an sich.[415] Somit sei bei einem Domain-Name auch kein Bezug zu einer Ware, einer Dienstleistung oder einem Unternehmen zu sehen.[416] Daraus wird insgesamt geschlossen, dass kennzeichenrechtliche Grundsätze jedenfalls nicht unmittelbar zur Anwendung kommen können.[417]

---

411 Kur, CR 1996, 325 (327).

412 Graefe, MA 1996, 100 (102).

413 Vgl. BGHZ 8, 387 ff - Taxiruf.

414 LG Köln GRUR 1997 377 (377) - Hürth.de; LG Köln NJW-RR 1998, 976 (976) - Pulheim.de; offen gelassen LG Bonn NJW-RR 1998, 977 (977) - detag.de.

415 Wilmer, CR 1997, 562 (565).

416 Graefe, MA 1996, 100 (102).

417 Kur, CR 1996, 325 (327), die gegen die unmittelbare Anwendung von Ansprüchen aus dem MarkenG Bedenken erhebt.

b. Der Domain-Name als Kennzeichen

Eine andere Meinung argumentiert, dass der Domain-Name aufgrund seiner freien Wählbarkeit, von den Inhabern so ausgesucht werden kann, dass er mit der Person oder dem Unternehmen sofort assoziiert werden könne und daher der Domain-Name selbst auch Kennzeichenqualität habe. Diese Annahme wird durch das Argument unterstrichen, dass die Umstellung der Homepage-Anwahl von einem Zahlensystem auf ein Buchstabensystem gerade aufgrund der leichteren Einprägsamkeit und des stärkeren Identifizierungspotentials einer Buchstabenfolge erfolgt sei.[418] Der Internet-Benutzer orientiere sich somit an bekannten Namen, Marken oder Unternehmenskennzeichen, wenn er sich über ein bestimmtes Produkt oder ein Unternehmen per Internet informieren möchte. So erwarte ein Internet-Benutzer auch, dass, wenn er z.B. die Homepage mit dem Domain-Name „BMW.de" anwählt, er Informationen von und über den Autohersteller BMW erhalte.[419]

c. Vermittelnde Ansicht

Eine weitere Ansicht[420] führt wiederum die Rechtsprechung des BGH zur Funktion der Fernschreibkennung[421] an, bei der ebenfalls in Frage stand, ob die Fernschreibkennung ein Kennzeichen darstellt. Die Fernschreibkennung wurde durch die Rechtsprechung zwar nicht eindeutig als Kennzeichen klassifiziert, jedoch wurde ein Verstoß gegen die damalige Vorschrift § 16 des WZG aufgrund der Benutzung einer Fernschreibkennung, die den Namen eines anderen Unternehmens beinhaltete, bejaht.[422] Ähnlich wurde im Hinblick auf den Domain-Name auch vom *LG Düsseldorf*[423] entschieden, dass es letztlich nicht auf die Rechtsnatur des Domain-Name ankommt, sondern Anknüpfungspunkt die Verwendung des Domain-Name ist, durch die ein Markenrecht verletzt wird.

---

418 Nordemann, NJW 1997, 1891 (1892); für diese Ansicht ebenfalls Kur, CR 1996, 325 (327), die beide Ansichten zunächst aufführt und den kennzeichenrechtlichen Bezug bei Domain-Names keineswegs verkennt.

419 LG München I NRW-RR 1998, 973 (974) - Juris.de; LG Frankfurt NRW-RR 1998, 974 (975 f) - lit.de; Nordemann/Goddar/Tönhardt/Czychowski, CR 1996, 645 (652); vgl. auch LG Mannheim GRUR 1997, 377 (378) - Heidelberg.de.

420 Vgl. Freitag, MA 1996, 495 (496).

421 BGH GRUR 1986, 475 ff - Fernschreibkennung. Eine Fernschreibkennung besteht, ähnlich wie der Domain-Name, aus einer kurzen Buchstabengruppe, die der Fernschreibnummer als zusätzliches Kennungsmittel hinzugefügt wird. Auch bei der Fernschreibkennung kann die Kennung aus der Ableitung des Namens eines Unternehmens oder einer Person gewählt werden, was in der Praxis zum größten Teil auch angestrebt wurde und demnach auch erfolgte.

422 Freitag, MA 1996, 495 (496).

423 LG Düsseldorf GRUR 1998, 159 (160)- Epson.de.

d. Eigene Bewertung

Nach der rein technischen Betrachtung des Domain-Name steht die Kommunikationsfunktion der im Internet beteiligten Host-Computer klar im Vordergrund. Dabei wird jedoch verkannt, dass der Domain-Name eine Doppelfunktion dahingehend beinhaltet, dass er durch die Buchstabenabfolge, im Gegensatz zu der vorherigen Nummernkombination, die Identifizierung und Ausweisung der hinter dem Host-Computer stehenden Person oder Institution, erkennbar leichter macht. Insoweit muß die Kennzeichenqualität eines Domain-Name zumindest erwägt werden.

Für den Kennzeichenschutz eines Domain-Name spricht darüber hinaus, dass viele Unternehmen häufig auch außerhalb des Internets, z.B. in Zeitungen und im Fernsehen, mit ihrem Domain-Name werben, um damit potentielle Kunden zu animieren ihr Angebot auf der Homepage anzuwählen.[424] Auch die Argumentation, dass der Grund der Einführung von Domain-Names die Verbesserung der Benutzerfreundlichkeit war, überzeugt, da rein technisch gesehen, es keiner Domain-Names zur Anwahl eines Host-Computers und der dort installierten Homepage bedurfte.[425]

Durch einen Domain-Name kann zum größten Teil eindeutig bestimmt werden, wem dieser zuzuordnen ist. Danach ist auch nachzuvollziehen, dass derjenige, der die Bezeichnung eines Unternehmens oder eines Markenproduktes eingibt, erwartet, über das Unternehmen mit diesem Unternehmenskennzeichen oder über das Produkt, das hinter dieser Marke steht, Informationen per Internet zu erhalten. Es ist daher bei den Internet-Domain-Names auf die beteiligten Verkehrskreise abzustellen, so dass eine im Domain-Name enthaltende Marke oder Unternehmenskennzeichen durchaus als Hinweis auf die real dahinter stehende Person oder das Unternehmen verstanden werden kann. Demnach wird durch die Domain-Names eine Verbindung zwischen dem Rechnernamen und der dahinter stehenden Institution geschaffen, so dass durch die Eingabe des Domain-Name nicht nur die Ausweisung des angewählten Computers vorgenommen wird, sondern auch desjenigen, der auf seiner Homepage präsentiert.

Letztlich kann nach der hier vertretenen Ansicht aber dahinstehen, ob der Domain-Name selbst ein Kennzeichen darstellt oder nicht. Darauf kommt es m.E. gar nicht an. Wie in dem „Epson"-Urteil und auch bereits in dem „Fernschreibkennung"-Urteil ausgeführt wurde, kommt es alleinig bei der Bewertung der Möglichkeit der Geltendmachung darauf an, dass durch die Verwendung eines Domain-Name, der eine Marke oder ein Unternehmenskennzeichen beinhaltet, das Recht an demselben verletzt wird.

---

424 Vgl. Wiebe, CR 1998, 157 (161).

425 Vgl. Bechthold, ZUM 1997, 427 (441).

Es muss der Domain-Name nicht selbst als Kennzeichen qualifiziert werden, wenn bereits durch dessen Benutzung andere Kennzeichenrechte verletzt werden. Denn die Marke oder das Unternehmenskennzeichen genießen „kraft ihrer Eintragung Schutz, ohne dass es in markenrechtlicher Hinsicht noch darauf ankommt, ob die Verwendung der Marke innerhalb einer Telegrammadresse, Telex- oder Telefaxkennung bzw. als Domain innerhalb einer Internet-Location eine Hinweisfunktion auf den Anbieter zulässt“[426]. Somit kommt es nicht auf die Qualifizierung des Domain-Name als Kennzeichen an, sondern auf die reine kennzeichenrechtliche Verletzungshandlung, die gegenüber den registrierten Kennzeichen automatisch erfolgt, wenn sie als Domain-Names im Internet benutzt werden.

2. Benutzung des Domain-Name im geschäftlichen Verkehr

Desweiteren setzen markenrechtliche Ansprüche voraus, dass der Domain-Name, der eine fremde Marke oder ein fremdes Unternehmenskennzeichen beinhaltet, von seinem Inhaber auch im geschäftlichen Verkehr verwendet wird. Die Verwendung des Domain- Name im geschäftlichen Verkehr war bis zum 1.2.1997 insofern fraglich, als die Reservierung von Internet-Domain-Names noch möglich war. Während dieser Zeit trat der Domain-Name nicht nach außen. Daher wurde die Verwendung des Domain-Name im Fall der Registrierung bezweifelt.[427]

Dieses Problem stellt sich seit der Abschaffung der Reservierungsmöglichkeit eines Domain-Name nicht mehr. Die Verwendung des Domain-Name im geschäftlichen Verkehr, die für die Unterlassungsansprüche des § 14 Abs. 5 und des § 15 Abs. 4 MarkenG Voraussetzung ist, liegt nunmehr nach der h.M. vor, wenn die Benutzung des Domain-Name nicht nur im rein privaten Bereich erfolgt.[428] Es können nur dann keine markenrechtlichen Ansprüche geltend gemacht werden, wenn eine Privatperson einen Domain-Name für sich hat registrieren lassen, um diesen lediglich für seine privat genutzte Homepage zu benutzen.[429]

---

426 LG Düsseldorf GRUR 1998, 159 (161) - Epson.de.

427 Vgl. Ubber, WRP 1997, 495 (504); a.A. Nordemann, NJW 1997, 1891 (1893).

428 Kollisionen mit Namens- und Kennzeichenrechten sind dann über die §§ 12, 823 BGB oder über § 1 UWG zu lösen.

429 Die Grenzen zwischen privater und geschäftlicher Nutzung sind fließend. Wenn sich eine Privatperson eine Vielzahl von Domain-Names hat registrieren lassen, so stellt sich automatisch die Frage, ob der private Bereich nicht schon verlassen wurde, vgl. Bettinger, GRUR Int. 1997, 402 (408); Kur, CR 1996, 590 (591); a.A. Ubber, WRP 1997, 497 (504), der der Ansicht ist, daß der Umstand, dass eine Privatperson eine Vielzahl von Domain-Names registrieren lässt, mit dem Ziel diese an Dritte zu veräußern, nicht zur Anwendung des Markenrechts führt, da dieses noch keine markenmäßige Verwendung im Geschäftsverkehr darstelle.

Eine geschäftliche Nutzung des Domain-Name liegt aber auf jeden Fall vor, wenn ein Unternehmen sich oder seine Produkte auf einer Homepage präsentiert, und somit als Werbemittel benutzt.[430]

3. Markenrechtliche Unterlassungsansprüche

Markenrechtliche Unterlassungsansprüche gegen die Benutzung fremder Marken oder Unternehmenskennzeichen in Domain-Names sind in § 14 Abs. 5 und § 15 Abs. 4 MarkenG geregelt. Als Voraussetzung der Geltendmachung dieser Unterlassungsansprüche muss einer der in § 14 Abs. 2-4 MarkenG für Marken bzw. der in § 15 Abs. 2-3 MarkenG für Unternehmenskennzeichen geltenden, genannten Untersagungstatbestände vorliegen. Welche Untersagungstatbestände insbesondere bei dem bereits dargestellten „Domain-Grabbing" ihre Anwendung finden können, soll im folgenden geklärt werden.

a. Identität oder Ähnlichkeit von Domain-Names und fremden Kennzeichen

Bei vorliegender Identität oder Ähnlichkeit eines Domain-Names mit einem fremden Kennzeichen, kommen zunächst bei Marken die Untersagungstatbestände des § 14 Abs. 2 Nr. 1 und des § 14 Abs. 2 Nr. 2 MarkenG, und entsprechend bei Unternehmenskennzeichen der des § 15 Abs. 2 MarkenG in Betracht.

aa. Untersagungsgrund des § 14 Abs. 2 Nr. 1 MarkenG

Der Untersagungsgrund nach § 14 Abs. 2 Nr. 1 MarkenG setzt voraus, dass ein mit der fremden Marke identisches Zeichen für Waren oder Dienstleistungen benutzt wird, die mit denjenigen identisch sind, für den der Schutz der Marke gilt. Es handelt sich um eine sog. „Doppelidentität", die zum einen hinsichtlich der identischen Marke und dem Domain-Name, zum anderen hinsichtlich der identichen Waren oder Dienstleistungen, für die der Domain-Name benutzt wird, vorliegen muss.[431]

---

430 So auch die h.M., vgl. Nordemann/Goddar/Tönhardt/Czychowski, CR 1996, 645 (653); Bettinger, GRUR Int. 1997, 402 (408); vgl. auch LG München I NJW-CoR 1998, 111 (111) - deutsches-theater.de.
Nach Ansicht von Biermann, WRP 1999, 997 (998) ist die Problematik des Merkmals „im geschäftlichen Verkehr" in der Praxis kaum zu lösen. Dieses ist jedoch m.E. nicht ganz richtig, da die angeführten Kriterien bei der Bewertung der Benutzung im geschäftlichen Verkehr sehr wohl zu einer Lösung im Konfliktfall kommen können.

431 So die h.M., vgl. Kilian, DZWir 1997, 381 (388); Bettinger, GRUR Int. 1997, 402 (410).

(1) Doppelidentität des § 14 Abs. 2 Nr. 1 MarkenG

Im Rahmen der Prüfung der sog. „Doppelidentität" entstehen auf der ersten Prüfungsstufe bei der Identität einer fremden Marke und einem Domain-Name im Grunde keine Pobleme. Die diesbzgl. h.M. in der Literatur ist, dass dem Zusatz durch das regionale oder generische Top-Level keine unterscheidbare eigene Bedeutung bei diesem Vergleich zukommt, da er in den Verkehrskreisen als ledigliches Zuordnungskriterium bekannt ist.[432] Es stellt sich allerdings die Frage, was unter der Identität hinsichtlich der Waren oder Dienstleistungen im Bereich der Domain-Name-Problematik zu verstehen ist. In Betracht kommt entweder die Identität der Waren oder Dienstleistungen, die auf der Homepage inhaltlich präsentiert werden oder die Homepage als Ware oder Dienstleistung an sich. Dazu gibt es weder in der Rechtssprechung noch in der Literatur einheitliche Stimmen.

Ein Teil der Rechtsprechung[433] hat sich dahingehend geäußert, dass sich die Identität hinsichtlich der Waren- und Dienstleistungsidentität auf das Informationsangebot „Homepage im Internet" bezieht, welches alleinig durch den Domain-Name gekennzeichnet werde und nicht etwa durch den Inhalt der Homepage. Demnach stelle die Homepage an sich die im Rahmen der markenrechtlichen Ansprüche zu bewertende Dienstleistung dar und nicht das Angebot der Waren oder Dienstleistungen auf der Homepage selbst. Der Internet-Benutzer erwarte unter einem bestimmten Domain-Name, der mit einer fremden Marke übereinstimmt, über diese Marke Informationen im Internet zu erhalten. Es komme demnach überhaupt nicht mehr darauf an, was letztlich auf der Homepage an Waren und Produkten angeboten wird. Dieser Ansicht hat sich auch ein Teil der Literatur angeschlossen.[434]

Eine andere Ansicht wird ebenfalls von der Rechtsprechung[435] und einem Teil der Literatur[436] vertreten, die auf das Leistungsangebot auf der Homepage im Internet selbst abstellt, d.h. insbesondere auf deren Inhalt. Es wird argumentiert, dass vor allem auch die wirtschaftlichen Funktionen des Informationsangebots und die Branchennähe bei der Beurteilung der Identität miteinzubeziehen seien, da ansonsten der markenrechtlich vorausgesetzten Verwechselungs- oder zumindest Verwirrungsgefahr nicht hinreichend Rechung getragen würde.[437]

---

432 LG Düsseldorf GRUR 1998, 159 (161) - Epson.de. Nach Ansicht von Krieger, Handesblatt vom 8.11.1999, wird durch diese Rechtsprechung in Bezug auf den Umgang mit generischen Top-Level-Domains, dass die Verwechselungsgefahr praktisch auf dieser Ebene unberücksichtigt bleibt, der Konflikt nur noch verschärft. Es werde dabei nicht berücksichtigt von der Rechtsprechung, dass Kennzeichenrechte regional beschränkt, Netzangebote dagegen global ausgerichtet sind.

433 LG Düsseldorf GRUR 1998, 159 (162) - Epson.de.

434 Kilian, DZWir 1997, 381 (388).

435 LG München I NJW-RR 1998, 984 (985) - freundin.de.

436 Wiebe, CR 1998, 157 (162 f).

437 Strömer, Handelsblatt v. 22.9.1998, S. 58.

Demnach soll eine pauschale Einordung der Homepage als selbständige Dienstleistung nicht in Betracht kommen können.

M.E. spielt zwar bei der Beurteilung der Identität der Waren und Dienstleistungen die reine Assoziation eines Domain-Name mit einer bestimmten Marke eine nicht unerhebliche Rolle, die vor allem bei bekannten Marken noch gesteigert wird. Jedoch darf der Inhalt einer Homepage grundsätzlich nicht außer Acht gelassen werden bei der Beurteilung der Doppelidentität im Rahmen des § 14 Abs. 2 Nr. 1 MarkenG, da letztlich auf dieser Homepage bestimmte Waren oder Dienstleistungen präsentiert werden. Im Allgemeinen ist es auch zu bejahen, dass ein Internet-Benutzer bei der Anwahl der Homepage „Maggi.de" Informationen über die Waren des Unternehmens erwartet, das Maggi-Produkte herstellt oder vertreibt. Nichtsdestotrotz könnte sich unter dieser Bezeichnung auch ein branchenfremdes Unternehmen Waren und Dienstleistungen im Internet präsentieren, die völlig unterschiedlich sind zu denen der Lebensmittelbranche. Bei Annahme der ersten Ansicht würde damit in einem solchen Fall immer sofort der Untersagungsgrund des § 14 Abs. 2 Nr. 1 MarkenG vorliegen, obwohl der Domain-Name nicht die Waren oder Dienstleistungen betrifft, für die die Marke eingetragen ist. Dieses entspricht nicht den markenrechtlichen Vorgaben, nach denen identische Marken für unterschiedliche Warenkategorien eingetragen werden können. Im Bereich der bekannten Marken, wie z.B. Maggi, käme man wiederum auch bei Verneinung der Doppelidentität, und damit der Verneinung eines Unterlassungsanspruches aus § 14 Abs 2 Nr. 1 MarkenG, über § 14 Abs. 2 Nr. 3 MarkenG, der bekannte Marken schützt, auch bei Nichtidentität der Waren und Dienstleistungen, zur Bejahung eines Unterlassungsanspruches.

Demnach ist nach der hier vertretenen Ansicht im Rahmen des § 14 Abs. 2 Nr. 1 MarkenG die Doppelidentität nicht nur in Bezug auf den Domain-Name und die Homepage als Dienstleistung selbst zu prüfen, vielmehr müssen sowohl der Domain-Name als auch der Inhalt der Homepage und der sich darauf angebotenen Produkte, in die markenrechtliche Prüfung der Doppelidentität miteinbezogen werden. Folglich ist ein Unterlassungsanspruch gemäß § 14 Abs. 2 Nr. 1 MarkenG nur dann gegeben, wenn die Homepage einen Domain-Name beinhaltet, der mit einer Marke identisch ist, und wenn auf ihr dieselben Waren und Dienstleistungen präsentiert werden, für die die Marke registriert ist.

(2) Spekulative Domain-Name-Anmeldungen und ihre Untersagung nach § 14 Abs. 2 Nr. 1 MarkenG

Fraglich ist aber desweiteren, ob der Untersagungstatbestand des § 14 Abs. 2 Nr. 1 MarkenG auch bei den sog. „spekulativen Domain-Name-Anmeldungen" durch Markenagenturen oder Privatpersonen, deren Ziel es ist, die Domain-Names an den eigentlichen Markeninhaber weiterzuverkaufen, einschlägig ist.[438] Bezeichnend für die spekualtiven Domain-Name-Anmeldungen ist insbesondere, dass die Homepage meistens noch gar nicht aufgebaut ist und damit lediglich eine leere Seite im Internet zu sehen ist, die keine Waren oder Dienstleistungen zeigt.

Ein solcher Sachverhalt lag dem Urteil „Epson.de“[439] zugrunde, in dem eine sog. „Agentur“ den mit der fremden Marke gleichlautenden Domain-Name „Epson.de“ hatte registrieren lassen. Ziel dieser Registrierung war es, dem Markeninhaber gegen ein bestimmtes Entgelt den Domain-Name zu überlassen. Das Computer-unternehmen Epson, das Inhaberin der gleichlautenden Marke ist, klagte gegen diese Domain-Name-Registrierung und obsiegte. Ein Unterlassungsanspruch gemäß § 14 Abs. 5 i.V.m. Abs. 2 Nr. 1 MarkenG wurde demnach bejaht. In diesem Fall galt noch die Besonderheit der Reservierung eines Domain-Name, so dass im Zeitpunkt des Urteils noch gar keine Homepage, nicht einmal eine leere, im Internet aufgebaut worden war. Dass dennoch von Seiten des Gerichts die Doppelidentität gemäß § 14 Abs. 2 Nr. 1 MarkenG bejaht wurde, wird damit begründet, dass zumindest die Gefahr bestand, dass die Agentur an ein drittes Konkurrenzunternehmen den Domain-Name hätte verkaufen können, wenn sich das markeninhabende Unternehmen der Zahlung des Entgelts zwecks Abkauf des Domain-Name widersetzt hätte.

Desweiteren wird von *Nordemann*[440] in Bezug auf die Möglichkeit der Untersagung der Benutzung eines Domain-Name vertreten, dass Fragen der Identität oder Ähnlichkeit von Waren und Dienstleistungen bei erkennbar unlauteren Anmeldungen dahingestellt bleiben können, da bereits § 14 Abs. 1 und § 15 Abs. 1 MarkenG dem Kennzeicheninhaber ein ausschließliches Recht an der Marke bzw. an dem Unternehmenskennzeichen gewähren, wonach diese Art des Domain-Grabbings rechtlich gelöst werden könne.

M.E. darf grundsätzlich auch bei spekulativen Domain-Name-Anmeldungen nicht anders verfahren werden als bei Domain-Names, bei deren Anwahl im Internet ein komplettes Waren- und Dienstleistungssortiment angeboten wird. Es ist daher fraglich, ob man, wie im Epson-Fall, von der potentiellen Verkaufsgefahr des Domain-Name an ein Konkurrenzunternehmen ausgehen kann. Miteinzubeziehen ist in diese Überlegungen auch, dass es bei den spekulativen Domain-

---

438 Bejahend in Großbritannien: Chancery Division des High Court of Justice, Entscheidung vom 28.11.1997, GRUR Int. 1998, 177 (177), der mehrere Händler von Internet-Domain-Names dazu verurteilte, ihre registrierten Domain-Names, die Kennzeichen anderer Parteien enthielten und die sie in der Absicht hatten eintragen lassen, sie an die Kennzeicheninhaber zu verkaufen, aufzugeben.
In dem Urteil des LG Braunschweig NJW 1997, 2687 (2687) - braunschweig.de, wird die Anmeldung eines solchen Domain-Name mit einer bösgläubigen Markenanmeldung im Sinne des § 50 Abs. 1 Nr. 4 MarkenG verglichen.

439 LG Düsseldorf GRUR 1998, 159 ff - Epson.de.

440 Nordemann, NJW 1997, 1891 (1894).

Name-Anmeldungen primär auf die Gesinnung ankommt, die hinter der Markenanmeldung steht, und nicht auf die Waren oder Dienstleistungen, die gegebenenfalls auf der Homepage präsentiert werden. So kann von der Gesinnung auch auf den weiteren Umgang mit dem Domain-Name geschlossen werden, so auch in dem Fall, in dem der Markeninhaber den Kauf des Domain-Name ablehnt. In dieser Fallkonstellation ist es sehr wahrscheinlich, dass der Domain-Name-Inhaber dennoch Nutzen aus seiner Anmeldung schlagen möchte, indem er den Domain-Name an ein Kokurrenzunternehmen weiterverkauft. Ansonsten hätte die Domain-Name-Anmeldung auch gar keinen Sinn für ihn gehabt. Desweiteren scheint die Überlegung, die Fälle der spekulativen Domain-Name-Anmeldungen über das Exklusivrecht des Markeninhabers nach § 14 Abs. 1 MarkenG zu lösen zwar praktikabel, jedoch wird übersehen, dass in den folgenden Absätzen des § 14 MarkenG und den §§ 17 ff MarkenG gerade die Ansprüche des Markeninhabers, die aus dem Exklusivrecht resultieren, normiert sind. Über § 14 Abs. 1 MarkenG können demnach keine darüber hinausgehenden Ansprüche gewährt werden, da diese bereits abschließend geregelt sind. Folglich kann m.E. ein Unterlassungsanspruch gemäß § 14 Abs. 2 Nr. 1 MarkenG bei spekulativen Domain-Name-Anmeldungen bei der Gefahr des Weiterverkaufs des Domain-Names an ein Konkurrenzunternehmen zur Anwendung kommen.

bb. Untersagungsgrund des § 14 Abs. 2 Nr. 2 MarkenG

Gemäß § 14 Abs. 2 Nr. 2 MarkenG ist es Dritten untersagt ein Zeichen zu benutzen, wenn wegen der Identität oder Ähnlichkeit des Zeichens mit der Marke und der Identität oder Ähnlichkeit der durch die Marke und das Zeichen erfassten Waren oder Dienstleistungen, für das Publikum die Gefahr von Verwechselungen besteht, einschließlich der Gefahr, dass das Zeichen mit der Marke gedanklich in Verbindung gebracht wird. Damit ist im Rahmen des § 14 Abs. 2 Nr. 2 MarkenG als zusätzliche Voraussetzung die *Verwechselungsgefahr*[441] zu prüfen, die gegeben ist, wenn eine Herkunfttäuschung vorliegt, die das Publikum glauben machen kann, die betreffenden Waren oder Dienstleistungen stammen aus demselben Unternehmen oder zumindest aus wirtschaftlich miteinander verbundenen Unternehmen.[442] Auch im Hinblick auf die Anmeldung von spekulativen Domain-Names durch sog. Markenagenturen oder Privatpersonen, die kommerzielle Hintergedanken haben, kann, aufgrund der bestehenden Gefahr, dass die Domain-Names an andere Unternehmen verkauft werden, die ähnliche Waren oder Dienstleistungen anbieten, der Untersagungstatbestand bejaht werden. Ob dieses letztlich über den Tatbestand des § 14 Abs. 2 Nr. 1 oder den des § 14 Abs. 2 Nr. 2 MarkenG bzw. über § 14 Abs. 1 MarkenG geregelt wird, ist im jeweiligen

441 So die Definition des EuGH zur Verwechselungsgefahr, vgl. EuGH GRUR Int. 1998, 56 (57) - Springende Raubkatze II; EuGH GRUR 1998, 922 (923) – Canon.

442 Vgl. LG Köln CR 1998, 362 (363) - D-...Reihe.

Einzelfall zu sehen, führt letztlich aber in diesen Fällen zum gleichen Ergebnis, d.h. zur Untersagung der Benutzung der fremden Marke als Bestandteil des Domain-Name.[443]

(1) Problem des identischen Domain-Name für unterschiedliche Waren und Dienstleistungen

Als Problem stellt sich jedoch der Fall dar, in dem zwar Identität zwischen dem Domain-Name und der fremden Marke besteht, aber diese für jeweils unterschiedliche Waren oder Dienstleistungen benutzt werden. Hier treffen die markenrechtlichen Grundsätze, nach denen eine Marke für verschiedenen Warenkategorien für unterschiedliche Inhaber registriert werden können, auf den Grundsatz der Einmalvergabe von Domain-Names. Demnach kann aufgrund der Einmalvergabe derjenige Markeninhaber seine Marke nicht als Domain-Name anmelden, wenn bereits ein anderer, der zwar kein eigenes Recht an dem Kennzeichen hat, dieses aber für eine andere Warenkategorie im Rahmen des Domain-Name benutzt, als die, für die die Marke registriert wurde. Markenrechtlich stellt dieses keinen Verstoß dar.

Deshalb erheben sich Stimmen, die in Frage stellen, ob die herkömmlichen Grundsätze zur Beurteilung der Verwechselungsgefahr im Bereich des Internets überhaupt herangezogen werden können.[444] Es wird insbesondere überlegt, ob die Verwechselungsgefahr in Bezug auf die Ähnlichkeit der Waren und Dienstleistungen, bei Domain-Names weiter gehandhabt werden soll, als es bislang im Markenrecht die Regel ist.[445] Bei einer solchen Lösung wird zwar dem einen verletzten Markeninhaber der nötige Rechtsschutz zur Verfügung gestellt, jedoch würden dadurch auch weitere Konfliktfälle geschaffen, da ein anderer wiederum durch eine Untersagung benachteiligt würde, obwohl gar kein Verstoß gegen das MarkenG vorliegt.

Der Grundsatz „wer zuerst kommt, mahlt zuerst“, der Prioritätsgrundsatz, gewinnt damit bei Vorliegen der Identität von Marke und Domain-Name und unterschiedlichen Waren oder Dienstleistungen, eine fast unangreifbare Bedeutung, die allerdings für den Markeninhaber zu einer echten Behinderung bei der Anmeldung eines Domain-Name führt. Im Rahmen der Einmalvergabe von Domain-Names kann man unter den bisherigen Vorschriften zu keinem anderen Ergebnis kommen.

---

443 Ubber, WRP 1997, 497 (505); Hoeren, WRP 1997, 993 (997); Kur, CR 1996, 325 (327).

444 Vgl. Nordemann, NJW 1997, 1891 (1894) m.w.N.

445 Vgl. Kur, CR 1996, 590 (593).

Die Lösung muss dann in der Findung eines anderen passenden Domain-Name liegen, auf den gegebenenfalls mit einem sog. *Link*[446] auf der Homepage des Inhabers des streitigen Domain-Name verwiesen wird. Allerdings kann der Original-Domain-Name-Inhaber zu einer solchen Verweisung nicht gesetzlich verpflichtet werden, vielmehr muss man sich auf freiwilliger Basis vertraglich einigen.[447]

Ansonsten ist jedoch festzuhalten, dass nach dem geltenden Markenrecht die Enttäuschung, sein eigenes Kennzeichen nicht benutzen zu können aus den aufgezeigten Gründen, noch keine Markenverletzung indiziert.[448] Lediglich wenn die dadurch ausgelöste Behinderung auf unlauteren Motiven beruht, kann man in diesem Fall zu einer Untersagung der Benutzung des Domain-Name kommen. Diese Fälle sind dann allerdings über das Recht des unlauteren Wettbewerb (UWG) oder über die Vorschriften der sittenwirdrigen Schädigung im Rahmen der §§ 823, 826 BGB zu lösen.[449]

(2) Problem der geringfügigen Änderungen des Domain-Name

Darüber hinaus stellt sich im Rahmen der Prüfung des § 14 Abs. 2 Nr. 2 MarkenG die Frage, was geschieht, wenn innerhalb der verschiedenen Domain-Names nur einzelne Buchstaben verändert wurden, bei denen aber sowohl das Klang- als auch das Wortbild zum Ausgangs-Domain-Name nur geringfügig differieren.

Einerseits wird vertreten, dass aufgrund der immer weniger werdenden Möglichkeiten an neuen Domain-Names, die Verwechselungsgefahr nicht so schnell bejaht werden sollte.[450] Insbesondere spreche für eine gesonderte Handhabung der Verwechselungsgefahr im Bereich des Internets, dass bei Anlegung der üblichen Maßstäbe bei der Verwechselungsgefahr, die Anzahl der sinnvollen und merkfähigen Internet-Domain-Names, die ohnehin schon begrenzt ist, noch weiter eingeschränkt würde.[451]

Andererseits wird argumentiert, dass bei minimaler Veränderung einer fremden Marke, die das Klang- und Wortbild des Ausgangs-Domain-Name nicht groß

446 Ein *Link* stellt einen Verweis auf einer Homepage auf eine andere Homepage dar, in Form eines zusätzlichen Feldes, das angeklickt werden kann, um sofort auf die andere Homepage zu gelangen. Damit ist der Link mit einer Stichwortkarteikarte in einem Bibliothekskatalog vergleichbar, durch die auf weitere Fundstellen verwiesen wird, Koch, NJW-CoR 1997, 298 (300); Ernst, NJW-CoR 1997, 224 (224).

447 So ebenfalls, Biermann, WRP 1999, 997 (1000 f).

448 Vgl. Omsels, GRUR 1997, 328 (335).

449 Vgl. Bettinger, GRUR Int. 1997, 402 (411 f); Graefe, MA 1996, 100 (102); Kur, CR 1996, 325 (328).

450 Kur, CR 1996, 590 (593).

451 Bettinger, GRUR Int. 1997, 402 (415); Kur, CR 1996, 590 (593); Hoeren, Rechtsfragen des Internets, Beck-Seminare 1996, S. 98 f.

verändert, Verwechselungsgefahr gegeben ist, da es dadurch bei den Internet-Benutzern zu Verwirrungen kommen kann. Außerdem würden auch nicht die Möglichkeiten der Domain-Name-Wahl derart eingeschränkt, da es verschiedene regionale und generische Top-Levels gibt, unter denen identische Marken als Second-Level-Domain gewählt werden können.[452] Die Verwechselungsgefahr sei darüber hinaus wegen des immer häufigeren Auftritts des Domain-Name in der Werbung, nach den allgemeinen zeichenrechtlichen Maßstäben zu ermitteln.

Im Hinblick auf die Möglichkeiten der Domain-Name-Wahl ist anzumerken, dass durch die verschiedenen Top-Levels nicht unbedingt eine größere Anzahl von Domain-Name Möglichkeiten besteht, da gerade Unternehmen ihre Marken häufig als Domain-Name sowohl unter dem regionalen als auch dem generischen Top-Level registrieren lassen. Damit würden sich bei enger Beurteilung der Verwechselungsgefahr in dem Fall des leicht abgeänderten Domain-Name, die Anzahl der merkfähigen Domain-Name-Kombinationen sehr reduzieren. Gegen die letztere Ansicht spricht aber vor allem, dass es mit Hilfe von Suchmaschinen dem Internet-Benutzer erleichtert wird genau die Homepage anzuwählen, die er zu sehen wünscht. Dabei wird häufig mit Stich-worten gearbeitet, die den Internet-Benutzer dann zu den begehrten Informationen gelangen lässt. Darüber hinaus besteht bei unlauterem Verhalten gegebenenfalls die Möglichkeit nach § 1 UWG vorzugehen.

Folglich ist in Bezug auf den Domain-Name an sich die Verwechselungsgefahr nicht nach strengen markenrechtlichen Maßstäben zu handhaben, allerdings mit der Einschränkung, dass zumindest geringfügige Abwandlungen oder Zusätze erfolgt sind.[453]

cc. Untersagungsgrund des § 15 Abs. 2 MarkenG

Ähnliches gilt für eine identische oder ähnliche geschäftliche Bezeichnung, die in Form eines Unternehmerkennzeichens unbefugt als Domain-Name benutzt wird und die geeignet ist, Verwechselungen mit der geschützten Bezeichnung hervorzurufen (§ 15 Abs. 2 MarkenG).

Als Korrelat zu der bei § 14 Abs. 2 MarkenG erwähnten Waren- oder Dienstleistungsähnlichkeit ist in der Rechtsprechung bei geschäftlichen Bezeichnungen der Begriff der *Branchennähe* entwickelt worden. Branchennähe bedeutet nicht, dass zwischen den Benutzern kollidierender geschäftlicher Kennzeichen unbedingt ein Wettbewerbsverhältnis bestehen muss, vielmehr müssen die Geschäftbereiche oder Waren der Unternehmen so ähnlich sein, dass die beteiligten Verkehrskreise zu der irrigen Annahme verleitet werden, dass zwischen den betroffenen Unternehmen in irgendeiner Art geschäftliche, wirtschaftliche oder

---

452 Nordemann, NJW 1997, 1891 (1894).

453 So in etwa auch OLG Frankfurt GRUR 1997, 481 (481) - Wirtschafts-Online.

organisatorische Zusammenhänge bestehen oder die Waren aus demselben Geschäftsbetrieb stammen.[454] Dabei sind die Identität der Kennzeichen, das Ausmaß der originären oder durch Verkehrsgeltung erlangten Unterscheidungskraft und die Branchennähe, die maßgebenden Kriterien für das Vorliegen der Verwechselungsgefahr.[455]

Verwechselungsgefahr ist demnach bei Domain-Names in Bezug auf die geschäftliche Bezeichnung gegeben, wenn eine Herkunftstäuschung aufgrund der Benutzung der geschäftlichen Bezeichnung als Bestandteil des Domain-Name vorliegt, die den Internet-Benutzern, die die mit diesem Unternehmenskennzeichen versehene Homepage anwählen, glauben machen können, dass das auf der Homepage präsentierte Unternehmen, identisch oder zumindest wirtschaftlich verbunden ist mit demjenigen Unternehmen, das sich und seine Produkte oder Dienstleistungen auf der Internet-Homepage präsentiert. In der Praxis kommt dieser Untersagungstatbestand zunächst bei der Benutzung eines Domain-Name durch ein konkurrierendes Unternehmen zur Geltung, d.h. in den Fällen, in denen z.B. unter dem fremden Unternehmenskennzeichen, das für ein anderes Unternehmen aus derselben oder eine ähnlichen Branche angemeldet ist, der Domain-Name registriert wurde.

Problematisch ist es allerdings - wie bereits unter § 14 Abs. 2 Nr. 2 MarkenG behandelt - wenn Identität zwischen dem Domain-Name und dem fremden Unternehmenskennzeichen vorliegt, aber keine ähnlichen Waren oder Dienstleistungen darunter angeboten werden. Nach der Rechtsprechung wird eine Verwechselungsgefahr im Rahmen des Untersagungsgrundes des § 15 Abs. 2 MarkenG verneint, wenn eine genügend große Branchenverschiedenheit zwischen den Unternehmen vorliegt.[456] Aufgrund fehlender Ähnlichkeit der auf der Homepage angebotenen Waren und Dienstleistungen führt dieses folglich zu dem Ergebnis, dass keine Verwechselungsgefahr im Sinne des § 15 Abs. 2 Nr. 2 MarkenG in dem beschriebenen Fall vorliegt, obwohl im Internet Verwechselungsgefahr aufgrund der Einmalvergabe von Domain-Names auch bei völliger Branchenferne bestehen kann. Aus den bereits aufgeführten Gründen, muss dann nach der hier vertretenen Ansicht, das jeweils langsamere Unternehmen bei der Anmeldung eines mit einem geschäftlichen Kennzeichen identischen oder ähnlichen Domain-Name, auf seine Eintragung und Präsentation im Internet verzichten.

Im weiteren wird aufgrund der ansonsten gleichartigen Problematik der geschäftlichen Kennzeichen und Marken, auf die oben bereits gemachten Ausführungen zur Beurteilung des Vorliegens einer Verwechselungsgefahr zwischen Domain-Name und fremder Marke verwiesen.

---

454 Althammer/Klaka/Ströbele, § 15, Rdnr. 6.

455 LG Frankfurt NJW-RR 1998, 974 (976) - lit.de; Althammer/Klaka/Ströbele, § 15, Rdnr. 5.

456 Dazu BGH GRUR 1975, 606 - IFA; Bechthold, ZUM 1997, 427 (442).

b. Bekannte Kennzeichen als Bestandteil eines Domain-Name

Gemäß § 14 Abs. 2 Nr. 3 und § 15 Abs. 3 MarkenG ist es untersagt durch die Benutzung eines Kennzeichens die Unterscheidungskraft oder Wertschätzung einer bekannten Marke bzw. einer bekannten geschäftlichen Bezeichnung ohne rechtfertigenden Grund in unlauterer Weise auszunutzen oder zu beeinträchtigen. Eine Verwechselungsgefahr wird dabei nicht vorausgesetzt. Demnach ist zu prüfen, ob bei einer anerkannten bekannten Marke bzw. bei einem bekannten geschäftlichen Kennzeichen, durch die Benutzung eines Domain-Name der Ruf eines bekannten Kennzeichens ausgebeutet oder seine Verwässerung erfolgen kann.[457]

Nach der Rechtsprechung liegt eine Verwässerung vor, wenn eine konkrete Gefährdung der Werbekraft des bekannten Kennzeichens feststellbar ist.[458] Danach besteht die Verwässerungsgefahr in der Regel nicht nur dann, wenn der Inhaber des Domain-Name, diesen innerhalb oder außerhalb des Internets zu Werbezwecken hervorhebt. Denn die bloße Verwendung des Domain-Name, die z.B. durch die Inanspruchnahme einer Suchmaschine erleichtert wird, hat bereits zur Folge, dass das Kennzeichen verwässert wird. Auch kann in diesem Fall der Ruf des bekannten Kennzeichens allein durch die Präsentation im Internet ausgebeutet werden durch qualitativ schlechtere Waren und Dienstleistungen des Anbieters auf der Homepage.

In diesem Fall hat sich der Domain-Name-Inhaber die auf Qualitäts- und Gütevorstellungen beruhende Bekanntheit des Inhabers der bekannten Marke im Verkehr zunutze gemacht, um die Aufmerksamkeit der Internet-Benutzer auf sich zu lenken.[459] Folglich kann durch die Benutzung eines Domain-Name, der ein bekanntes geschäftliches Kennzeichen beinhaltet, durchaus der Ruf desselben ausgebeutet oder dieses verwässert werden.

Als weitere Voraussetzung muss die Unlauterkeit der Anmeldung des Domain-Name mitberücksichtigt werden. Unlauterkeit ist z.B. bei Schädigungsabsicht eines konkurrierenden Unternehmens anzunehmen.[460]

Desweiteren wurde die unlautere Ausnutzung einer bekannten Marke durch einen Domain-Name-Inhaber bejaht, wenn dieser versucht, sich die Erwartungen

---

457 Zu den Voraussetzungen der Rufausbeutung und der Verwässerung eines Kennzeichens, siehe ausführlich im 2. Kapitel C I 1 a.

458 BGH GRUR 1987, 711 (713 f) - Camel-Tours; vgl. auch Piper, GRUR 1996, 429 (437 f).

459 OLG Karlsruhe WRP 1998, 900 (901) - Zwilling.de, das das erstinstanzliche Urteil des LG Mannheim WRP 1998, 920 ff - Zwilling.de, bestätigt. Zustimmend Nägele, WRP 1998, 841 f.

460 a.A. Bettinger, GRUR Int. 1997, 402 (412 f).

eines suchenden Internet-Benutzers zunutze zu machen, indem er seine nicht ähnlichen Waren und Dienstleistungen im Internet präsentiert.[461]

Im übrigen kann im Rahmen des Untersagungstatbestandes des § 14 Abs. 1 Nr. 3 bzw. des § 15 Abs. 3 MarkenG ebenfalls der Konflikt der Präsentation von unterschiedlichen Waren und Dienstleistungen durch das Kennzeichen branchenfremder Unternehmen im Internet gelöst werden, wenn es sich bei dem einen Kennzeichen um ein bekanntes handelt und nachgewiesen werden kann von seinem Inhaber, dass der Domain-Name-Inhaber das bekannte Kennzeichen in sittenwidriger Weise durch Ruf- und Wertschätzungsbeeinträchtigung benutzt hat.

c. Anwendbarkeit der Schutzschranke des § 23 Nr. 1 MarkenG

Im Zusammenhang mit der Benutzung von fremden Kennzeichen als Domain-Name muss geklärt werden, ob im Internet auch die Einschränkung des § 23 Nr. 1 MarkenG anwendbar ist. Gemäß § 23 Nr. 1 MarkenG hat der Kennzeicheninhaber kein Untersagungsrecht gegen einen Dritten, wenn dieser im geschäftlichen Verkehr seinen eigenen Namen oder Anschrift benutzt, sofern die Benutzung nicht gegen die guten Sitten verstößt. Dieses bedeutet, dass niemand an der lauteren Führung seines Namens im geschäftlichen Verkehr gehindert werden darf. Daher kann § 23 Nr. 1 MarkenG auch in Bezug auf das Internet lediglich in den Fällen einschlägig sein, in denen der Domain-Name-Inhaber den Domain-Name aus seinem eigenen Namen oder Adresse abgeleitet hat. Willkürlich gewählte zusätzliche Anschriftenbestandteile gehören nicht dazu.[462]

Im Falle des Domain-Grabbing durch ein konkurrierendes Unternehmen mit Schädigungsabsicht oder durch eine Agentur oder eine Privatperson mit Verkaufsabsicht, handelt es sich offensichtlich um ein unlauteres Vorgehen, selbst wenn der Domain-Name-Inhaber ein eigenes Namensrecht besitzt. Die Unlauterkeit muss von dem Kennzeicheninhaber bewiesen werden, was durch den Nachweis eines Verkaufs-angebots von Seiten des Domain-Name-Anmelders gegenüber dem Kennzeicheninhaber geschehen kann.

Auch handelt es sich um ein unlauteres Handeln gegenüber dem Kennzeicheninhaber gemäß § 23 Nr. 1 MarkenG bei Herausstellung des Domain-Name in der Werbung, die in einem besonderen Maße geeignet ist, Verwechselungen hervorzurufen oder die Unterscheidungskraft oder die Wertschätzung des

461 OLG München NJW-RR 1998, 984 (985) - Freundin.de; in dem erstinstanzlichen Urteil des LG München I CR 1997, 540 (541 f) -Freundin.de, wurde der Untersagungsgrund des § 14 Abs. 2 Nr. 3 MarkenG noch verneint mit dem Argument, dass die Beeinträchtigung der Werbekraft durch den Domain-Name rein spekulativ sei. Im weiteren wurde auf das Prioritätsprinzip verwiesen; Kloos, CR 1997, 543 f kritisierte das Urteil der ersten Instanz bereits dahingehend.

462 Vgl. Althammer/Klaka/Ströbele, MarkenG-Kom., § 23, Rdnr. 2.

fremden Kennzeichens auszubeuten oder zu beeinträchtigen.[463] Wer also keine rechtfertigenden Gründe für die Benutzung des Domain-Name, der ein fremdes Kennzeichen beinhaltet, hat, handelt demnach im Sinne des § 23 MarkenG gegen die guten Sitten, so dass keine Einschränkung der Untersagungsrechte des Kennzeicheninhabers über § 23 Nr. 1 MarkenG erfolgt.[464]

4. Kollisionen gleichwertiger Kennzeichenrechte

Weitere rechtliche Probleme ergeben sich, wenn die Inhaber identischer eingetragener Kennzeichen sich im Bereich des Internets bei dem Kampf um den Domain-Name wiedertreffen. Die Identität zweier eingetragener Kennzeichen kann dadurch zustande kommen, dass sie für zwei unterschiedliche wirtschaftliche Branchen benutzt werden, und damit auch für unterschiedliche Waren oder Dienstleistungen in verschiedenen Klassen eingetragen worden sind. Aufgrund des Prioritätsgrundsatzes in Bezug auf die Vergabe der Domain-Names durch das DE-NIC, kann auch bei gleichberechtigten Kennzeicheninhabern nur einmal das Kennzeichen als Domain-Name vergeben werden.

Letztlich ist diese Problematik vergleichbar mit der der Übereinstimmung eines Domain-Name mit einem fremden Kennzeichen, das für branchenfremde Waren und Dienstleistungen ohne ein eigenes Markenrecht des Domain-Name-Inhabers benutzt wird. Eine Lösung nach § 14 Abs. 2 Nr. 2 MarkenG kann aus den bereits angeführten Gründen nicht erfolgen.[465] Auf dieselben Gründe muss auch bei gleichwertigen Kennzeichenrechten darauf verwiesen werden, dass man auch bei dieser Konstellation entweder nur bei unlauteren Motiven des Domain-Name-Inhabers über § 1 UWG oder die §§ 823, 826 BGB den Konflikt lösen kann oder im Falle der Bekanntheit einer der Kennzeichen im Rahmen des § 14 Abs. 2 Nr. 3 MarkenG versuchen muss sein Kennzeichenrecht durchzusetzen.

5. Gattungsbegriffe und beschreibende Angaben als Domain-Name

Bei Gattungsbegriffen und beschreibenden Angaben stellt sich das markenrechtlich gesonderte Problem, dass es sich grundsätzlich um freihaltebedürftige bzw. nicht unterscheidungskräftige Bezeichnungen handelt. Es geht hier insbesondere um Bezeichnungen, wie z.B. „Rechtsanwalt.de“ oder „Schnellreisebuchungen.de“.

Diskutiert wird, ob diese Domain-Names, die einen Gattungsbegriff darstellen, nach § 50 Abs.1 Nr. 3 i.V.m. § 8 Abs.2 Nr. 1 und 2 MarkenG gelöscht werden können. Gemäß § 8 Abs. 2 MarkenG sind u.a. Zeichen von der

463 Kur, CR 1996, 325 (328).
464 OLG Karlsruhe WRP 1998, 900 (901) - Zwilling.de; vgl. auch Nordemann, NJW 1997, 1891 (1894).
465 Siehe in diesem Kapitel unter B III 3 a bb.

Eintragung ausgeschlossen, wenn ihnen jegliche Unterscheidungskraft fehlt (Nr. 1), oder wenn sie freihaltebedürftig sind (Nr. 2 und 3).

Unterscheidungskraft liegt vor, wenn Wörtern kein lediglich beschreibender Begriffsinhalt[466] zugeordnet werden kann und es sich bei ihnen auch sonst nicht um ein gebräuchliches Wort der deutschen oder einer bekannten Fremdsprache[467] handelt, das keinen selbständigen kennzeichnenden Bestandteil enthält.[468] So kommt es bei Wortbildungen oder -zusammenstellungen im Rahmen der Unterscheidungskraft nicht ausschlaggebend auf die Neuheit an. Vielmehr ist entscheidend, dass eine Bezeichnung ein Mindestmaß an phantasievoller Eigenart aufweist und deshalb vom Verkehr als betrieblicher Herkunftsbeweis und nicht nur als warenbezogene Sachangabe aufgefasst wird.[469]

Unter das *Freihaltebedürfnis* fallen nach dem Wortlaut des § 8 Abs. 2 Nr. 2 MarkenG alle Marken, die ausschließlich aus Zeichen oder Angaben bestehen, die im Verkehr zur Bezeichnung der Art, der Beschaffenheit, der Menge, der Bestimmung, des Wertes, der geographischen Herkunft, der Zeit der Herstellung der Waren oder der Erbringung der Dienstleistung oder zur Bezeichnung sonstiger Merkmale der Waren oder Dienstleistungen dienen können. Es fallen auch Angaben unter das Eintragungsverbot, die andere als für den Warenverkehr wichtige und für die umworbenen Abnehmerkreise irgendwie bedeutsame Umstände mit Bezug auf die Waren beschreiben.[470]

Danach ist z.B. „Rechtsanwalt.de" nicht unterscheidungskräftig, da es sich um ein gebräuchliches Wort der deutschen Sprache handelt. „Schnellreisebuchungen.de" ist freihaltebedürftig, da es sich ausschließlich um eine Angabe

---

466 Im Grundsatz ist zwar davon auszugehen, dass im Interesse eines umfassenden Kennzeichenschutzes der Begriff der kennzeichenmäßigen Benutzung weit zu fassen ist. Jedoch ist dieser Grundsatz einzuschränken, wenn der verwendete Begriff beschreibender Art ist und derart mit der Ware in Verbindung gebracht wird, dass der Verkehr hierin eine Benennung der Ware ihrer Gattung nach sieht, vgl. BGH GRUR 1996, 68 (70).

467 Vgl. BPatG GRUR 1997, 642 f - Yes, m.w.N., wonach fremdsprachige Wörter für die inländischen Verkehrskreise so allgemein verständlich sein können, dass sie dem allgemeinen Sprachgebrauch im Geschäftsleben zuzurechnen sind; weitere Beispiele im Fremdsprachenbereich, z.B. BPatGE 36, 229 ff - Sweater Tops; BPatGE 36, 233 ff - Ciao; BPatGE GRUR 1997, 279 f - For You.

468 Vgl. BGH GRUR 1995, 408 (409 f) - Protech; BGH WRP 1995, 617 (617 f) - Turbo; BGH GRUR 1995, 732 (734) - Füllkörper.
So sind z.B. nach dem Beschluss v. 14.5.1997 des BPatG, in GRUR 1998, 57 f - „Nicht immer, aber immer öfter", m.w.N., als Werbespruch aufzufassende Wortfolgen, die keine selbständig kennzeichnenden Bestandteil enthalten und keinen hinreichend phantasievollen Überschuß aufweisen, nicht unterscheidungsfähig; vgl. auch Erdmann, GRUR 1996, 550 ff; Anders/Hacker, GRUR 1997, 487 (502).

469 Vgl. Anders/Hacker, GRUR 1997, 487 (502); BPatGE 36, 229 (231 f) - Sweater Tops; BPatGE 36, 119 (120 f) - Hautaktiv.

470 BGH WRP 1998, 492 (493 f) - Bonus; BGH WRP 1998, 745 (746) - Change.

handelt, die im Verkehr zur Beschreibung eines Merkmals der Dienstleistung dient. Daraus folgt, dass diese Begriffe grundsätzlich von jedermann benutzt werden dürfen. Deswegen sind solche Begriffe auch nach dem MarkenG nicht eintragungsfähig. Eine Ausnahme besteht nur dann, wenn sie sich infolge ihrer Benutzung für Waren oder Dienstleistungen in den beteiligten Verkehrskreisen durchgesetzt haben.[471] Von einer Verkehrsdurchsetzung ist aber in der Regel nicht auszugehen.[472]

Im Bereich des Internets lassen sich nunmehr viele derartige Bezeichnungen registrieren. Es erfolgt damit eine Sperrwirkung durch die Beschränkung der Einmalvergabe von Domain-Names gegenüber anderen Interessenten an diesen nicht unterscheidungskräftigen und freihaltebedürftigen Bezeichnungen, was wiederum zu einer Monopolstellung des Domain-Name-Inhabers führt. Deshalb wurde überlegt, ob § 8 Abs. 2 MarkenG nicht analog auf Domain-Names angewandt werden soll, um einen Löschungsanspruch gemäß § 50 Abs. 1 Nr. 3 MarkenG herleiten zu können.

Gegen eine solche Anwendung spricht vor allem ein derzeit noch praktisches Argument: das DE-NIC verfügt über kein staatliches Prüfungs- oder Überwachungsinstrumentarium, wie das Patentamt, das sich der Prüfung freihaltebedürftiger und nicht unterscheidungskräftiger Zeichen annehmen könnte.[473] Die vom MarkenG vorgesehenen Rechtsfolgen eines Verstoßes gegen die materiellen Schutzvoraussetzungen könnten demnach gar nicht praktisch durchgeführt werden.[474]

Jedoch muß § 8 Abs. 2 MarkenG auch ansonsten abgelehnt werden, da seine Anwendung zu einer erheblichen Einschränkung der ohnehin schon knappen Anzahl von Domain-Names führen würde. Hier kann demnach nur der Prioritätsgrundsatz gelten, der im Zweifelsfall zur Lösung des Problems als „ultima ratio“ herangezogen werden muss. Im übrigen kann auch durch Zusätze beim Domain-Name die Sperrwirkung eines Gattungsbegriffes oder einer beschreibenden Angabe überwunden werden.

6. Fazit

Zusammenfassend kann festgestellt werden, dass die Problematik der Übereinstimmung von Domain-Names mit Marken und Unternehmenskennzeichen nur bedingt über die markenrechtlichen Vorschriften gelöst werden kann.

---

471 Zur Frage der Verkehrsdurchsetzung siehe Althammer/Klaka/Ströbele, § 8 Rdnrn. 119 ff; vgl. dazu ebenfalls LG Hamburg MMR 1998, 46 (46 f) - Bike.de.

472 Eine Verkehrsdurchsetzung wurde allerdings in dem Urteil des OLG Karlsruhe WRP 1998, 900 f, angenommen.

473 So die Argumentation des OLG Frankfurt GRUR 1997, 481 (481) - Wirtschafts-Online.; ebenso Renck, WRP 2000, 264 (267).

474 LG München I NJW-RR 1998, 978 (979) - Sat-Shop.

Auch wenn man zu dem Ergebnis kommt, dass eine markenrechtlich relevante Verletzung von Kennzeichen durch Domain-Names möglich ist, stößt man immer wieder auf die Besonderheiten des Internets, auf die das Markenrecht nicht zugeschnitten ist.

Insbesondere die Einmalvergabe von Domain-Names entspricht nicht den Vorgaben des Markenrechts, nach dem dieselbe Marke für unterschiedliche Waren und Dienstleistungen mehrmals vergeben werden kann. Dieses führt zu dem Problem, dass nicht jeder Markeninhaber seinen Domain-Name nach seiner Marke benennen kann, da unter Umständen bereits der Markeninhaber derselben Marke, die nur für andere Waren und Dienstleistungen eingetragen worden ist, hat als Domain-Name registrieren lassen. Das Exklusivrecht der Marke für bestimmte Waren und Dienstleistungen kann demnach der zu späte Markeninhaber nicht gegenüber dem anderen Markeninhaber geltend machen. Den Unterlassungsanspruch kann ein Markeninhaber gegenüber dem Domain-Name-Inhaber sogar dann nicht geltend machen, wenn der letztere überhaupt kein Markeninhaber ist, die fremde Marke aber für andere Waren und Dienstleitungen benutzt wird. Der Prioritätsgrundsatz ist in diesen Fällen nicht mit dem markenrechtlichen Instrumentarium zu überwinden. Diesen Domain-Name-Eintragungen kann dann nur eine bekannte Marke entgegenstehen, deren Ruf ausgebeutet oder deren Wertschätzung beeinträchtigt wird (§ 14 Abs. 3 bzw. § 15 Abs. 3 MarkenG).

Im Rahmen der Verwechselungsgefahr darf bei dem Vergleich des Domain-Name mit der Marke m.E. nicht derselbe Beurteilungsmaßstab angelegt werden, wie sonst bei dem Vergleich zweier Marken. Der Grund dafür liegt darin, dass bei allzu schneller Bejahung einer Verwechselungsgefahr bei nur geringfügigen Veränderungen des Domain-Name gegenüber einen anderen Domain-Name, der gleichzeitig eine Marke beinhaltet, die Anzahl der Wahlmöglichkeiten von merkfähigen Domain-Names zu sehr eingeschränkt würde.

Spekulativen Domain-Name-Anmeldungen durch Verkaufsagenturen oder Privatpersonen, bei denen es sich um das sog. Domain-Grabbing handelt, kann man allerdings mittels der Untersagungsgründe des § 14 Abs. 2 Nrn. 1 und 2 bzw. des § 15 Abs. 2 MarkenG als Kennzeicheninhaber begegnen, aufgrund der Gefahr, dass der Domain-Name an einen Konkurrenten verkauft werdeb könnte.

Auch steht der Eintragung von Gattungsbegriffen und beschreibenden Angaben als Domain-Name grundsätzlich nichts entgegen. Die analoge Anwendung des § 8 Abs. 2 MarkenG scheidet aus, da einerseits durch seine Anwendung die Anzahl der merkfähigen Domain-Names wiederum eingeschränkt würde und andererseits dem DE-NIC auch eine Prüfungsbehörde fehlt, die die fehlende Unterscheidungskraft oder die Freihaltebedürftigkeit der Begriffe nachprüfen könnte.

IV. Namensschutz - § 12 BGB

Neben den markenrechtlichen Problemen im Bereich des Internets, treten auch namensrechtliche Kollisionen bei Domain-Names auf. Zum einen stellt sich die Frage, ob die Verwendung eines fremden Namens zu einem Unterlassungsanspruch nach § 12 S. 2 BGB führen kann, und zum anderen bedarf es insbesondere der Klärung, wie im Bereich des Rechts der Gleichnamigen bei Domain-Names verfahren werden muss.

1. Namensfunktion des Domain-Name

Die Geltendmachung eines Unterlassungsanspruches nach § 12 S. 2 BGB setzt zunächst voraus, dass durch den Gebrauch eines Namens in einem Domain-Name, dieser auch in seiner Funktion als Name benutzt wird. Ob die namensrechtlichen Grundsätze des § 12 BGB auch im Bereich des Internets bei Domain-Names Geltung haben, wurde bislang kontrovers innerhalb der Rechtsprechung und der Literatur beantwortet.

a. Differierende Ansichten in der Rechtsprechung

In der Rechtsprechung hatten sich zunächst zwei gegensätzliche Meinungen über die Namensfunktion im Sinne des § 12 BGB bei Domain-Names herauskristallisiert. Repräsentiert wurden diese unterschiedlichen Ansichten vor allem durch die Urteile „Heidelberg.de“ und „Hürth.de“.

aa. Das Urteil des LG Mannheim „Heidelberg.de“[475]

Dem ersten Urteil, in dem die Frage der Namensfunktion von Domain-Names in Streit stand, lag folgender Sachverhalt zugrunde:
Die Stadt Heidelberg beabsichtigte sich unter dem Domain-Name „Heidelberg.de“ auf einer Homepage im Internet zu präsentieren, musste aber erfahren, dass dieser schon für eine BGB-Gesellschaft registriert war, die plante eine Datenbank mit Informationen über die Rhein-Neckar-Region auf ihrer Homepage zu präsentieren. Ein eigenes Recht an dem Namen „Heidelberg“ stand der Domain-Name-Inhaberin nicht zu.

Das Landgericht Mannheim entschied, dass durch die Benutzung des Namens „Heidelberg“ innerhalb des Domain-Name, das Namensrecht der Stadt Heidelberg verletzt wird. Eine namensmäßige Verwendung durch einen Internet-Domain-Name liegt nach Ansicht des Gerichts demnach vor. Begründet wird diese Annahme damit, dass mit dem Namen „Heidelberg“ weltweit die gleichnamige Stadt assoziiert wird, auch wenn es zwei weitere Orte und ca. 400 Familien

---

475 LG Mannheim CR 1996, 353 ff- Heidelberg.de.

in Deutschland gibt, die ebenfalls diesen Namen tragen. Man erwarte als Internet-Benutzer unter diesem Domain-Name Informationen von und über die Stadt Heidelberg und ihre Region. Auch müsse sich die Stadt nicht als Ausweichadresse auf einen Domain-Name, wie z.B. „Stadt.Heidelberg.de" verweisen lassen, da den Domain-Name-Inhabern selbst kein Recht an dem Namen „Heidelberg" zusteht.

Dieser Ansicht schloss sich der überwiegende Teil der Rechtsprechung an.[476] Dabei wird darauf hingewiesen, dass neben dem bürgerlichen Namen und dem vollen Namen einer natürlichen oder juristischen Person oder einer Handelsgesellschaft auch namensmäßige Abkürzungen oder besondere Kurzbezeichnungen, derer sich ein Unternehmen bedient, sofern diese eine Namensfunktion besitzt, die Person oder das von ihr geführte Unternehmen von einem anderen zu unterscheiden, von § 12 BGB geschützt wird.[477]

bb. Die Entscheidungen des LG Köln „Hürth.de", „Pulheim.de" und „Kerpen.de"

Gegen eine namensmäßige Verwendung durch den Gebrauch eines Namens in einem Domain-Name entschied sich das LG Köln in insgesamt drei Entscheidungen.[478] Den Sachverhalten ist gemein, dass die jeweilige Stadt ihre örtliche Bezeichnung als Domain-Name anmelden wollte, aber bemerken musste, dass diese bereits an Dritte, die kein Namensrecht an den Bezeichnungen besitzen, vergeben worden waren.

Zur Begründung der Ablehnung der Erfüllung der Namensfunktion wird angeführt, dass aufgrund der freien Wählbarkeit von Domain-Names, die Verwendung der gewählten Buchstabenkombination keine Rückschlüsse auf die Person eines Namensträgers zulasse. Wegen der freien Wählbarkeit des Domain-Name können sie auch ohne besonderen Zusammenhang zu dem Namen eines Benutzers stehen. Eine lediglich Orientierungshilfsfunktion durch den gewählten Domain-Name wird diesem zugesprochen, die jedoch weder durchgängig zur Anwendung

---

476 LG Hamburg CR 1997, 157 (157); LG München I CR 1997, 479 (480) - juris.de; LG Braunschweig NJW 1997, 2687 (2687) - Braunschweig.de; LG Lüneburg GRUR 1997, 470 (471) - Celle; LG Frankfurt NJW-CoR 1997, 303 (303) - das.de; KG NJW 1997, 3321 (3321) - Conceptconcept.com; LG Düsseldorf GRUR 1998, 159 (164) - Epson.de; OLG Hamm NJW-RR 1998, 909 (910) - Krupp.de; LG Düsseldorf CR 1998, 688 (690) - jpnw.de; LG Frankfurt NJW-RR 1998, 974 (975) - lit.de; OLG Stuttgart ZUM 1998, 945 (945) - Steiff.com; OLG Hamburg NJW-CoR 1999, 112 (112) - Emergency; OLG Düsseldorf WRP 1999, 343 (346) - Ufa.de; OLG Karlsruhe CR 1999, 783 (784) – bad-wildbad.com.

477 LG Düsseldorf CR 1998, 688 (689) - jpnw.de; LG München I NJW-RR 1998, 973 (973) - juris.de.

478 LG Köln GRUR 1997, 377 (377) - Hürth.de; NJW-RR 1998, 976 (976) - Pulheim.de; NJW-CoR 1997,304 (304) - Kerpen.de.

komme, noch zwingend durch gesetzliche oder rechtsgeschäftliche Vorgaben gefordert werde.

Diese Rechtsprechung wurde allerdings vom *OLG Köln*[479] aufgegeben. Es schloss sich der übrigen Rechtsprechungsansicht an, dass es sich bei Domain-Names um namensähnliche Kennzeichen handelt, denen eine zumindest mittelbare Namensfunktion zukommt.

b. Literaturansichten

Auch die Literatur ist uneins bei der Frage, ob dem Domain-Name die Namensfunktion zukommen soll.

Gegen die Anwendung namensrechtlicher Grundsätze bei Domain-Names spricht sich insbesondere *Wilmer*[480] aus. Seiner Ansicht nach, kann die Führung eines Domain-Name nicht pauschal mit der Verwendung eines Namens gleichgesetzt werden. Ob nach der Verkehrsauffassung eine Nutzung des Domain-Name mit einer Namensführung gleichzusetzen ist, ergebe sich vor allem aus der Häufigkeit der Benutzung von Suchmaschinen. Durch die Benutzung solcher Suchprogramme werden häufig Stichworte eingegeben, aufgrund derer die Suchmaschine verschiedene Homepages anwählt, die dieses Stichwort beinhalten. Daraus wird geschlossen, dass bei dieser Suchmethode der Domain-Name keine große Rolle spielt, vielmehr nur die technische Kennzeichnung des Host-Computers mit der auf ihm liegenden Homepage von Relevanz sei. Darüber hinaus wird argumentiert, dass auch bei der direkten Anwahl einer Hompage per Eingabe des Domain-Name durch den Internet-Benutzer, dieser nicht davon ausgehen kann, dass auch wirklich hinter der angewählten Homepage diejenige Person steht, die damit assoziiert wird. Klar würde dieses insbesondere durch Namen wie z.B. „Müller.de“ etc. Letztlich müsse sich der Internet-Benutzer doch wieder einer Suchmaschine bedienen, um zum Ziel zu kommen.

Gegen diese Argumentation wendet sich *Bücking*[481], der die Homepagesuche in drei Schritten beschreibt: zunächst versucht der Internet-Benutzer den Anbieter auf einer der beiden gängigen Top-Level-Domains „.de“ oder „.com“ zu finden. Erst dann schließt sich seiner Ansicht nach die Suche der Homepage über die Suchmaschine an.

Anderer Ansicht ist auch *Kur*[482], die für die Erreichung eines namensrechtlichen Schutzes gemäß § 12 BGB grundsätzlich jede Interessenverletzung ausreichen lassen will, die dem Namensträger durch die unbefugte, der Identifikationsfunktion des Namens zuwiderlaufende, Namensführung zugefügt wird. Vor allem wird in dieser Argumentation auf die Zuordnungsverwirrung abgestellt, bei

---

479 OLG Köln NJW-CoR 1999, 171 (171) - Alsdorf.de.

480 Wilmer, CR 1997, 562 (563).

481 Bücking, NJW 1997, 1886 (1887).

482 Kur, CR 1996, 590 (593); ebenso Bechthold, ZUM 1997, 427 (442).

der aufgrund der Namensnennung eine Verbindung zwischen dem Namensträger und Produkten oder Unternehmen suggeriert wird, die aber gar nicht besteht.[483] Daher gehe der Tatbestand des § 12 BGB noch über die Verwechselungsgefahr im Bereich des Markenrechtes hinaus.[484] Insoweit liege auch immer eine Interessenverletzung vor, wenn eine Verwechselungsgefahr besteht.[485]

Ubber[486], ein weiterer Befürworter der Namensfunktion bei Domain-Names, meint darüber hinaus, dass in den meisten Fällen es gar nicht auf das Vorliegen einer Verwechselungsgefahr ankommen werde, da sich das schutzwürdige Interesse des Namensinhabers bereits aus dem Umstand ergebe, dass der Namensinhaber nicht die Möglichkeit hat, seinen eigenen Namen unter dem gleichen Domain-Name anzumelden.

c. Eigene Bewertung

Bereits bei der Bewertung der Kennzeichenfunktion wurde hier vertreten, dass die technische Funktion des Domain-Name nur eine Hälfte der Doppelfunktion des Domain-Name darstellt. Damit wird in Bezug auf die Namensfunktion des Domain-Name wiederum auf die Identifizierung des Host-Computers einerseits und die Ausweisung der dahinter stehenden Person oder Unternehmens andererseits abgestellt. Denn für die beteiligten Verkehrskreise, d.h. die Internet-Benutzer, besteht eine Assoziation zwischen angewähltem Domain-Name und dem Namen, den der Benutzer dahinter vermutet. Die auf der Homepage präsentierten Waren und Dienstleistungen werden automatisch mit dem im Domain-Name enthaltenen Namen verbunden, so dass damit auch eine klare Zuordnung erfolgt. Dieses gilt letztlich auch, wenn mit Hilfe von Suchmaschinen eine Homepage angewählt wird.

Deshalb ist es auch richtig, wenn das LG Mannheim herausstellt, dass unter „Heidelberg.de“ vermutet wird von und über die Stadt Heidelberg Informationen im Internet zu erhalten. In diesem Fall handelte es sich zwar um eine weltweite bekannte Stadt, was aber nicht dagegen spricht, dass sich auch die Stadt Hürth bei Domain-Names auf sein Namensrecht berufen kann, da wiederum auf die beteiligten Verkehrskreise abzustellen ist. Danach assoziieren im Raum Köln wohnende Internet-Benutzer sehr wohl den Namen „Hürth“ mit der gleichnamigen Stadt.

483 Insbesondere wird sich bei dieser Argumentation auf die Entscheidungen BGH GRUR 1959, 430 (432 f) - Catarina Valente - und BGH GRUR 1964, 38 (39 f) - Dortmund grüßt Hansa-Bier -, berufen.

484 Vgl. MK-Schwerdner, § 12, Rdnrn. 105, 108; hier wiederum einschränkend Gabel, NJW-CoR 1996, 322 (324), der die namensrechtlichen Vorschriften nur eingeschränkt auf Domain-Names anwenden will und dann auch nur in analoger Anwendung.

485 Nordemann, NJW 1997, 1891 (1896).

486 Ubber, WRP 1997, 497 (508).

Auch in den Fällen, in denen Domain-Names mit Namen wie z.B. „Müller" oder „Meier" versehrt sind, wählt der Internet-Benutzer mit dem Hintergedanken diese Homepage an, dass er einen bestimmten „Müller" unter Umständen findet. Dabei ist es irrelevant, wenn er letztlich einen anderen „Müller" auf der Homepage antrifft, als er erwartet hat, denn damit wurde bestätigt, dass unter diesem Namen ein bestimmter Müller gesucht wurde im Internet. Dieses spricht folglich für eine grundsätzliche namensmäßige Benutzung durch den Gebrauch von Domain-Names.

2. Verwendung eines fremden Namens in einem Domain-Name

Nachdem die namensmäßige Benutzung im Sinne des § 12 BGB bei Domain-Names bejaht wurde, gilt es nun im einzelnen zu bewerten, unter welchen Bedingungen der Gebrauch von Namen in Domain-Names untersagt werden kann. Es geht zunächst um die Bewertung der Verwendung eines fremden Namens in einem Domain-Name. Als unbefugter Gebrauch eines fremden Namens kommt jede Namensanmaßung in Betracht, die dazu führen kann, dass eine namensmäßige Zuordnungsverwirrung entsteht.[487] Prüfungsmaßstab dabei ist die Verwechselungsgefahr[488], die in Form einer Zuordnungsverwirrung vorliegen muss.[489] Erst dann liegt ein schutzwürdiges Interesse des Nameninhabers vor. Es ist demnach regelmäßig eine Namensverletzung gegeben, wenn eine Verwechselungsgefahr im markenrechtlichen Sinne vorliegt.[490]

Aufgrund der hier angenommenen Namensfunktion des Domain-Name, versteht der durchschnittliche Internet-Benutzer die Namensverwendung in einem Domain-Name als Hinweis auf die dahinter stehende Person oder Unternehmen.[491] Wenn der Name in Form eines Domain-Name von einem Dritten benutzt wird, der kein eigenes Recht an dem Namen hat, kann eine Zuordnungsverwirrung dahingehend bestehen, dass der unrichtige Eindruck im Rechtsverkehr hervorgerufen wird, der Namensträger habe dem Gebrauch seines Namens zugestimmt.[492] Es kommt in solchen Fällen auch auf die vorliegende besondere Interessensverletzung an.[493] Eine solche ist anzunehmen in Fällen, wie z.B. „Heidelberg.de" und auch den weiteren angeführten Städtenamen, d.h. in den Fällen,

---

487 Vgl. OLG Karlsruhe CR 1999, 783 (784) – badwildbad.com.

488 Nordemann, NJW 1997, 1891 (1895), stellt hierbei nicht auf die Verwechselungsgefahr, sondern auf die Verwechselungsfähigkeit ab.

489 Vgl. LG Mannheim CR 1996, 353 (354 f) - Heidelberg.de; LG Lüneburg GRUR 1997, 470 (471) - Celle.

490 Vgl. LG Düsseldorf GRUR 1998, 159 (164) - epson.de.

491 Handelt es sich bei dem Namen um eine Kunstschöpfung, ist dieser allerdings nur insoweit geschützt, als sich seine Verwendung auf das geschäftliche Interesse des Namensträgers auswirkt, vgl. LG Düsseldorf GRUR 1998, 159 (164) - Epson.de.

492 BGH GRUR 1993, 151 (153) – Universitätsemblem.

493 Vgl. OLG Düsseldorf, 343 (346) – ufa.de.

in denen ein nicht unerheblicher Teil der Internet-Benutzer annimmt, dass hinter diesen Domain-Names auch die dementsprechenden Städte stehen. Darüber hinaus liegt auch eine Namensanmaßung vor, wenn der Domain-Name Anmelder kein eigenes Namensrecht hat.

Anders wäre dieses zu bewerten, wenn es um gebräuchliche Namen wie z.B. „Müller" handelt, es sei denn dieser Name würde ebenfalls von einem nicht unerheblichen Teil der Internet-Benutzer einer bestimmten Person oder einem bestimmten Unternehmen zugeordnet.[494] So käme man in den meisten Fällen bei strikter Voraussetzung der Verwechselungsgefahr zu keiner Identitäts- oder Zuordnungsverwirrung bei gebräuchlichen Familiennamen. Somit könnte sich der Namensinhaber trotz eines fehlenden eigenen Rechtes des Domain-Name-Inhabers, nicht gegen die Benutzung seines Namens im Internet wehren.

Dieses kann aber so nicht richtig sein.[495] Vielmehr liegt bereits dadurch eine Verletzung des Namens vor, so dass durch die im Internet herrschende Regelung der Einmalvergabe von Domain-Names, der Namensinhaber daran gehindert wird seinen eigenen Namen im Internet nutzen zu können. Wenn daher dem Domain-Name-Inhaber kein eigenes Namensrecht zusteht, liegt folglich auch eine Verletzung des Namensrechts eines gebräuchlichen Namens vor.

3. Recht des Gleichnamigen bei Domain-Names

Daran anschließend stellt sich die Frage, wie das Recht des Gleichnamigen im Internet in Bezug auf Domain-Names beachtet wird. Da es aus technischen Gründen kein echtes Nebeneinander gleichlautender Namen als Domain-Name geben kann, muss hier das Prioritätsprinzip strikt angewandt werden, so dass es bei den Gleichnamigen im Bereich des Internets zu einer Sperrung des Namens kommt. Unabhängig davon muss das Recht des Namensträgers gesehen werden, dass er nicht gehindert werden kann, seinen Namen im geschäftlichen Verkehr jederzeit zu nutzen. Aufgrund der Eigenart der Einmalvergabe von Domain-Names, wird der Namensträger nur daran gehindert sich unter seinem Namen, ohne einen weiteren Zusatz, im Internet auf einer Homepage zu präsentieren. Es besteht aber die Möglichkeit seinen Namen in einem Domain-Name durch Wortzusätze von anderen zu differenzieren.

---

494 Im Fall „Müller" könnte mit diesem Namen u.U. die Molkerei Müller in Verbindung gebracht werden, die durch große Werbekampagnen ihrem Namen eine bundesweite Bekanntheit hat zukommen lassen.

495 Vgl. auch dazu Withöft, Anmerkung zum Urteil des LG Düsseldorf, CR 1998, 688 (691) - jpnw.de.

4. Fazit

Abschließend kann zum Verhältnis zwischen Domain-Names und dem Namensschutz nach § 12 BGB als Ergebnis zusammengefasst werden, dass die namensrechtlichen Grundsätze bei dem Gebrauch eines Namens in einem Domain-Name anzuwenden sind. Besonders im Fall der Zuordnungsverwirrung ist eine Verletzung des Namensrechts anzunehmen. Eine Interessensverletzung liegt demnach auch vor, wenn sich ein unbefugter Dritter einen fremden Namen als Domain-Name registrieren lässt, ohne selbst ein Namensrecht zu besitzen. In dem letzteren Fall darf folglich nicht nur auf die Verwechselungsgefahr abgestellt werden, um zu einem tragbaren Ergebnis zu kommen. Im Bereich des Rechts des Gleichnamigen kann derzeit im Rahmen der Einmalvergabe von Domain-Names nur auf das Prioritätsprinzip verwiesen werden. Eine Präsentation kann mit einem Domain-Name im Internet kann dann nur durch Zusätze im Domain-Name erfolgen.

V. Wettbewerbsrechtlicher Schutz

Desweiteren können wettbewerbsrechtliche Unterlassungsansprüche im Hinblick auf Kennzeichen und Namen, die in Domain-Names enthalten sind, anwendbar sein. Die Domain-Names werden daher im folgenden unter den Gesichtspunkten des *Behinderungswettbewerbs* gemäß § 1 UWG und der *Irreführung* gemäß § 3 UWG auf einen Gesetzesverstoß nach UWG überprüft.

Gemäß § 1 UWG kann jemand auf Unterlassung in Anspruch genommen werden, wenn im geschäftlichen Verkehr zu Zwecken des Wettbewerbs Handlungen vorgenommen werden, die gegen die guten Sitten verstoßen. Ansatzpunkt für einen allgemeinen wettbewerbsrechtlichen Freihalteanspruch nach § 1 UWG sind der Kundenfang und die Behinderung, wie z.B. die Täuschung des Kunden über den kommerziellen Charakter des Angebotes oder übertriebenes Anlocken. Darüber hinaus ist auch an den Fall der Rufausbeutung zu denken.

Ein Verstoß gegen § 3 UWG ist anzunehmen, wenn im geschäftlichen Verkehr zu Zwecken des Wettbewerbs über geschäftliche Verhältnisse, insbesondere über die Herkunft von Waren oder gewerblichen Leistungen, irreführende Angaben gemacht werden. Hier werden insbesondere die Benutzung von Gattungsbegriffen und beschreibenden Angaben in Domain-Names, die Benutzung von branchenfremden Kennzeichen in Domain-Names und die spekulativen Domain-Names unter den genannten wettbewerbsrechtlichen Gesichtspunkten untersucht.

1. Benutzung eines Gattungsbegriffs oder einer beschreibenden Angabe in einen Domain-Name

Bei der Benutzung eines Gattungsbegriffs oder einer beschreibenden Angabe in einem Domain-Name können sowohl ein Unterlassungsanspruch nach § 1 UWG als auch nach § 3 UWG in Betracht kommen.

a. § 1 UWG

Ein Unterlassungsanspruch aus § 1 UWG wegen wettbewerbswidriger Behinderung des Leistungswettbewerbs in Form der Kanalisierung der Kundenströme und der faktischen Monopolisierung des Gattungsbegriffes *„Mitwohnzentrale"* durch den Domain-Name „Mitwohnzentrale.de" wurde vom *OLG Hamburg*[496] bejaht. Bei den beteiligten Parteien handelt es sich um zwei konkurrierende Verbände, deren Mitglieder Mitwohnzentralen sind. Die Beklagte zu 2) trat im Internet unter der Homepage mit dem Domain-Namen „Mitwohnzentrale.de" auf und warb auf dieser Homepage für seine Mitglieder. Nach Ansicht des Gerichts gründet sich der Vorwurf der wettbewerbswidrigen Kanalisierung der Kundenströme und der faktischen Monopolisierung des Gattungsbegriffes „Mitwohnzentrale" im Internet maßgeblich darauf, „dass die Beklagten durch die unlautere Verwendung des eingeführten Branchenbegriffes den Interessenten einen möglichst einfachen Weg zu ihrer Homepage unter Ausschluss der Mitwettbewerber bieten und anschließend die Bequemlichkeit wesentlicher Teile der Verbraucher ausnutzen, die sich nicht mehr die Mühe machen, die Seite der Beklagten wieder zu verlassen, um nach Alternativangeboten zu suchen". Die Stattgabe des Unterlassungsanspruchs hing demnach im wesentlichen von der Bewertung der Relevanz der Suchmaschinen im Internet ab, mit denen zielstrebig nach Schlagwörtern in Form von Branchenbezeichnungen im Internet gesucht wird. Durch die Registrierung von Gattungs- und Branchenbegriffen werde sich demnach ein solches Nutzerverhalten in wettbewerbswidriger Weise zunutze gemacht.

Auch nach Ansicht von *Kur*[497] liegt ein solcher Kanalisierungseffekt insbesondere dann vor, wenn ein Wettbewerbsverhältnis zwischen dem Domain-Name-Inhaber und einem sich dagegen wehrenden Dritten gegeben ist, und der Domain-Name-Inhaber gezielt die Absicht verfolgt, den Begriff eines Konkurrenten, der bereits unter dem Gattungsbegriff oder der beschreibenden Angabe sich im sonstigen geschäftlichen Verkehr präsentiert, mit dem Internet-Auftritt an sich zu ziehen.

Dagegen äußert sich *Hartmann*[498] kritisch in Bezug auf die Besonderheiten des Falles: auf der Homepage der Beklagten zu 2) wurden 25 Mitwohnzentralen

---

496 OLG Hamburg CR 1999, 779 ff – mitwohnzentrale.de.

497 Kur, CR 1996, 325 (330).

498 Hartmann, CR 1999, 782 (783).

angegeben, und zwar die der Mitglieder des Vereins. Aufgrund der Vielfalt von Mitwohnzentralen soll nach seiner Ansicht keine faktische Monopolisierung gegeben sein.

Desweiteren weist *Renck*[499] darauf hin, dass das Urteil des OLG Hamburg nicht so zu verstehen ist, dass die Benutzung von Gattungsbegriffen und beschreibenden Angaben per se zu einer unzulässigen Absatzbehinderung führt. Er argumentiert insbesondere, dass es bei der Bewertung darauf ankommt, ob der Suchende im Internet auch nach Eingabe des Begriffs in die Suchmaschine weitersuchen wird, z.B. weil er aus der Werbung einen weiteren Anbieter des gesuchten Produkts kennt.

Dem Urteil des OLG Hamburg ist m.E. in seinen grundlegenden Aussagen zu folgen, da die Mitglieder der Klägerin faktisch von der Wahl des im Internet Suchenden ausgeschlossen werden. Dagegen ist die Ansicht von *Hartmann* abzulehnen, da ansonsten die anderen Mitwohnzentralen gezwungen wären diesem Verein beizutreten, um in den Genuss der Präsentation auf der Homepage der Beklagten zu kommen. Demnach ist eine faktische Monopolisierung durchaus gegeben. Bei Nichteintritt bleiben die anderen Mitwohnzentralen ausgeschlossen, wodurch der Vorwurf der Kanalisierung bestehen bleibt. M.E. wird auch durch das Urteil des OLG Hamburg klar, dass die Bewertung eines Gattungsbegriffs oder einer beschreibenden Angabe in einem Domain-Name immer im Einzelfall zu sehen ist. Allerdings ist die Gefahr der Wettbewerbsbehinderug in Form der Kanalisierung sehr groß durch die Benutzung solcher Begriffe, so dass eine Signalwirkung dieser Entscheidung durchaus zugesprochen werden kann. Im übrigen kann § 1 UWG angenommen werden, wenn es sich bei dem im Domain-Name enthaltenen Gattungsbegriff oder der beschreibenden Angabe um eine bekannte Marke im Sinne des § 14 Abs. 2 Nr. 3 MarkenG handelt. So wird durch das Verhalten des Domain-Name-Inhabers, der Inhaber der bekannten Marke auch in wettbewerbswidriger Weise an der uneingeschränkten Nutzungsmöglichkeit des Begriffes gehindert.[500] Jedoch kann kein Verstoß gegen § 1 UWG angenommen werden, wenn der Domain-Name-Inhaber ein sprachübliches Wort beschreibenden Inhalts ausgesucht hat, für das kein anderer Verkehrsgeltung beanspruchen kann.[501]

b. § 3 UWG

Eine Untersagung aufgrund des Irreführungsverbotes gemäß § 3 UWG in Bezug auf Domain-Names kommt dann in Betracht, wenn der Verkehr mit dem im Domain-Name benutzten Gattungsbegriff oder der beschreibenden Angabe die unzutreffende Vorstellung verbindet, der Domain-Name-Inhaber sei der einzige

---

499 Renck, WRP 1999, 264 (267).

500 OLG Karlsruhe ZUM 1998, 944 (946) - Zwilling.de.

501 LG München I NJW-RR 1998, 978 (979) - Sat-shop.

Anbieter der präsentierten Waren oder Dienstleistungen bzw. er sei gegenüber anderen Anbietern aufgrund seines Geschäftsumfangs oder der Qualität überlegen. Ob eine solche unzutreffende Vorstellung bei dem Internet-Benutzer hervorgerufen wird, kann nicht allgemein beantwortet werden. Vielmehr muss bei der Ermittlung darauf geachtet werden, wie der Domain-Name-Inhaber nach außen insgesamt auftritt und wie die Internet-Benutzer darauf reagieren.[502]

Vor allem ist § 3 UWG aber zu bejahen, wenn ein Gattungsbegriff, wie „Rechtsanwalt.de" von jemanden angemeldet wurde, der mit diesem Begriff thematisch nicht in Verbindung steht.[503] Auch ist der Eindruck irreführend, wenn ein Domain-Name „Schnellreisebuchungen.de" angemeldet wurde, jedoch von seinem Inhaber speziell diese Buchungen gar nicht vorgenommen werden.

In dem Fall, dass unter „Schnellreisebuchungen.de" von den Internet-Benutzern eine Art Zentrale für alle Waren oder Dienstleistungen verstanden wird, über die sämtliche Dienstleistungen in diesem Bereich bezogen werden können, handelt es sich aber nicht um eine objektive Irreführung von Seiten des Domain-Name-Inhabers, sondern vielmehr um ein ledigliches Missverständnis. Die bloße Möglichkeit eines Missverständnisses führt aber nicht zu einem Verstoß gegen § 3 UWG.[504]

Darüber hinaus stellt sich die Frage, inwieweit eine Irreführung vorliegt, wenn in dem Domain-Name ein Superlativ in Form von z.B. „Bester.Rechtsanwalt.de" vorkommt oder durch die Verwendung beschreibender Angaben zum Ausdruck gebracht werden soll, dass es keinen besseren vergleichbaren Rechtsanwalt gibt als den Inhaber der Homepage. Im ersteren Fall der Benutzung eines Superlativs, liegt offensichtlich ein Verstoß nach § 3 UWG vor, da es sich lediglich um eine subjektive Einschätzung handelt, die so objektiv nicht richtig ist, und demnach irreführend ist. Im letzteren Fall kann m.E. zu Recht auf den vom BGH[505] entwickelten Grundsatz zurückgegriffen werden, der besagt, dass auch solche Ankündigungen ihrem Wortsinn nach die Inanspruchnahme einer Alleinstellung enthalten können und demnach ebenfalls irreführend sind.[506]

2. Benutzung eines Kennzeichens ohne Sonderrechtsschutz in einem Domain-Name

Auch bei verwendeten Kennzeichen ohne Sonderschutz in einem Domain-Name

502 Ubber, WRP 1997, 497 (510).

503 Damit in Verbindung ist auch das Urteil des LG München I CR 1997, 540 (543) - freundin.de -, zu sehen, nach dem ein Verstoß gegen § 3 UWG nur dann anzunehmen ist, wenn das Leistungsangebot bei der Verwendung des Domain-Name unzutreffend beschrieben ist.

504 LG München I, NJW-RR 1998, 978 (979) - Sat-Shop.

505 BGH GRUR 1957, 600 (602).

506 Dieses vertritt auch Kur CR 1996, 325 (330).

können Unterlassungsansprüche nach den §§ 1 und 3 UWG herangezogen werden.

a. § 1 UWG

Der Anspruch aus § 1 UWG ist aus denselben, bereits dargestellten Gründen einer sittenwidrigen Markenanmeldungen nach § 50 Abs. 1 Nr. 4 MarkenG möglich.[507] Voraussetzung dafür ist allerdings, dass das nicht registrierte Kennzeichen für seinen eigentlichen Benutzer einen beachtlichen Besitzstand gebracht hat und es von dem Domain-Name-Inhaber zweckfremd als Mittel des Wettbewerbs angemeldet wurde, mit dem Ziel der Beeinträchtigung des Wettbewerbers.[508]

Da die Situation vergleichbar ist mit der einer sittenwidrigen Markenanmeldung gemäß § 50 Abs. 1 Nr. 4 MarkenG, kann hier auch auf die dafür angeführte Rechtsprechung verwiesen werden.[509] Demnach kann auch in Bezug auf den Domain-Name im Falle einer solchen Behinderungsabsicht ein unlauterer Wettbewerbsverstoß gemäß § 1 UWG angenommen werden.[510]

b. § 3 UWG

Darüber hinaus kann auch ein Unterlassungsanspruch aufgrund eines Verstoßes gegen § 3 UWG in dieser Fallkonstellation gegeben sein. Voraussetzung für die Annahme einer Irreführung nach § 3 UWG ist aber, dass der eigentliche Kennzeichenbenutzer das Kennzeichen so verwendet, dass die beteiligten Verkehrskreise größtenteils das Kennzeichen mit ihm verbinden. Es muss außerdem eine bestimmte Qualitätsvorstellung bei den beteiligten Internet-Benutzern über die unter diesem Kennzeichen normalerweise vertriebenen Waren und Dienstleistungen gegeben sein.[511]

3. Benutzung eines branchenfremden Kennzeichens in einem Domain-Name

Wie bereits dargestellt wurde, sind markenrechtliche Untersagungsgründe bei der Benutzung eines zwar markenrechtlich registrierten Kennzeichens, jedoch gegenüber diesem für unterschiedliche Waren und Dienstleistungen benutztes Kennzeichen, in einem Domain-Name nicht anwendbar. Es könnte jedoch gemäß § 1

507 So haben es ebenfalls vertreten: Bechthold, ZUM 1997, 427 (443); Graefe, MA 1996, 100 (103).

508 Vgl. die Entscheidungen über sittenwidrige Markenanmeldungen, BGH GRUR 1967, 304 (304) - Siroset; BGH GRUR 1980, 110 (111) - Torch; BGH WRP 1995, 96 (96) - Neutrex; OLG München WRP 1996, 1056 (1058) - Sittenwidrige Markenanmeldungen.

509 Vgl. auch Kilian, DZWir 1997, 381 (389); Ubber, WRP 1997, 497 (509).

510 So haben es ebenfalls angenommen, Bechthold, ZUM 1997, 427 (443); Graefe, MA 1996, 100 (103).

511 Vgl. Ubber, WRP 1997, 497 (509).

UWG ein Unterlassungsanspruch in Bezug auf eine Rufausbeutung durch einen Domain-Name in Betracht gezogen werden.

Eine Rufausbeutung gemäß § 1 UWG liegt aber nur dann vor, wenn es sich bei dem fremden Kennzeichen um ein bekanntes handelt, d.h., wenn es einen im Vergleich zu dem Domain-Name überragenden Ruf für branchenfremde Waren und Dienstleistungen hat.[512] Es wird folglich Bekanntheit gefordert, damit die branchenfremde Benutzung eines Kennzeichens untersagt werden kann. Insoweit bleibt aber in Anbetracht der Regelung des § 14 Abs. 2 Nr.3 MarkenG, der lediglich eine bekannte Marke fordert und keine überragende Bekanntheit der Marke, für § 1 UWG bei dieser Fallkonstellation grundsätzlich kein Anwendungsbereich mehr.[513]

4. Spekulative Domain-Name-Anmeldungen

Spekulative Domain-Name-Anmeldungen, die lediglich zu dem Zweck vorgenommen werden, den Domain-Name an den Marken- oder Namensinhaber zu verkaufen, stellen einen Verstoß gegen § 1 UWG dar, da sie gegen die guten Sitten verstoßen. Insbesondere die Zwangslage, in die der Marken- bzw. Namensinhaber durch die fremde Domain-Name-Anmeldung kommt, aufgrund der Behinderung an der Benutzung seiner Marke oder seines Namens, stellt ein unlauteres Mittel des Wettbewerbs dar.[514] Diese Domain-Name-Anmeldung ist ebenfalls mit der sittenwidrigen Markenanmeldung vergleichbar und folglich können auch dieselben Grundsätze angewendet werden.[515]

5. Fazit

Somit kann grundsätzlich festgestellt werden, dass auch die §§ 1 und 3 UWG in Einzelfällen im Bereich der Domain-Names zu einem Unterlassungsanspruch führen können.

Ein Unterlassungsanspruch kommt nach § 1 UWG bei der Benutzung von Gattungsbegriffen oder beschreibenden Angaben in einem Domain-Name in Betracht, wenn die gezielte Absicht eines Konkurrenten vorliegt, die Kunden durch diese Benutzung in seine Richtung zu kanalisieren, um damit Kunden abzuwerben. Bei § 3 UWG müssen die gesamten Umstände, wie z.B. die Präsentation des Domain-Name-Inhabers nach außen, differenziert betrachtet werden.

Desweiteren ist bei Kennzeichen ohne Sonderschutz im Hinblick auf eine Behinderung von Kennzeichen, § 1 UWG als Unterlassungsanspruch gegeben, wenn

---

512 Vgl. die Rechtsprechung zu § 1 UWG, BGH GRUR 1985, 550 (552) - Dimple; BGH GRUR 1991, 465 (466) - Salomon; siehe auch Bettinger GRUR Int. 1997, 402 (411).

513 Vgl. BGH NJW-CoR 1999, 52 (52 f) - MacDog.

514 LG Düsseldorf GRUR 1998, 159 (164) - epson.de.

515 Vgl. Bettinger, GRUR Int. 1997, 402 (410); Ubber, WRP 1997, 497 (508).

der eigentliche Benutzer des Kennzeichens einen beachtlichen Besitzstand vorher erlangt hatte. Auch § 3 UWG ist bei Kennzeichen ohne Sonderschutz im Einzelfall anwendbar. Bei der Benutzung eines Kennzeichens in einem Domain-Name für branchenfremde Waren oder Dienstleistungen kommt ein Unterlassungsanspruch gemäß § 1 UWG nur dann in Frage, wenn es sich bei dem Kennzeichen um ein bekanntes handelt, wobei in diesem Fall bereits § 14 Abs. 2 Nr. 3 MarkenG anwendbar ist. § 3 UWG kann hier nicht geltend gemacht werden, da keine Irreführung vorliegt.

Letztlich ist noch festzuhalten, dass bei spekulativen Markenanmeldungen ein Unterlassungsanspruch nach § 1 UWG besteht, da diese Anmeldungen mit den ebenfalls in dieser Arbeit behandelten sittenwidrigen Markenanmeldungen vergleichbar sind.[516]

C. Ausblick - Lösungsansätze

Es sollten in diesem Kapitel die marken-, namens- und wettbewerbsrechtlichen Probleme in Bezug auf Domain-Names herausgearbeitet werden und die Möglichkeiten, diesen mit dem deutschen rechtlichen Instrumentarium begegnen zu können. Dabei wurde klar, dass sich viele Fälle bereits vertretbar über das Marken-, Namens- und Wettbewerbsrecht lösen lassen. Auf längere Sicht dürfte das nationale Marken-, Namens- und Wettbewerbsrecht allerdings weder angemessen noch ausreichend für die Lösung der Kennzeichenprobleme im Hinblick auf die Domain-Names sein.[517]

Zunächst kann in diesem Zusammenhang festgestellt werden, dass nach den hier geprüften Anspruchsgrundlagen generell nur Ansprüche auf Unterlassung der Verwendung des Domain-Names sowie Schadensersatz in Frage kommen. Es stellt sich aber die Frage, ob es nicht sinnvoller wäre dem Betroffenen nicht einen direkten Anspruch auf Übertragung zu gewähren, da nach dem im Internet herrschenden Prioritätsprinzip nach Warteliste die Registrierung des Domain-Name entschieden wird.

---

516 Ob bei spekulativen Domain-Name-Anmeldungen, die durch einen sog. „Domainhändler" vorgenommen werden, ggf. auch ein genereller Anspruch nach § 826 BGB geltend gemacht werden kann, wird grundsätzlich verneint. Lediglich wenn bei einem Domainhändler die Behinderungsabsicht, und nicht die Verkaufsabsicht, im Vordergrund steht, kann ein Anspruch nach § 826 BGB in Erwägung gezogen werden, vgl. Wilmer, CR 1997, 562 (566). Darüber hinaus ist § 826 BGB aber dann anwendbar, wenn der Domain-Name-Inhaber, der weder in Konkurrenz zu dem Kennzeicheninhaber steht noch diesem oder einem Dritten die Überlassung des Domain-Name anbietet, vgl. Kilian, DZWir 1997, 381 (390).

517 Dagegen hält Keller, GRUR 1998, 126 (128), die deutschen rechtlichen Regelungen für grundsätzlich ausreichend, um die mit den Domain-Names verbundenen rechtlichen Probleme zu lösen.

Das *LG München I*[518] hat in seinem Urteil auf einen solchen direkten Übertragungssanspruch entschieden. Auch wurde so erstinstanzlich im Urteil „krupp.de" entschieden, das jedoch vom *OLG Hamm* dahingehend abgeändert wurde, dass dem Kläger lediglich ein Beseitigungs- und ein Unterlassungsanspruch zu gesprochen wurde.[519] M.E wäre ein Direktanspruch auf Übertragung des Domain-Name zwar sachgerecht, damit der Kläger letztlich auch seinen Domain-Name wirklich erhält, allerdings ist zu dabei beachten, dass ein solches Vorgehen dem Grundgedanken der Naturalrestitution des § 249 BGB widerspricht. Insbesondere spricht dabei gegen einen solchen Direktübertragungsanspruch, dass der verletzende Domain-Name-Inhaber nicht verpflichtet werden kann an der Verbesserung der Rechtsstellung des Verletzten mitzuwirken, indem er dafür sorgt, dass der Verletzte seinen Domain-Name erhält. Im übrigen räumen sowohl die markenrechtlichen Ansprüche als auch die namensrechtlichen Ansprüche lediglich Beseitgungs- und Unterlassungsansprüche bzw. Schadensersatzansprüche ein. Daher ist m.E. kein Direktunterlassungsanspruch zuzusprechen.

Desweiteren wäre bzgl. der Anspruchsgegner zu überdenken, ob es nicht praktikabler wäre, wenn Ansprüche gegen die Vergabestelle DE-NIC selbst gelend gemacht werden könnten. Jedoch ist auch hier wieder zu beachten, dass DE-NIC über keinen Überwachungsapparat verfügt, der umfassende rechtliche Prüfungen vornehmen kann. Daher kann DE-NIC grundsätzlich nicht für etwas verantwortlich gemacht werden, was in ihren Kompetenzbereich nicht fällt. Nach Ansicht der Rechtsprechung fällt die Überprüfung der kennzeichen- und wettbewerbsrechtrechtliche Zulässigkeit einer Second-Level-Domain daher primär in den Verantwortungsbereich des Anmelders, wie sie z.B. auch bei der Wahl eines Vereinsnamens in den des Vereins fällt.[520] Ausnahmen von der Ablehnung des Direktanspruches gegen die DE-NIC sollen nur dann möglich sein, „wenn die DE-NIC vorsätzlich den ebenfalls vorsätzlich begangenen Rechtsverstoß des Anmelders fördern will bzw. diesen in Kenntnis der Rechtswidigkeit billigend in Kauf nimmt, oder wenn die DE-NIC nach Hinweis auf die angebliche Rechtswidrigkeit eines Second-Level-Domain-Eintrags diesen nicht sperrt, obwohl er in grober und für die De-NIC offenbarer Weise das Kennzeichen- oder Wettbewerbsrecht verletzt".[521]

Ein derartiger offensichtlicher Rechtsverstoß würde nach Ansicht des *OLG Frankfurt*[522] vorliegen, wenn für die DE-NIC unschwer erkennbar sei, dass der Domain-Name mit einem berühmten Kennzeichen übereinstimmt und der Anmelder sich lediglich daran in unzulässiger Weise anhängen oder in ersichtlich

518 LG München I CR 1997, 479 (481)
519 OLG Hamm NJW-RR 1998, 909 (910) – krupp.de.
520 OLG Frankfurt a.M. CR 1999, 707 (708) – ambiente.de.
521 Bettinger/Freytag, CR 1999, 28 (38).
522 OLG Frankfurt a.M. CR 1999, 707 (709) – ambiente.de.

rechtswidriger Weise den jeweiligen Domain-Name für sich „sperren“ will. In allen anderen Fällen soll DE-NIC nur bei Vorlage eines vollstreckbaren Urteils gegen den Anmelder, in welchem die Benutzung der Second-Level-Domain untersagt wird und er zur Freigabe verpflichtet wird, zur Aufhebung der bisherigen Registrierung verpflichtet sein.

M.E. ist dieser Rechtsprechung zu folgen, da die Vergabestelle DE-NIC keine Kenntnis darüber besitzt für welche Branche der Domain-Name genutzt werden soll. Es ist ihr daher schon aufgrund des fehlenden Kontrollapperates nicht ersichtlich, welcher Name welche Priorität hat. Allerdings ist es gerechtfertigt in Fällen von berühmten Kennzeichen und bei Vorlage eines Urteils, das die Untersagung und Aufgabe der Benutzung eines Domain-Names enthält, eine solche Erkennbarkeit zu bejahen, da der DE-NIC die Überprüfung des Domain-Names dann zumutbar ist im Rahmen ihrer Möglichkeiten.[523] Jedoch werden unabhängig von der Art der Ansprüche und dem Anspruchsgegner weiterhin durch das System der Einmalvergabe von Domain-Names, Kennzeichen- und Namensinhaber davon abgehalten, sich unter ihren eigenen Kennzeichen und Namen im Internet zu präsentieren. Gerade im Bereich der Branchenfremdheit können berechtigte Inhaber von identischen Marken oder Namen aufgrund des bei der Domain-Name-Vergabe herrschenden Prioritätsprinzips, sich nicht nebeneinander im Internet präsentieren. Auch die Frage der Eingriffsmöglichkeit gegen die Verwendung freihaltebedürftiger oder nicht unterscheidungsfähiger Begriffe als Domain-Name, und dem damit verbundenen Kanalisierungseffekt, bedürfen noch einer Lösungsfindung. In Zeiten, wie den gegenwärtigen, in denen die Kommerzialisierung des Internets derartig anwächst[524], kann diese Sperrung sich sehr nachteilig für den ein oder anderen Kennzeichen- und Namensinhaber auswirken. Deshalb sind Reformierungen des Domain-Name-Systems von Nöten, mit dem Ziel durch international verbindliche Regeln, Konflikte dieser Art vorzubeugen.[525]

---

523 Abel, CR 1999, 788 (789) leitet den Anspruch auf Aufhebung der Domain-Name-Registrierung gegen die DE-NIC im Falle der Offensichtlichkeit des Rechtsverstoßes aus dem Presserecht ab, wonach wettbewerbsrechtliche Unterlassungsansprüche eines durch eine Anzeige Verletzten gegen den Verleger des Presserzeugnisses, in dem die Anzeige erschienen ist, nur dann gegeben sind, wenn diesem die Verletzung einer Prüfungspflicht zur Last fällt.

524 Die Internet-Nutzung in Deutschland wächst stetig. Bereits 22 % der deutschen Bevölkerung ab 14 Jahre nutzen das Internet. Außerdem gaben bei einer Befragung rund 2,4 Millionen Deutsche an, dass sie ein Produkt in den letzten sechs Monaten per Internet gekauft haben, siehe FAZ vom 12.4.1999.

525 Vgl. Artikel im Kölner Stadtanzeiger v. 8.6.1998, S. 23, in dem berichtet wird, dass die US-Regierung von ihrem Plan abgerückt ist, im Alleingang kurzfristig ein neues Adressensystem für das Internet einzurichten. In den USA ist mittlerweile das Internet2 gestartet worden, bei dem es sich um ein superschnelles Netz handelt, das 50.000 mal schneller ist als das bisherige; jedoch haben nur 37 Universitäten und IBM mit zwei

Die Vorschläge, die für eine Reformierung gemacht werden, sind zahlreich. Zunächst kam der Gedanke auf, das Domain-Name-System wieder auf ein Zahlensystem umzustellen. Dieses dürfte allerdings aufgrund der Benutzerfreundlichkeit des Namen-Systems kaum vorstellbar sein.[526]

Für den Bereich der freihaltebedürftigen und nicht unterscheidungskräftigen Begriffe wird vorgeschlagen, dass von einer neu einzurichtenden Institution[527], die für die Überprüfung dieser Begriffe zuständig sein soll, die Mitteilung an den Domain-Name-Anmelder geht, dass der Domain-Name so nicht eintragbar ist. Es soll dadurch erreicht werden, dass allen Interessenten gleichermaßen der Zugriff auf diese Begriffe möglich ist. Dieses kann durch einen jeweiligen Zusatz, wie z.B. „Müller.Rechtsanwalt.de" erfolgen, so dass die an sich freihaltebedürftige Bezeichnung „Rechtsanwalt" durch den Zusatz Unterscheidungsfähigkeit zukommt. Insbesondere sollen Listen über freihaltebedürftige Bezeichnungen erstellt werden mit der Unterstützung der nationalen Patentämter, damit genau geregelt ist, welche Bezeichnung allgemein als freihaltebedürftig gilt.[528] Eine solche Vergabestelle wird ebenfalls für die Überprüfung von Domain-Names auf mögliche Kollisionen mit fremden Kennzeichen gefordert, um den aufgezeigten Problemen vorzubeugen.[529]

Zu Erreichung der Konfliktvermeidung wird darüber hinaus auch das von der amerikanischen Vergabestelle angewandte Widerspruchsverfahren der Markeninhaber gegen die Eintragung eines Domain-Name vorgeschlagen, nachdem die Anträge vor der Eintragung öffentlich bekannt gemacht wurden.[530] In diesem Fall muss der Antragssteller beweisen, dass er ebenfalls ein Recht an der im Domain-Name beinhalteten Bezeichnung hat. Bleibt er den Beweis schuldig, wird eine gerichtliche Klärung herbeigeführt, bevor der Domain-Name eingetragen wird.[531] Durch diese Handhabung können zumindest spekulative Domain-Name-Anmeldungen minimiert werden.

---

angeschlossenen Forschungszentren Zugang, da es zunächst nur Forschungszwecken dienen soll, vgl. Artikel im Handelsblatt vom 2.3.1999.

526 Siehe Bettinger, GRUR Int. 1997, 402 (418).

527 Hoeren, Anmerkung zu dem Urteil des LG Mannheim CR 1996, 355 (356) - Heidelberg.de, spricht diesbzgl. von einem „Internet-Markenamt", das die Verantwortung für die richtige Zuweisung der Domain-Names übernehmen soll.

528 Vgl. Kur, CR 1996, 325 (331).

529 So die h.M. in der Literatur: Gabel, NJW-CoR 1996, 322 (326); Kur CR 1996, 325 (330); Hoeren, Anmerkung zum Urteil des LG Mannheim, CR 1996, 355 (356) - Heidelberg.de.

530 Siehe dazu ausführlich in diesem Kapitel unter A III 2; vgl. insbesondere Kochinke/Bäumer, CR 1996, 499 (500).

531 Diese Verfahrensweise befürworten auch für Deutschland Hoeren, Anmerkung zu dem Urteil des LG Mannheim CR 1996, 355 (355 f) - Heidelberg.de -, und Nordemann, NJW 1997, 1891 (1897).

Diese Problematiken wurden Ende 1996 von dem *International Ad Hoc Committee (IAHC)*[532] eingehend beraten, und die gefundenen Vorschläge in seinem Abschlussbericht vom 4.2.1997 zur weiteren Diskussion vorgestellt. Über diese Vorschläge wurde in weiteren internationalen Treffen diskutiert[533], so dass im Mai 1997 ein sog. *Memorandum of Understanding (MoU)* gefertigt wurde, das sich mit der Vergabe von Domain-Names und der Schlichtung von Streitfällen im Internet befasst.[534] In dem MoU werden inhaltlich im einzelnen die folgenden Punkte aufgeführt, die es weiterzuentwickeln und rechtlich zu implementieren gilt[535]:

- Neue Top-Level-Domains: Da viele Firmen ihren internationalen Charakter unterstreichen wollen, kommt es im Bereich des generischen Top-Level-Domains „.com" zu einem starken Andrang und somit zu Engpässen von Domain-Names, da ihre Kapazitäten nicht mehr ausreichen.[536] Daher sollen die generischen Top-Level-Domains mit sieben neuen Top-Level-Domains erweitert werden. Für Unternehmen oder Firmen soll es das neue Top-Level-Domain „.firm", „.store" für Handelsunternehmen, „.web" für (juristische) Personen, die Aktivitäten in Bezug auf das WWW betreiben, „.art" für (juristische) Personen im Bereich von Kultur oder Unterhaltung, „.rec" für (juristische) Personen im Bereich der Freizeitaktivitäten und der Unterhaltung, „.info" für (juristische) Personen für Informationsdienste, „.nom" für alle, die unter ihrem eigenen Namen, einem Pseudonym oder Künstlernamen im Netz erscheinen möchten, geben.

---

532 Mitglieder des IAHC waren u.a. Vertreter der *Internet Society (ISOC)*, der *Internet Assigned Numbers Authority (IANA)*, der *International Telecommunications Union (ITU)*, der *International Trademark Association (INTA)*, sowie der *Weltorganisation für geistiges Eigentum (WIPO)*.

533 Ein Treffen fand vom 12.-14.2.1997 bei der WIPO in Genf statt, und ein weiteres unter der Leitung des ITU am 29.4.-1.5.1997.

534 Das MoU wurde von ca. 80 Organisationen weltweit unterzeichnet, wodurch anerkannt wurde, dass Streitfälle durch besondere Panels, die im folgenden noch aufgeführt werden, entschieden werden sollen, die von der WIPO verwaltet werden und nach den neuen Schiedsregeln der WIPO arbeiten, vgl. WIPO: Internet-Adressen und Markenrecht, GRUR 1997, 350 (350).

535 Die folgenden Inhaltspunkte und ihre bisherigen Entwicklungen werden aufgeführt von Kur, CR 1997, 325 ff; Ubber, WRP 1997, 497 (511 f); Bettinger, GRUR Int. 1997, 402 (419 f); Frosch, CR 1997, 188 (188); WIPO: Internet-Adressen und Markenrecht, GRUR 1997, 198, 350, 515.

536 Es bestehen auch insoweit Vorschläge der *Internet Corporation for Assigned Numbers and Names* (dem neuen Selbstverwaltungsorgan des Internets, das künftig über die Technik des Internets regieren wird), das drohende Namenschaos mit Hilfe von Privatisierung eines Teils des Namensraums in den Griff zu bekommen. Die internationale Akkreditierung der neuen Registraturen hat bereits begonnen, vgl. Hofmann, FAZ vom 20.5.1999, S. 29.

- Desweiteren wird vorgesehen, dass für Marken spezielle Sub-Domains unter den nationalen regionalen Top-Level-Domains eingerichtet werden. Für international geführte Marken, die in vielen Ländern eingetragen sind, soll eine Eintragung unter dem Top-Level-Domain „.tm.int" erfolgen können. Die Verwaltung soll von einer speziellen Institution, vorzugsweise der WIPO, wahrgenommen werden.
- Die Vergabestellen von generischen Top-Level-Domains soll erhöht werden, und darüber hinaus soll ein internationales Kontrollsystem diese einbinden, das die Domain-Name-Vergabe transparent und öffentlich macht. Insgesamt sind für die neuen generischen Top-Level-Domains 28 neue Vergabestellen, sog. *Registrars*, vorgesehen, die durch private Unternehmen, die bestimmte vorgegebene Kriterien erfüllen müssen, wahrgenommen werden sollen. Über diese Registrars soll der *Council of Registrars (CORE)* mit Sitz in der Schweiz wachen und koordinierend wirken. Desweiteren soll eine öffentliche Kontrolle der Vergabestellen durch das *Policy Advisory Board (PAB)* erfolgen.
- Desweiteren ist ein neues Registrierungs- und Streitbeilegungsverfahren vorgeschlagen worden, welches vorsieht, dass Kennzeichenkollisionen bereits im Vorfeld vor der Eintragung geklärt werden. Daher sollen alle neu beantragten Domain-Names auf einer Internet-Seite veröffentlicht werden, so dass der Kennzeicheninhaber eines mit dem Domain-Name identischen oder ähnlichen Zeichens, innerhalb von 60 Tagen bei sog. *Adminstrative Domain Name Challenge Panels (ACPs)*[537] Widerspruch gegen die Eintragung erheben kann. Innerhalb von 30 Tagen nach dem Widerspruch wird von den Panels dann über die Eintragung entschieden.[538]
- Wie im einzelnen die Grundsätze des Schiedsverfahrens aussehen sollen, wird nach Kriterien festgelegt, nach denen z.B. nur solche Unternehmen unter den generischen Top-Level-Domains geführt werden können, die auch tatsächlich international tätig sind. Dadurch kann im Widerspruchsverfahren gegen die Eintragung eines Domain-Name vernichtend vorgetragen werden, dass dieser mit einer international bekannten Marke identisch oder ähnlich ist.
- Die Einbeziehung bereits existierender generischer Top-Level-Domains ist ein weiterer Punkt des MoU, durch die sämtliche generischen Top-Level-Domains den gleichen Regelungen unterliegen sollen. In Bezug auf die regionalen Top-Level-Domains wird empfohlen, dass unterhalb des regionalen Top-Level-Domains zusätzlich ein generisches Second-Level-Domain verwendet wird, um

537 Die *Administrative Domain Name Challenge Panels (ACP's)* sollen nach den für die WIPO-Schieds- und Schlichtungsstellen geltenden Regeln errichtet und vom WIPO Mediation and Arbitration Center verwaltet werden.

538 Diese Entscheidung soll nur für die Vergabestellen bindend sein. Sie ersetzt aber nicht das gerichtliche Verfahren, das den Domain-Name-Anmelder und den Kennzeicheninhaber daran hindern könnte gerichtlich dagegen vorzugehen. Durch dieses Verfahren sollen primär die Gerichte entlastet werden, vgl. Bettinger, GRUR Int. 1997, 402 (420).

auch auf der nationalen Ebene zu einer Erweiterung der Domain-Name-Möglichkeiten zu kommen.[539]

Die Weiterentwicklung dieser Vorschläge wurde der *WIPO (Weltorganisation zum Schutz des geistigen Eigentums)* übertragen[540], die zunächst die näher zu behandelnden Fragen weiter eingrenzte und die erarbeiteten Vorschläge zur Diskussion stellte. In ihrem Interim-Report vom 23.12.1998[541] wurden die zur Diskussion gestellten Vorschläge und ihre Akzeptanz zusammengefasst:

- Zunächst herrscht Uneinigkeit hinsichtlich der Einführung von neuen Top-Level-Domains. Es wird vor allem vor einer möglichen drastischen Verschärfung des Domain-Grabbing gewarnt.
- Desweiteren werden drei Streitbeilegungsverfahren vorgeschlagen, in denen vor allem außergerichtlich Domain-Name-Streitigkeiten beigelegt werden sollen: ein unverbindliches *Schlichtungsverfahren* vor einem freiwilligen, unabhängigen Schlichter, ein bindendes *Schiedgerichtverfahren* und ein spezielles beschleunigtes Verfahren, das *Administrative Dispute-Resolution Procedure (ADR)* vor einem dezentralisierten, aber nach einheitlichen Regeln verfahrenden Dispute Resolution Provider.[542] Gegenstand der Verfahren sollen alle Fälle sein können, in denen die Registrierung von Domain-Names zur Verletzung von Kennzeichen und anderen Materialgütern führen kann. Deswegen sollen auch keine präventiven Maßnahmen für die Domain-Name-Registrierung eingeführt werden. Entgegen dem IAHC-Vorschlag wird damit die Widerspruchsmöglichkeit innerhalb von 60 Tagen nach der Anmeldung des Domain-Name abgelehnt.
- Darüber hinaus sollen Inhaber weltweit bekannter Marken, diese für das Internet zukünftig sperren lassen können, so dass eine Registrierung dieser Marken als Domain-Name bereits im Vorfeld bei der Anmeldung abgelehnt werden kann.[543]

Am 30. April 1999 wurde der abschließende Bericht der WIPO, der *„Final Report of the WIPO Internet Domain Name Process“*[544] nunmehr veröffentlicht, der wiederum eine Reihe von Empfehlungen zur Gestaltung der Vertragsbeziehungen zwischen Anmeldern und Vergabestellen von Domain-Names ausspricht. In den meisten Punkten bleibt die WIPO bei den zuvor im Interim-Report genannten Lösungsansätzen. Danach wird zunächst vorgeschlagen, mit der Einführung neuer Top-Level-Domains noch zu warten, da die Gefahr neuer

539 So wird es bei den regionalen Top-Level-Domains bereits schon in Großbritannien, Australien und Japan gehandhabt, vgl. Kur, CR 1997, 325 (328).

540 Siehe White Paper vom Juni 1998.

541 Siehe im einzelnen WIPO Interim-Report; siehe auch Kur, GRUR Int. 1999, 212 ff.

542 Das letztere entspricht nicht den Vorschlägen des IHAC, das ein zentrales Verfahren bei der WIPO befürwortete. Siehe dazu auch Kur, GRUR Int. 1999, 212 (215 f).

543 Handelsblatt vom 4.5.1999, S. 19 und Kur, GRUR Int. 1999, 212 (216 f).

544 Siehe unter http://www.wipo2.wipo.int/process/eng/final_report.htm.

missbräuchlicher Anwendungen bestehe. Desweiteren wird bekräftigt, dass sich der Anmelder einem bestimmten Gerichtsstand und einem der Streitbeilegungsverfahren unterwirft. Bei den drei Streitbeilegungsverfahren wird in Bezug auf das *Administrative Dispute Resolution Procedure (ARD)* ein wichtiger Änderungsvorschlag von der WIPO gemacht: der Anmelder eines Domain-Name hat nur an diesem Verfahren teilzunehmen, wenn ein Fall der absichtlichen, bösgläubigen und missbräuchlichen Registrierung vorliegt, durch den fremde Markenrechte verletzt werden. Bestätigt wird der Interim-Report insofern, dass keine präventiven Maßnahmen bei der Domain-Name-Vergabe ausgesprochen werden, wie z.B. die Durchführung einer Wartefrist vor der Eintragung des Domain-Name. Der Vorschlag eines Sonderschutzes für bekannte bzw. berühmte Marken wird weiterhin empfohlen.

Inwieweit diese Vorschläge, die durch die Verwaltungsstelle ICANN implementiert werden müssen, eine wirkliche Verbesserung bringen, wird sich in der Praxis zeigen. Allerdings könnten m.E. entgegen der ablehnenden Haltung der WIPO, durch die Neueinführung von sieben Top-Level-Domains, sich für Unternehmen, die bislang keine Chance hatten sich international unter ihren Kennzeichen im Internet zu präsentieren, die Möglichkeit eines adäquaten Domain-Name eröffnen. Es ist jedoch wiederum nur eine Frage der Zeit, wann auch diese neuen Domain-Name-Möglichkeiten bei dem derzeit rapiden Anstieg der Nachfrage von freien Domain-Names, wieder erschöpft sein werden. Durch die Erweiterung der Top-Level-Domains käme man auch dem markenrechtlichen Prinzip näher, dass identische Kennzeichen für unterschiedliche Waren- und Dienstleistungskategorien eingetragen werden können, und damit das Prinzip der Einmalvergabe bei Domain-Names ein wenig gelockert und die Kennzeichen weiter gestreut würden.

In diesem Zusammenhang muss auch die vorgeschlagene Sperrungsmöglichkeit von bekannten Marken gesehen werden. Auch in diesem Bereich bestehen Unsicherheiten, vor allem aufgrund der Bewertung der Bekanntheit einer Marke, die national unterschiedlich ausfallen kann, da sie sich nach den Verhältnissen des jeweiligen Schutzlandes bemisst. Es kann demnach auch keine internationale Liste bekannter Marken erstellt werden, da es auf die Bekanntheit im internationalen Markt gar nicht bei der Beurteilung ankommt. Aufgrunddessen wird es schwierig sein eine einheitliche internationale Linie bei der präventiven Sperrung bekannter Marken, wie sie von der WIPO aber vorgeschlagen wurde in ihrem Abschlussbericht, zu finden. Daher ist es fraglich, inwieweit diese Regelung zu einem gerechten Ergebnis führen kann.

Die Lösung des Großteils der Vergabeprobleme von Domain-Names kann m.E. nur mit einem neuen Vergabesystem und neu organisierten Vergabestellen mit internationaler Einbindung herbeigeführt werden. Damit verbunden sein muss auch ein neues Registrierungs- und Streitbeilegungsverfahren. Es ist zu begrüßen, dass Vorschläge dahingehend existieren, nach denen gesonderte Stellen die

Überprüfung der Domain-Name-Anmeldungen wahrnehmen sollen. Ob dieses durch ein zentralisiertes Verfahren bei den ACPs mit administrativer Bindung an eine bestimmte Institution (wie z.B. der WIPO) oder durch das ADR-Verfahren (das bei einer Vielzahl von sog. *Dispute Resolution Service Providern* wahrgenommen werden soll, nach allerdings einheitlichen Regelungen) erfolgt, muss nach praktischen Gesichtspunkten bewertet werden. Auf jeden Fall sind solche internationalen Stellen bei Domain-Name-Streitigkeiten notwendig, da sie mit der Globalität des Internets besser umgehen können als nationale Gerichte.

Natürlich muss auch der Rechtsweg zu den ordentlichen Gerichten gewährleistet sein, wenn sich die Beteiligten nicht zuvor einem besonderen Schiedsgerichtsverfahren unterworfen haben. Dabei besteht zwar die Gefahr, dass letztlich doch nur die nationalen Gerichte angerufen werden. Jedoch können dann wiederum die Entscheidungen der internationalen Gremien mit in die Entscheidungsfindung der nationalen Gerichte miteinbezogen werden. Somit würden im Idealfall nach und nach internationale Aspekte in das Verfahren vor den nationalen Gerichten miteingeführt, und somit eine Internationalisierung bewirkt. Insbesondere kann durch internationale Kontrollstellen, Öffentlichkeit und Transparenz der Domain-Name-Anmeldungen hergestellt werden, was vor allem für die Verhinderung der spekulativen Eintragungen von Domain-Names wichtig ist. Damit einher geht auch die vorgeschlagene Neuerung, dass nur ein international tätiges Unternehmen unter den generischen Top-Level-Domains sich präsentieren darf, wodurch ebenfalls spekulativen Markenanmeldungen entgegengewirkt werden kann.

Das bislang Gesagte bezieht sich größtenteils nur auf die generischen Top-Level-Domains. Nicht vergessen werden darf aber, dass im Bereich der regionalen Top-Level-Domains ebenfalls derartige Probleme an der Tagesordnung sind. Daher muss auf der nationalen Ebene ein ähnlicher Konsens gefunden werden. Zumindest wäre es von Vorteil, wenn die Überprüfung von Übereinstimmungen zwischen Domain-Names und fremden Kennzeichenrechten bereits vor der Eintragung vorgenommen würde. Einen guten Lösungsansatz stellt in diesem Bereich auch der Vorschlag dar, dass zusätzlich zum regionalen Top-Level-Domain, ein generisches Top-Level-Domain hinzugefügt wird, um eine weitere Unterteilung in den verschiedenen Sparten vornehmen zu können.

Alles in allem wird durch die aufgezeigten Reformvorschläge der Domain-Name-Vergabe auf nationaler und internationaler Ebene sicherlich eine Entlastung für den Domain-Name-Markt erzielt werden. Auch ist anzunehmen, dass das Problem der spekulativen Domain-Name-Anmeldungen sich durch das zukünftige Kontrollsystem entschärfen wird. Ob dieses durch eine staatliche Aufsicht zu erfolgen hat oder, wie vorgeschlagen, durch private Unternehmen, ist letztlich eine Entscheidung, bei der einzig und allein die Schnelligkeit und Effektivität im Vordergrund stehen muss.

Daher liegt es einerseits auch nahe, durch Ausschreibungen an private Unternehmen unter bestimmten Voraussetzungen heranzutreten. Andererseits wäre durch eine staatliche Aufsicht unter Umständen eine Einheitlichkeit bei der Vergabe und Kontrolle eher gewährleistet. Durch die schnell voranschreitende Globalisierung des Internets wird abzuwarten sein, inwieweit noch weitere Änderungen, insbesondere im materiellen Recht auf internationaler Ebene erfolgen müssen.

4. Kapitel: Schlussbetrachtung

Ausgangspunkt dieser Arbeit war die Aufgabe der Bindung der Marke an einen Geschäftsbetrieb durch das neue MarkenG, die zur Anmeldung von Spekulations-/ Hinterhaltsmarken und Sperrmarken durch Privatpersonen oder sich neu gebildeten Markenagenturen führte. Es stellte sich damit die Frage, ob derartige Markenanmeldungen nach der Liberalisierung des Markenrechts zulässig sind im Hinblick auf die gesetzgeberischen Zielvorgaben der EG-Markenrechtsrichtlinie und des deutschen MarkenG.

In der vorliegenden Untersuchung wurde insbesondere auf die Spekulations-/ Hinterhaltsmarke und die Sperrmarke abgestellt, die unter den dargestellten Bedingungen der Löschung unterliegen können. Ein Schwerpunkt dieser Prüfung liegt auf der Begutachtung des in das Markenrecht neu eingeführten Löschungsgrundes des § 50 Abs. 1 Nr. 4 MarkenG, der in unbestimmter Weise von der *Bösgläubigkeit eines Markenanmelders im Zeitpunkt der Markenanmeldung* spricht. In diesem Rahmen ist herausgearbeitet worden, dass der Begriff der Bösgläubigkeit im Sinne des neuen Markenrechts ein anderer als der bislang im deutschen Zivilrecht bekannte ist. Der europäische Einfluss durch die Markenrechtsrichtlinie wird evident in der Begründung des deutschen Gesetzgebers zum Entwurf des Markenrechtsreformgesetzes, in dem ausdrücklich darauf verwiesen wird, dass § 50 Abs. 1 Nr. 4 MarkenG ein markenrechtlicher Anspruch zur Löschung rechtsmissbräuchlicher oder sittenwidriger Markenanmeldungen sein soll. Wann allerdings eine solche rechtsmissbräuchliche oder sittenwidrige Markenanmeldung tatsächlich vorliegt, muss wiederum im Einzelfall geklärt werden.

In diesem Kontext ist auch die Bestimmung der Funktionen einer Marke zu sehen. Die klassische wirtschaftliche Funktion einer Marke war nach dem WZG die *Herkunftsfunktion*. Zu Zeiten, als die Marke noch einem bestimmten Geschäftbetrieb zugeordnet werden konnte, war sie die Hauptfunktion eines Warenzeichens. Dieses änderte sich zunächst mit der Einführung der Möglichkeit der Lizenzvergabe einer Marke. In diesem Zusammenhang wurde die Qualitätsfunktion, wirtschaftlich gesehen, ein weiterer Faktor, der die Marke zukünftig in verstärktem Maße bestimmen sollte. Nach Abschaffung der Bindung der Marke an den Geschäftsbetrieb, tritt nunmehr die Qualitätsfunktion endgültig in den Vordergrund, verbunden mit der Werbefunktion, die in der heutigen Zeit bei Marken ganz wesentlich ist. Die traditionelle Stellung der Herkunftsfunktion wurde demnach gerade nach der Liberalisierung und Europäisierung des deutschen Markenrechts auf ein Mindestmaß reduziert.

Anhand der Spekulations-/ Hinterhaltsmarke und der Sperrmarke, die derzeit im Fokus der Rechtsprechung und Literatur bei der Frage des Missbrauchs einer Marke stehen, ist aufgezeigt worden, unter welchen Bedingungen die Löschung derselben möglich ist. Die hier vertretene Ansicht steht bei der Beurteilung der

Löschbarkeit der Spekulations-/ Hinterhaltsmarke im Einklang mit der Rechtsprechung und einem Großteil der Literatur, die den Löschungsgrund des § 50 Abs. 1 Nr. 4 MarkenG dann bejahen, wenn feststeht, dass der Markenanmelder seit dem Zeitpunkt der Markenanmeldung nicht beabsichtigte die Marke jemals selbst zu benutzen und die Anmeldung der Marke damit nur in spekulativer, hinterhältiger oder sperrender Absicht erfolgte. Dem Verdacht der Bösgläubigkeit sind in dieser Hinsicht vor allem Marken ausgesetzt, die bereits vor ihrer Anmeldung von Dritten benutzt wurden. Der Nachweis dieser mit dem MarkenG nicht zu vereinbarenden missbräuchlichen Absichten kann sich im Einzelfall als sehr schwierig erweisen. Die Rechtsprechung und Literatur greifen dabei wiederum auf Indizien zurück. Als Indiz für das Vorliegen einer Spekulationsmarke hat das OLG Frankfurt a.M. in seinem *„Classe E"-Urteil* die Anmeldung mehrerer Marken für eine Vielzahl von Warenverzeichnissen angesehen. Eine Hinterhaltsmarke liegt insbesondere dann vor, wenn ein Markeninhaber sich gar nicht darum bemüht seine Marke anzubieten, sondern erst dann an Personen und Unternehmen herantritt, wenn diese unter der Markenbezeichnung Waren oder Dienstleistungen auf den Markt bringen. Das Abstellen auf objektive Hinweise, wie z.B. die funktionsgerechte Nutzung einer Marke, hätte zur Folge, dass die Bindung der Marke an einen Geschäftsbetrieb mittelbar wieder eingeführt würde. Eine solche Annahme spricht aber klar gegen die Intention des Gesetzgebers, die dahin geht, dass die Marke unabhängig von einem Geschäftbetrieb sein soll. Es würde desweiteren die Eigenständigkeit der Marke insoweit beschnitten, dass generell eine Markenanmeldung, die nur in Verkaufs- oder Lizenzerteilungsabsicht angemeldet wurde, dem Missbrauchsverdacht unterliegen würde. Dieses steht aber nicht im Einklang mit dem Willen des Gesetzgebers, der gerade durch die Möglichkeit der freien Übertragung der Marke, die grundsätzliche vollständige Eigenständigkeit der Marke erreichen wollte. Darüber hinaus gewährt das MarkenG grundsätzlich eine Benutzungsschonfrist von fünf Jahren, die nicht voraussetzt, dass ein Geschäftsbetrieb in dieser Zeit bestehen muss.

Die Sperrmarke wurde bereits unter dem WZG als missbräuchlich diskutiert. Sie wurde in nachgewiesenen Missbrauchsfällen nach § 1 UWG gerichtlich zur Löschung gebracht. Nunmehr kann auch der Sperrmarke nach dem Löschungsgrund des§ 50 Abs. 1 Nr. 4 MarkenG markenrechtlich begegnet werden. Da es sich bei dem Verfahren nach § 50 Abs. 1 Nr. 4 i.V.m. § 54 MarkenG um ein Löschungsverfahren vor dem DPA handelt, und demnach nur die Bösgläubigkeit des Markenanmelders bei der Anmeldung, gegen die Registrierung eingewendet werden kann, können Einwendungen aus dem Wettbewerbsrecht, nach der hier vertretenen Ansicht, parallel auch im gerichtlichen Verfahren auf § 1 UWG gestützt werden. Dasselbe gilt auch für die Spekulations-/ Hinterhaltsmarke, da es weder im Widerspruchsverfahren, noch im Verfahren nach § 50 Abs. 1 Nr. 4 i.V.m. § 54 MarkenG möglich ist, wettbewerbsrechtliche Einwendungen geltend zu machen.

Erfolgreich hat das MarkenG durch die Normierung des Unterlassungsanspruches bei Verwechselungsgefahr in § 14 Abs. 2 MarkenG, den unter dem WZG häufig aufgetretenen Defensivzeichen, ein Ende gesetzt. Dadurch wurde auch das Ziel erreicht, die Überfüllung der Warenzeichenrolle durch die Registrierung von Abwehrzeichen, die nie benutzt werden sollen und lediglich zum Schutz vor dem Gebrauch verwechselungsfähiger und ähnlicher Warenzeichen angemeldet wurden, Einhalt zu gewähren.

Im weiteren wurden auch die Löschungstatbestände gemäß § 51 MarkenG im Hinblick auf die Spekulations-/ Hinterhaltsmarken und Sperrmarken geprüft, nach denen zwar diese Markenregistrierungen nicht unbedingt aufgrund ihrer Missbräuchlichkeit gelöscht werden können, die jedoch wegen zusätzlicher Markenkollisionen von besonderer Relevanz für missbräuchliche Markenanmeldungen sind. Insbesondere kann die Registrierung einer bereits im markenrechtlichen Sinne *bekannten Marke* nach § 9 Abs. 1 Nr. 3 MarkenG oder einer sogar nach § 10 MarkenG *notorisch bekannten Marke*, sowohl unter dem Löschungstatbestand des § 50 Abs. 1 Nr. 4 MarkenG als auch unter den des § 51 MarkenG fallen. Überschneidungen bestehen auch mit der bösgläubigen Anmeldung einer Agentenmarke im Sinne des § 11 MarkenG. Der Vorteil der Geltendmachung der Löschungsgründe des § 51 Abs. 1 MarkenG liegt auch u.a. darin, dass neben dem Löschungsverfahren nach § 54 MarkenG vor dem DPA, gemäß § 55 MarkenG parallel ein Verfahren vor den ordentlichen Gerichten angestrebt werden kann, in dem die Einwendungen des § 51 Abs. 1 MarkenG vorgetragen werden können.

Folglich hat das deutsche Markenrecht sich auf der einen Seite durch die Abschaffung der Bindung der Marke an den Geschäftsbetrieb, der Gefahr der Anmeldung von Spekulations-/ Hinterhaltsmarken und Sperrmarken verstärkt ausgesetzt. Auf der anderen Seite wurde aber ein rechtliches Löschungsinstrumentarium geschaffen, das bei dem Verdacht einer missbräuchlichen Markenanmeldung in Anspruch genommen werden kann.

Für die in der Einleitung gemachten Beispiele von Markenanmeldungen bedeutet dieses, dass z.B. die Anmeldung „Ballermann 6" mit dem gleichnamigen Namen der Strandbar auf Mallorca als bekannte Marke kollidieren könnte. Auch die Bekanntheit der Namen „Fontane" und „Luther" für Souvenirartikel, kann der Registrierung derselben als Marke entgegen stehen. Trotz der Schwierigkeit des Nachweises eines Missbrauchs im Einzelfall, muss nicht die Richtigkeit der Abschaffung der Markenbindung an einen Geschäftsbetrieb in Zweifel gezogen werden. Unabhängig davon, dass der deutsche Gesetzgeber aufgrund der EG-Markenrechtsrichtlinie dazu verpflichtet war, liegen gute Gründe für die Novellierung vor, die vor allem in der Entwicklung der wirtschaftlichen Bedeutung der Marke selbst begründet sind. So ist hervorzuheben, dass die Marke immer mehr an wirtschaftlicher Bedeutung gewinnt.

Die Macht der Marke zeigt sich insbesondere in der Abhängigkeit vieler Unternehmen von ihrer Marke. Sie stellt ein Instrument dar, das innerhalb des zunehmenden Wettbewerbs, die Unternehmenspolitik stark beeinflussen kann. Die Marke beinhaltet mehr und mehr nicht nur ein Schutzrecht, sondern auch ein Gestaltungsrecht, das immer weiter in den Vordergrund rückt. Sie selbst impliziert ein Wirtschaftspotenzial, bei dem die Möglichkeit bestehen muss, auf dieses jederzeit flexibel zugreifen zu können. Daher muss ein solches Recht auch frei verfügbar sein in Form der Verkaufs- oder Lizenzvergabemöglichkeit, unabhängig von der Mitübertragung eines dazugehörigen Geschäftsbetriebs. Dafür spricht auch, dass die Herkunft der mit der Marke angebotenen Waren oder Dienstleistungen allgemein mehr in den Hintergrund tritt, solange diese in einer einheitlichen Qualität, und damit auch Werbestrategie, auf dem Markt präsentiert werden.

Darüber hinaus gewinnt die Problematik der Internet-Domain-Names immer mehr an Bedeutung durch die zunehmende Kommerzialisierung des Internets. Die Vergabe und Benutzung von Domain-Names hat kennzeichen- und namensrechtliche Fragen aufgeworfen, die es in der vorliegenden Arbeit zu resümieren und zu lösen galt. Zunächst wurde aufgezeigt, in welchem Bereich rechtliche Kollisionen zwischen Marken und Domain-Names einerseits und Namen und Domain-Names andererseits auftreten. Aufgrund des bei der Domain-Name-Vergabe weltweit herrschenden *Prioritätsgrundsatzes*, sind Kollisionsprobleme von Domain-Names und Marken bzw. Namen vorgezeichnet. Insbesondere die mit der Vergabepraxis verbundene Problematik des *Domain-Grabbing*, hat Anlass zur Überprüfung von missbräuchlich angemeldeten Domain-Names gegeben. Die Missbräuchlichkeit der Anmeldung von Domain-Names in Form des Domain-Grabbings besteht darin, dass Marken, die bereits im Geschäftsverkehr für bestimmte Waren und Dienstleistungen benutzt werden, sei es markenrechtlich regstriert oder nicht, von Dritten als Domain-Name angemeldet werden. Da keine Überprüfung der Warenzeichenrolle von Seiten der Vergabestelle DE-NIC erfolgt, werden diese Zeichen ohne weiteres als Domain-Name für Dritte registriert.

Es konnte festgestellt werden, dass dem Domain-Grabbing mit den markenrechtlichen Unterlassungsansprüchen der §§ 14 und 15 MarkenG nur begrenzt begegnet werden kann. Dabei wurde zunächst herausgearbeitet, dass der Domain-Name, unabhängig davon, ob er selbst ein Kennzeichen darstellt, allein schon durch seine Verwendung die Rechte eines Markeninhabers verletzen kann. Die hier vertretene Ansicht stützt sich bei dieser Bewertung auf das „Epson“-Urteil des LG Düsseldorf und auf das „Fernschreibkennung“-Urteil des BGH.

Im Rahmen der Prüfung der Unterlassungsansprüche wurden die Unterschiede der Vergabe von Marken und der von Domain-Names deutlich. Das Verfahren der Einmalvergabe im Internet entspricht nicht den Grundsätzen des Markenrechts, nach denen eine identische Marke in verschiedenen Warenklassen jeweils unterschiedliche Inhaber haben kann. Letztlich kann in solchen Kollisionsfällen derzeit nur die Priorität der Domain-Name-Anmeldung entscheiden.

Anders allerdings im Bereich des *Domain-Grabbing*, in dem vor allem Verkaufsagenturen oder Privatpersonen involviert sind. Die Untersagungsgründe des § 14 Abs. 2 Nrn. 1 und 2 bzw. des § 15 Abs. 2 MarkenG können hier zu einer vertretbaren rechtlichen Lösung führen.

In Bezug auf namensrechtliche Kollisionen durch Domain-Name-Anmeldungen, ist eine Verletzung des Namensrechts anzunehmen, wenn sich ein Dritter, der kein Recht an dem in seinem Domain-Name beinhalteten Namen besitzt, diesen trotzdem als Domain-Name registrieren läßt. Allerdings muss derzeit bei Gleichnamigen innerhalb des Internets auf das Prioritätsprinzip verwiesen werden. Ausschlaggebend für die Bejahung der Namensfunktion des Domain-Name war insbesondere das Urteil des LG Mannheim „Heidelberg.de", das sich als erstes Gericht mit dieser Problematik zu befassen hatte. Gegen diese Ansicht sprachen zunächst die Entscheidungen „Hürth.de", „Kerpen.de" und Pulheim.de" des LG Köln, das die Namensfunktion eines Domain-Name verneinte. Jedoch wurde diese Rechtsprechung vom OLG Köln in seiner Entscheidung „Alsdorf.de" aufgegeben. Darüber hinaus kann eine rechtliche Lösung auch in Einzelfällen über die wettbewerbsrechtlichen Ansprüche der §§ 1 und § 3 UWG gefunden werden.

Trotz der hier aufgezeigten Möglichkeiten gegen missbräuchliche Domain-Name-Anmeldungen vorzugehen, bedarf es insgesamt einer Reformierung des Domain-Name-Vergabeverfahrens. Die Vorschläge, die diesbzgl. bislang gemacht wurden, sind zahlreich. Insbesondere ist auf die von dem *International Ad Hoc Committee (IAHC)* gemachten Vorschläge in seinem *Memorandum of Understanding* zu verweisen. Die wichtigste Innovation wird m.E. die Erweiterung der Top-Level-Domains sein. Außerdem hat die Internet-Kommission der WIPO in ihrem Abschlussbericht vorgeschlagen, dass Markeninhaber von bekannten Marken, diese für das Internet sperren lassen können. Es wird sich zeigen, inwieweit den in dieser Arbeit dargestellten Problemen der Vergabe von Domain-Names über die hier aufgezeigten Lösungsansätze hinaus, zukünftig abgeholfen wird.

Literatur- und Quellenverzeichnis

Abel, Stefan, Anmerkung zum Urteil des OLG Frankfurt a.M.: Kein Anspruch auf Domainregistrierung, CR 1999, 788 f.

Althammer, Werner, Kommentar zum Warenzeichengesetz, 4. Aufl., München 1989.

Althammer, Werner / Klaka, Rainer / Ströbele, Paul, Kommentar zum Markengesetz, 5. Aufl., München 1997.

Anders, Wilfried / Hacker, Franz, Aus der Rechtsprechung des Bundespatentgerichts im Jahre 1996, GRUR 1997, 487 ff.

Annand, Ruth, Die EuGH-Entscheidung „Springende Raubkatze" aus britischer Sicht, GRUR Int. 1998, 656 ff.

v. Bar, Christian, Internationales Privatrecht, Bd. 2, Besonderer Teil, Frankfurt a.M. 1991.

Bäumer, Ulrich, Domain Namen und Markenrecht - Die Gerichtspraxis in den Vereinigten Staaten, CR 1998, 174 ff.

Baumbach, Adolf / Hefermehl, Wolfgang, Kommentar zum Wettbewerbs- und Warenzeichenrecht, 9. Aufl., München 1967.

dies., Kommentar zum Warenzeichenrecht, Stand: Januar 1985, 12. Aufl., München 1985.

dies., Kommentar zum Wechsel- und Scheckgesetz, 19. Aufl., München 1995.

dies., Kommentar zum Wettbewerbsrecht, Stand: März 1996, 19. Aufl., München 1996.

Becher, Hans, Defensivzeichen sind rechtswidrig, GRUR 1958, 324 ff.

Bechthold, Stefan, Der Schutz des Anbieters von Information - Urheberrecht und Gewerblicher Rechtsschutz im Internet, ZUM 1997, 427 ff.

Beier, Friedrich-Karl / Krieger, Ulrich, Wirtschaftliche Bedeutung, Funktion und Zweck der Marke (68), GRUR Int. 1976, 125 ff.

Berlit, Wolfgang, Änderungen des UWG durch das Markenrechtsreformgesetz, NJW 1995, 365 ff.

ders., Das neue Markenrecht, 2. Aufl., München 1997.

Bettinger, Torsten, Kennzeichenrecht im Cyberspace: Der Kampf um die Domain-Namen, GRUR Int. 1997, 402 ff.

ders., Der lange Arm amerikanischer Gerichte: Personal Jurisdiction im Cyberspace - Bericht über die neuere Rechtssprechung amerikanischer Gerichte zur interlokalen und internationalen Zuständigkeit bei Kennzeichnungskonflikten im Internet, GRUR Int. 1998, 660 ff.

Beuthien, Volker / Wasmann, Dirk, Zur Herausgabe des Verletzergewinns bei Verstößen gegen das Markengesetz, GRUR 1997, 255 ff.

Biere, Sebastian, Anmerkung zum Beschluss des OLG Köln „Alsdorf.de". CR 1999, 387 f.

Biermann, Claudia, Kennzeichenrechtliche Probleme des Internets: Das Domain-Name-System, WRP 1999, 997 ff.

Bökel, Werner / Fritze, Ulrich, Bedingungen der Benutzung für das Entstehen und die Aufrechterhaltung des Rechts an der eingetragenen Marke (92 A), GRUR Int. 1988, 45 ff.

Boës, Ulrich / Deutsch, Volker, Die „Bekanntheit" nach dem neuen Markenrecht und ihre Ermittlung durch Meinungsumfragen, GRUR 1996, 168 ff.

Brechmann, Winfried, Die richtlinienkonforme Auslegung, München 1994.

Breme, Heinrich, Abwehr- und Vorratszeichen, Benutzungszwang, GRUR 1950, 17 ff.

Bücking, Jens, Internet-Domains - Neue Wege und Grenzen des bürgerlich-rechtlichen Namensschutzes, NJW 1997, 1886 ff.

van Bunnen, Louis, Übereinstimmung, Verwechselungsgefahr und/oder Assoziation? - Das EuGH-Urteil „Springende Raubkatze" aus belgischer Sicht, GRUR Int. 1998, 942 ff.

Busche, Jan, Die springende Raubkatze, das Markenrecht und der Durchschnittsverbraucher - Überlegungen zum Schutz der Marke vor Verwechselungen, DZWir 1998, 363 ff.

Busse, Rudolf / Starck, Joachim, Kommentar zum Warenzeichengesetz nebst Pariser Verbandsübereinkunft und Madrider Markenabkommen, 6. Aufl., Berlin 1990.

Callies, Christian / Ruffert, Matthias, Kommentar des Vertrages über die Europäische Union und des Vertrages zur Gründung der Europäischen Gemeinschaft, Neuwied 1998.

Deichsel, Alexander, Markentechnische Beobachtungen zum Markenschutz, GRUR 1998, 336 ff.

ders., Das Recht der Marke und das Markenrecht, FAZ vom 14.12.1998, Nr. 290, S. 27.

Eichmann, Helmut, Der Schutz von bekannten Kennzeichen, GRUR 1998, 201 ff.

Eisenführ, Günther, Voraussetzungen und Nachweis der Verkehrsdurchsetzung nach § 4 Abs. 3 WZG, GRUR 1987, 82 ff.

ders., So ähnlich wie gleichartig, GRUR 1998, 214 ff.

Eisenmann, Hartmut, Grundriß gewerblicher Rechtschutz und Urheberrecht, 2. Aufl., Heidelberg 1988.

Erdmann, Willi, Schutz vor Werbeslogans, GRUR 1996, 550 ff.

Ernst, Stefan, Rechtliche Fragen bei der Verwendung von Hyperlinks im Internet, NJW-CoR 1997, 224 ff.

Ernstthaler, Jürgen, Produktpirateriegesetz, GRUR 1992, 273 ff.

Fezer, Karl-Heinz, Der Benutzungszwang im Markenrecht, Berlin 1974.

ders., Das Markenrecht im Aufwind des Europäischen Binnenmarkts, in: Festschrift für Gaedertz, München 1992, S. 153 ff.

ders., Rechtsverletzende Benutzung einer Marke als Handeln im geschäftlichen Verkehr - Abschied von der markenmäßigen Benutzung im Markengesetz, GRUR 1996, 566 ff.

ders., Kommentar zum Markengesetz, München 1997.

ders., Erste Grundsätze des EuGH zur markenrechtlichen Verwechselungsgefahr - oder: „Wieweit springt die Raubkatze"?, NJW 1998, 713 ff.

ders., Markenfunktionale Wechselwirkung zwischen Markenbekanntheit und Produktähnlichkeit - Gemeinschaftsrechtliche Verwechselungsgefahr als Produktkontrolle und Produktverantwortung des Markeninhabers - Zur „Canon"-Entscheidung des EuGH, WRP 1998, 1123 ff.

Freitag, Andreas, Technische Adresse oder geschütztes Unternehmenskennzeichen, MA 1996, 495 ff.

Frosch, Vera, Computer und Recht aktuell - Domain-Names, CR 1997, 188.

Füllkrug, Dieter, Strukturänderungen des Warenzeichenrechts als Spiegel der Marktwirtschaft, MA 1993, 9 ff.

ders., Spekulationsmarken - Eröffnet der Wegfall des Geschäftbetriebes die Möglichkeit, Formalrechte zu missbrauchen?, GRUR 1994, 679 ff.

ders., Spekulationsmarken und ihre Löschung, WRP 1995, 378 ff.

Furstner / Grenze, Beschermingsomvang van het merk in de Benelux en EEG-Harmonisatie, BIE 1988, 215 ff.

Gabel, Detlev, Internet: Die Domain-Namen, NJW-CoR 1996, 322 ff.

v. Gamm, Otto-Friedrich, Kommentar zum Warenzeichengesetz, Berlin 1965.

ders., Kommentar zum Warenzeichengesetz, Warenzeichen-Änderungsgesetz vom 4. September 1967, München 1968.

ders., Bestandsaufnahme zum Benutzungszwang im Warenzeichenrecht, GRUR 1977, 517 ff.

ders., Zur Warenzeichenrechtsreform, WRP 1993, 793 ff.

ders., Schwerpunkt des neuen Markenrechts - Referat anläßlich der GRUR-Jahrestagung am 3.6.1994, GRUR 1994, 775 ff.

Graefe, Thomas, Marken und Internet, MA 1996, 100 ff.

Grunewald, Barbara, Der Schutz bekannter Marken vor dem Vertrieb branchenfremder Waren unter Benutzung übereinstimmender Zeichen, NJW 1987, 105 ff.

Haas, Marie-Emanuelle, Die französische Rechtsprechung zum Konflikt zwischen Domain-Namen und Kennzeichenrechten, GRUR Int. 1998, 934 ff.

Hackbart, Ralf, Grundfragen des Benutzungszwanges im Gemeinschaftsmarkenrecht, Konstanz 1991.

Hartmann, Matthias, Anmerkung zum Urteil des OLG Hamburg „Mitwohnzentrale.de", CR 1999, 782 f.

Hefermehl, Wolfgang, Unbenutzte Warenzeichen aus der Sicht des Benutzungszwangs, GRUR 1968, 486 ff.

Helm, Horst, Die bösgläubige Markenanmeldung, GRUR 1996, 593 ff.

Henning-Bodewig, Frauke, Die Qualitätsfunktion der Marke im amerikanischen Recht, GRUR Int. 1985, 445 ff.

Henning-Bodewig, Frauke/Kur, Annette, Marke und Verbraucher - Funktionen der Marke in der Marktwirtschaft, Bd. I - Grundlagen, Weinheim, 1988.

dies., Marke und Verbraucher - Funktionen der Marke in der Marktwirtschaft, Bd. II - Einzelprobleme, Weinheim 1989.

Heydt, Ludwig, Benutzung und Benutzungszwang nach dem Vorabgesetz, in: FS Hefermehl, Heidelberg 1971, S. 59 ff.

Hoeren, Thomas, Anmerkung zum Urteil des LG Mannheim „Heidelberg.de", CR 1996, 355 f.

ders., Rechtsfragen des Internets, Beck-Seminare 1996, S. 98 ff.

ders., Cybermanners und Wettbewerbsrecht - Einige Überlegungen zum Lauterkeitsrecht im Internet, WRP 1997, 993 ff.

Hofmann, Jeanette, In Berlin wird um die Neuregelung der Internet-Adressen gestritten, FAZ vom 20.5.1999, S. 29.

Hubmann, Heinrich, Gewerblicher Rechtschutz, 6. Aufl., München 1998.

Ingerl, Reinhard, Die Neuregelung der Agentenmarke im Markengesetz, GRUR 1998, 1 ff.

Ingerl, Reinhard / Rohnke, Christian, Die Umsetzung der Markenrechts-Richtlinie durch das deutsche Markengesetz, NJW 1994, 1247 ff.

dies., Markengesetz-Kommentar, München 1998.

Jackermeier, Siegfried, Die Löschungsklage im Markenrecht - Untersuchung zum deutschen, französischen und englischen Recht, München 1983.

Jarass, Hans D., Richtlinienkonforme bzw. EG-rechtskonforme Auslegung nationalen Rechts, EuR 1991, 211 ff.

Jung, Peter, Die Bedeutung der Selbstregulierung für das Lauterkeitsrecht in internationalen Computernetzwerken, GRUR Int. 1998, 841 ff.

Kartte, Wolfgang, Die gemeinschaftliche Nutzung von Warenzeichen im Spannungsfeld zwischen GWB und Warenzeichenrecht, in: FS für Quack, Berlin 1991, S. 609 ff.

Keller, Erhard, Die zeichenmäßige Benutzung im Markenrecht - Umfang und Grenzen der markenrechtlichen Abwehrbefugnis, GRUR 1996, 607 ff.

Kiehte, Kurt / Groeschke, Peer, Die sittenwidrige Markenanmeldung und die Rechtsschutzmöglichkeiten des § 1 UWG, WRP 1997, 269 ff.

Kilian, Matthias, Die Adresse im Internet - Domains und ihr rechtlicher Schutz - Zugleich eine Besprechung des Urteils des LG Düsseldorf vom 4.4.1997 - 34 O 191/96, DZWir 1997, 381 ff.

Klaka, Rainer, Markenrechtliche Erschöpfungslehre im neuen Licht (gestern - heute - morgen), in: Festschrift für Traub, Frankfurt a.M. 1995, S. 173 ff.

ders., Vor- (Weiter-) Benutzung im Kennzeichnungsrecht, in: Festschrift für Otto Friedrich Frhr. v. Gamm, Köln 1990, 271 ff.

Kloos, Bernhard, Anmerkung zum Urteil des LG München I „Freundin.de“, CR 1997, 543 f.

Koch, Frank A., Rechte an Webseiten - Hinweise zu Urhebervermerken, Schutzfähigkeit, Links und Haftung für die Praxis, NJW-CoR 1997, 298 ff.

Kochinke, Clemens / Bäumer, Ulrich, Die Vergaberichtlinie des InterNIC bei Internetadressen, CR 1996, 499 ff.

Köhler, Helmut, Die Begrenzung wettbewerbsrechtlicher Ansprüche durch den Grundsatz der Verhältnismäßigkeit, GRUR 1996, 87 ff.

Köhler, Helmut / Piper, Henning, UWG-Kommentar, München 1995.

Kraft, Alfons, Die warenzeichenrechtlichen Bestimmungen des Vorabgesetzes, GRUR 1968, 123 ff.

v. Kreisler, Die Anerkennung der Neuheitsschädlichkeit bekannt gemachter deutscher Patentanmeldungen und eingetragener Gebrauchsmuster durch den Großen Senat des Deutschen Patentamtes, ihre Vorgeschichte und ihre Folgen, GRUR 1953, 181 ff.

v. Kreisler / Rupprecht, Ingeborg, Benutzungszwang für Warenzeichen, GRUR 1954, 434 ff.

Krieger, H. Jochen, Schutzrechte machen Betreibern von Websites zu schaffen – „Domainpiraten" und „Markengrabber", Handelsblatt vom 8.11.1999.

ders., Benutzungswille und Benutzungszwang im Warenzeichenrecht, GRUR 1972, 311 ff.

Kunz-Hallstein, Hans Peter, Völkerrechtliche Fragen einer Änderung des MMA und seine Verknüpfung mit dem künftigen System der Gemeinschaftsmarke, GRUR Int. 1988, 809 ff.

ders., Perspektiven der Angleichung des nationalen Markenrechts in der EWG, GRUR Int. 1992, 81 ff.

Kur, Annette, Zur Benutzung bekannter Zigarettenmarken für andere Produkte - Die Camel-Adventures-Entscheidung des schwedischen Markengerichts, GRUR Int. 1990, 442 ff.

dies., Schutz nicht eingetragener, aber notorisch bekannter Marken, Art. 6bis PVÜ und Schutz berühmter Marken (Q 100), GRUR Int. 1990, 605 ff.

dies., Internet Domain Names - brauchen wir strengere Zulassungsvorschriften für die Datenautobahn?, CR 1996, 325 ff.

dies., Namen- und Kennzeichenschutz im Cyberspace, CR 1996, 590 ff.

dies., Die Harmonisierung der europäischen Markengesetze – Resultate - offene Fragen-Harmonisierungslücken, GRUR 1997, 241 ff.

dies., Der Bericht des International Ad Hoc Committee - Neue Regeln für die Vergabe von Domainnamen, CR 1997, 325 ff.

dies., Neue Perspektiven für die Lösung von Domainnamen-Konflikten: Der WIPO-Interim Report, GRUR Int. 1999, 212 ff.

Lehmann, Michael, Wettbewerbs- und warenzeichenrechtliche Bemerkungen zur Entscheidung des Bundesgerichtshofes vom 6. Oktober 1983 - Verkauf unter Einstandspreis II, GRUR 1984, 313 ff.

Lehmann, Michael / Schönfeld, Th., Die neue europäische und deutsche Marke: Positive Handlungsrechte im Dienste der Informationsökonomie, GRUR 1994, 481 ff.

Loewenheim, Ulrich, Marktaufteilung durch Warenzeichen und Artikel 85, 86 EWG-Vertrag - Überlegungen zum Sirena-Urteil des EuGH, GRUR Int. 1971, 260 ff.

Lückenbach, Andreas, Der Benutzungszwang im Markenrecht aufgrund der Neuregelung durch das Markengesetz, GRUR 2000, 7 ff.

Mankowski, Peter, Besondere Formen von Wettbewerbsverstößen im Internet und Internationales Wettbewerbsrecht, GRUR Int. 1999, 995 ff.

van Manen, Willem C., Assoziationsgefahr, „Raubkatzen"-Urteil des EuGH und Benelux-Markenrecht - zum Urteil des EuGH vom 11.11.1997, GRUR Int. 1998, 471 ff.

Mecklenburg, Wilhelm, Internetfreiheit, ZUM 1997, 525 ff.

Meister, Herbert E., Bemerkungen zum Entwurf des Markengesetzes, MA 1993, 214 ff.

ders., Die Marke zwischen den Gesetzen, GRUR 1994, 167 ff.

ders., Die Verteidigung von Marken - eine Skizze zum neuen Recht, WRP 1995, 366 ff.

ders., Praktische Erfahrungen mit dem neuen Markengesetz, WRP 1995, 1005 ff.

Mertens de Wilmars, Josse, Die Funktionen des Warenzeichens und die Gemeinschaftsrechtssprechung, GRUR 1976, 93 ff.

Meyer, Andreas, Das deutsche und französische Markenrecht nach der Umsetzung der Ersten Markenrichtlinie (RL 89/104/EWG), GRUR Int. 1996, 592 ff.

Michaelis, Protokoll der Veranstaltung des Arbeitskreises Mannheim „Remonopolisierung gemeinfreien Geistesgutes mit Hilfe des Markenrechts?", GRUR 1997, 441 ff.

Michalsky, Udo, Die Marke in der Wettbewerbsordnung nach dem Inkrafttreten des Markengesetzes, Baden-Baden 1996.

Münchener Kommentar zum Bürgerlichen Recht, Bd. 1, Allgemeiner Teil, 3. Aufl., München 1993.

ders., Bd. 10, Internationales Privatrecht, 3. Aufl. München 1998.

Nägele, Thomas, „Zwilling.de" - Anmerkung zu den Entscheidungen des LG Mannheim, WRP 1998, 920 und OLG Karlsruhe, WRP 1998, 900, WRP 1998, 841 ff.

Nastelski, Karl, Das Vorabgesetz und seine Auswirkungen auf die Rechtssprechung im Warenzeichengesetz, MA 1968, 319 ff.

Neumann, Helmut, Kommentar zum Warenzeichengesetz, Baden-Baden 1993.

Noelle-Neumann, E. / Schramm, Carl, Höhe der Verkehrsgeltung, GRUR 1966, 70 ff.

Nordemann, Axel, Internet-Domains und zeichenrechtliche Kollisionen, NJW 1997, 1891 ff.

Nordemann, Axel / Goddar, Heinz / Tönhardt, Marion / Czychowski, Christian, Gewerblicher Rechtschutz und Urheberrecht im Internet, CR 1996, 645 ff.

Nordemann, Wilhelm, Mona Lisa als Marke, WRP 1997, 389 ff.

Omsels, Hermann-Josef, Die Kennzeichenrechte im Internet, GRUR 1997, 328 ff.

Oppenhoff, Walter, Wandel der Markenrechtskonzeption?, GRUR Int. 1973, 433 ff.

Ossing, Johann, Schutzfähigkeit von Warenzeichen, Berlin 1991.

Paefgen, Thomas Christian, Die neuere Entwicklung des Rechts der Markenlizenzen im Vereinigten Königreich, GRUR Int. 1988, 631 ff.

Palandt, Kommentar zum Bürgerlichen Gesetzbuch, 58. Aufl., München 1999.

Piper, Henning, Der Schutz der bekannten Marken, GRUR 1996, 429 ff.

Pösentrup, Heiner / Keukenschrijver, Alfred / Ströbele, Paul, Aus der Rechtssprechung des Bundespatentgerichts im Jahre 1995, GRUR 1996, 303 ff.

Pucher, Georg, Der zeitliche Anwendungsbereich der nur EWR-weiten Erschöpfung im Markenrecht, WRP 1998, 362 ff.

Renck, Andreas, Kennzeichenrechte versus Domain-Names – Eine Analyse der Rechtsprechung, NJW 1999, 3587 ff.

ders., Scheiden allgemeine Begriffe und Gattungsbezeichnungen als Internet-Domains aus? – Eine Anmerkung zur Entscheidung des OLG Hamburg vom 13. Juli 1999 – mitwohnzentrale.de“, WRP 2000, 264 ff.

Retzer, Konrad, Einige Überlegungen zum Vernichtungsanspruch bei der Nachahmung von Waren oder Leistungen, in: Festschrift für Piper, München 1996, S. 421 ff.

Rößler, Bernd, Die Ausnutzung der Wertschätzung bekannter Marken im neuen Markenrecht, GRUR 1994, 559 ff.

Rohnke, Christian, Warenzeichen als Kreditsicherheit, NJW 1993, 561 ff.

Sack, Rolf, Die rechtlichen Funktionen des Warenzeichens, GRUR 1972, 445 ff.

ders., Sonderschutz bekannter Marken de lege ferenda, BB 1993, 869 ff.

ders. Sonderschutz bekannter Marken, GRUR 1995, 81 ff.

ders., Probleme des Markenschutzes im Ähnlichkeitsbereich, WRP 1998, 1127 ff.

Sambuc, Thomas, Rufausbeutung bei fehlender Warengleichheit ?, GRUR 1983, 533 ff.

Samson, Yann, Domain-Grabbing in den USA: Ist die Einführung des „Trademark Cyberpiracy Prevention Act" notwendig?, GRUR Int. 1999, 137 ff.

Scherer, Inge, Normative Bestimmung von Verwechselungs- und Irreführungsgefahr im Markenrecht, GRUR 2000, 273 ff.

Schmieder, Hans-Heinrich, Neues deutsches Markenrecht nach europäischen Standard, NJW 1994, 1241 ff.

ders., Erste Erfahrungen mit dem neuen Markengesetz, NJW 1997, 2908 ff.

Schönfeld,R., Die Gemeinschaftsmarke als selbständiger Vermögensgegenstand eines Unternehmens, Heidelberg 1994.

Schricker, Gerhard, Der Benutzungszwang im Markenrecht - rechtsvergleichende Betrachtungen zur Einführung des Benutzungszwangs in das deutsche Warenzeichengesetz, GRUR Int. 1969, 14 ff.

ders., Bedeutung des Gebrauchs bezüglich der Aufrechterhaltung und Erneuerung einer Markeneintragung, GRUR Int. 1979, 341 ff.

ders., Schutz des Werktitels im neuen Kennzeichenrecht, in: Festschrift für Vieregge, Berlin 1995, S. 775 ff.

ders., Zum Schutz bildlicher Unternehmenskennzeichen, GRUR 1998, 310 ff.

v. Schultz, Detlef, Zu den Privilegierungstatbeständen des § 23 MarkenG, GRUR 1997, 408 ff.

Spieß, Franz, Benutzungszwang für Warenzeichen?, DB 1949, 417 ff.

Spoendlin, Kaspar, Das Markenrecht im Lichte der schutzwürdigen Interessen, Stuttgart 1974.

Starck, Joachim, Marken und sonstige Kennzeichen als verkehrsfähige Wirtschaftsgüter - Anmerkung zum neuen Markenrecht, WRP 1994, 698 ff.

ders., Markenmäßiger Gebrauch - Besondere Voraussetzung für die Annahme einer Markenverletzung?, GRUR 1996, 688 ff.

Ströbele, Paul, Probleme der Amts- und Gerichtspraxis zum neuen deutschen Markenrecht, GRUR 1997, 355 und 518.

Strömer, Tobias H., Streit um den Ankerplatz im Netz, Handelsblatt vom 22.9.1998, S. 58.

Tetzner, Heinrich, Kommentar zum Warenzeichengesetz, Heidelberg 1958.

Thiele, Winfried, Sind Abwehr- und Vorratszeichen erforderlich?, GRUR 1949, 268 ff.

Tilmann, Winfried , Verwechselungsgefahr bei zusammengesetzten Zeichen, GRUR 1996, 701 ff.

Troller, Alois, Wesen und Unwesen der Marke, in: FS für Möhring, München 1965, 291 ff.

Trüstedt, Wilhelm, Die Änderung des Warenzeichengesetzes durch das „Vorabgesetz", BB 1967, 1148 ff.

Ubber, Thomas, Rechtsschutz bei Mißbrauch von Internet-Domains, WRP 1997, 497 ff.

Ullmann, Eike, Die Verwendung von Markle, Geschäftsbezeichnung und Firma im geschäftlichen Verkehr, insbesondere des Franchising, NJW 1994, 1255 ff.

Ulmer, Peter, Die zeichenrechtlichen Grenzen der Händlerwerbung mit Herstellermarken, NJW 1969, 12 ff.

Vanzetti, Adriano, Funktion und Rechtsantur der Marke, GRUR Int. 1965, 128 ff und 185 ff.

ders., Die Funktion der Marke in einem System der freien Übertragbarkeit, GRUR Int. 1999, 205 ff.

Völp, Fromut, Vermarktung bekannter Marken durch Lizenzen, GRUR 1985, 843 ff.

Waldmann, Bettina, Der wettbewerbsrechtliche Schutz von Kennzeichnungsrechten, insbesondere das Warenzeichenrecht, Konstanz 1990.

Wiebe, Andreas, Zur Kennzeichnungsfunktion von Domain Names, CR 1998, 157 ff.

Wilmer, Thomas, Offene Fragen der rechtlichen Einordnung von Internetdomains - Domainhandel, Suchmaschinen und neue Top-Level-Domains, CR 1997, 562 ff.

Withöft, Anselm, Anmerkung zum Urteil des LG Düsseldorf „jpnw.de", CR 1998, 690 f.

Deutsches und Europäisches Wirtschaftsrecht

Herausgegeben von Jürgen F. Baur

Band 1 Matthias Wolter: Das Tatbestandsmerkmal der Lückenlosigkeit qualitativer Selektivvertriebssysteme im Spannungsverhältnis zwischen Wettbewerbs- und Kartellrecht. 2001.

Band 2 Nicole Hagemann: Rechtsschutz gegen Kennzeichenmissbrauch unter Berücksichtigung der Internet-Domain-Name-Problematik. 2001.

FSC
www.fsc.org
MIX
Papier | Fördert
gute Waldnutzung
FSC® C083411

Kolibri 360 GmbH
Ferdinand-Jühlke-Straße 7
99095 Erfurt, Deutschland
produktsicherheit@kolibri360.de

Druck:
CPI Druckdienstleistungen GmbH
im Auftrag der
Kolibri 360 GmbH
Ferdinand-Jühlke-Str. 7
99095 Erfurt